GESTÃO DE PROJETOS
Preditiva, ágil e estratégica

O GEN | Grupo Editorial Nacional – maior plataforma editorial brasileira no segmento científico, técnico e profissional – publica conteúdos nas áreas de ciências sociais aplicadas, exatas, humanas, jurídicas e da saúde, além de prover serviços direcionados à educação continuada e à preparação para concursos.

As editoras que integram o GEN, das mais respeitadas no mercado editorial, construíram catálogos inigualáveis, com obras decisivas para a formação acadêmica e o aperfeiçoamento de várias gerações de profissionais e estudantes, tendo se tornado sinônimo de qualidade e seriedade.

A missão do GEN e dos núcleos de conteúdo que o compõem é prover a melhor informação científica e distribuí-la de maneira flexível e conveniente, a preços justos, gerando benefícios e servindo a autores, docentes, livreiros, funcionários, colaboradores e acionistas.

Nosso comportamento ético incondicional e nossa responsabilidade social e ambiental são reforçados pela natureza educacional de nossa atividade e dão sustentabilidade ao crescimento contínuo e à rentabilidade do grupo.

ANTONIO CESAR AMARU MAXIMIANO

FERNANDO VERONEZE

GESTÃO DE PROJETOS

Preditiva, ágil e estratégica

Para **Gerentes de Projetos**, *Scrum Masters* e **POs**

Inclui **exercícios *on-line*** com casos, problemas e simulações para praticar a análise e a tomada de decisões em gestão de projetos

6ª edição

- Os autores deste livro e a editora empenharam seus melhores esforços para assegurar que as informações e os procedimentos apresentados no texto estejam em acordo com os padrões aceitos à época da publicação, *e todos os dados foram atualizados pelos autores até a data da entrega dos originais à editora.* Entretanto, tendo em conta a evolução das ciências, as atualizações legislativas, as mudanças regulamentares governamentais e o constante fluxo de novas informações sobre os temas que constam do livro, recomendamos enfaticamente que os leitores consultem sempre outras fontes fidedignas, de modo a se certificarem de que as informações contidas no texto estão corretas e de que não houve alterações nas recomendações ou na legislação regulamentadora.

- Data do fechamento do livro: 15/12/2021

- Os autores e a editora se empenharam para citar adequadamente e dar o devido crédito a todos os detentores de direitos autorais de qualquer material utilizado neste livro, dispondo-se a possíveis acertos posteriores caso, inadvertida e involuntariamente, a identificação de algum deles tenha sido omitida.

- Atendimento ao cliente: (11) 5080-0751 | faleconosco@grupogen.com.br

- Direitos exclusivos para a língua portuguesa
  Copyright © 2022, 2025 (4ª impressão) by
  Editora Atlas Ltda.
  Uma editora integrante do GEN | Grupo Editorial Nacional

  Até a quinta edição, esta obra trazia o título *Administração de Projetos: como transformar ideias em resultados,* de Antonio Cesar Amaru Maximiano

  Travessa do Ouvidor, 11
  Rio de Janeiro – RJ – 20040-040
  www.grupogen.com.br

- Reservados todos os direitos. É proibida a duplicação ou reprodução deste volume, no todo ou em parte, em quaisquer formas ou por quaisquer meios (eletrônico, mecânico, gravação, fotocópia, distribuição pela Internet ou outros), sem permissão, por escrito, da Editora Atlas Ltda.

- Capa: Caio Cardoso
- Editoração Eletrônica: OFÁ Design

- Ficha catalográfica

  M419g
  6. ed.

  Maximiano, Antonio Cesar Amaru, 1947 –
  Gestão de projetos : preditiva, ágil e estratégica / Antonio Cesar Amaru Maximiano, Fernando Veroneze. – 6. ed. [4ª Reimp.] - Barueri [SP]: Atlas, 2025.

  Inclui bibliografia e índice
  "Inclui exercícios on-line com casos, problemas e simulações para praticar a análise e a tomada de decisões em gestão de projetos"
  ISBN 978-65-59-77083-0

  1. Administração de projetos. 2. Administração de projetos – Metodologia. I. Veroneze, Fernando. II. Título.

21-74745	CDD: 658.404
	CDU-005.8

  Camila Donis Hartmann – Bibliotecária CRB-7/6472

SOBRE OS AUTORES

Antonio Cesar Amaru Maximiano é membro da equipe de coordenação do curso de Tecnologia em Gestão de Processos Gerenciais da Faculdade Pecege e do MBA em Gestão de Pessoas da Universidade de São Paulo – Fundação de Estudos Agrários Luiz de Queiroz (USP/Esalq). Autor de diversos livros publicados pelo GEN|Atlas. Foi professor da Faculdade de Economia, Administração, Contabilidade e Atuária da USP (FEA-USP), na qual se formou como Bacharel, Mestre e Doutor em Administração.

Fernando Veroneze é professor convidado de programas de pós-graduação e MBA da Fundação Instituto de Administração (FIA), da Universidade Presbiteriana Mackenzie, da Escola Politécnica da USP (Poli-USP) e da Universidad ESAN, no Peru. Sócio e CEO da consultoria SMR e da escola de negócios Veroneze.org. Mestre em Administração em Gestão da Inovação pelo Centro Universitário FEI com extensão em Gerenciamento de Projetos pela University of California em Berkeley, Estados Unidos (EUA). Tem especialização em gestão de negócios e projetos pela FIA e é Graduado em Sistemas de Informação pela Universidade Presbiteriana Mackenzie.

APRESENTAÇÃO

A primeira edição do livro **ADMINISTRAÇÃO DE PROJETOS – Como Transformar Ideias em Resultados** foi publicada em 1997. O conteúdo seguia o modelo que, hoje, se chama **preditivo**, uma palavra que não se usava, porque não se imaginava que surgiria uma alternativa. Na época, era a **Moderna Gestão de Projetos** (*Modern Project Management*), proposta pelo Project Management Institute. O livro foi muito bem acolhido, e quatro edições se seguiram, a última em 2014.

Na passagem para o século XXI, uma ideia nova surgiu no mundo dos projetos: **agilidade**. Essa ideia parecia ter se tornado hegemônica no mundo dos projetos. Apesar disso, os conceitos e ferramentas da agilidade não haviam chegado ao livro.

Até agora.

Nesta 6ª edição, com título renovado para refletir suas mudanças, o livro oferece aos leitores um panorama do estado da arte no limiar do século XXI: uma seleção das ferramentas mais usadas no mundo preditivo – WBS, cronograma, orçamento, matriz RACI, EVM etc. – em combinação com o essencial do mundo ágil – papéis, eventos e artefatos.

É a aplicação das ferramentas desses dois métodos (ou modelos), o preditivo e o ágil, que os autores chamam – neste momento e em um capítulo específico – de **nova geração**. De fato, **não há um método único**. Você pode usar essas ferramentas da forma que julgar mais apropriada. A seleção das ferramentas depende de critérios que nós explicamos quais são.

É um livro com poucas referências, porque está baseado, essencialmente, na experiência dos autores e não em bibliografias acadêmicas.

São 21 capítulos divididos em quatro partes: (1) Conceitos básicos; (2) Ferramentas da gestão preditiva; (3) Ferramentas da gestão ágil; e (4) Gestão estratégica.

Na Figura 1, você pode seguir a trilha dos diferentes capítulos e avaliar seu progresso no estudo dos temas abordados pelos autores.

ESTE LIVRO FOI ESCRITO PARA QUEM?

Este livro foi planejado para utilização como texto de apoio para cursos universitários de gestão de projetos. Se é professor ou estudante desses cursos, você faz parte do público-alvo prioritário.

Para facilitar o estudo da gestão de projetos, os autores prepararam um caderno de exercícios, que será disponibilizado no Ambiente virtual de aprendizagem do GEN | Grupo Editorial Nacional. Para maiores informações, verifique a página sobre materiais suplementares, antes do sumário.

Os autores estão à disposição dos usuários pelos canais da editora ou pelo LinkedIn.

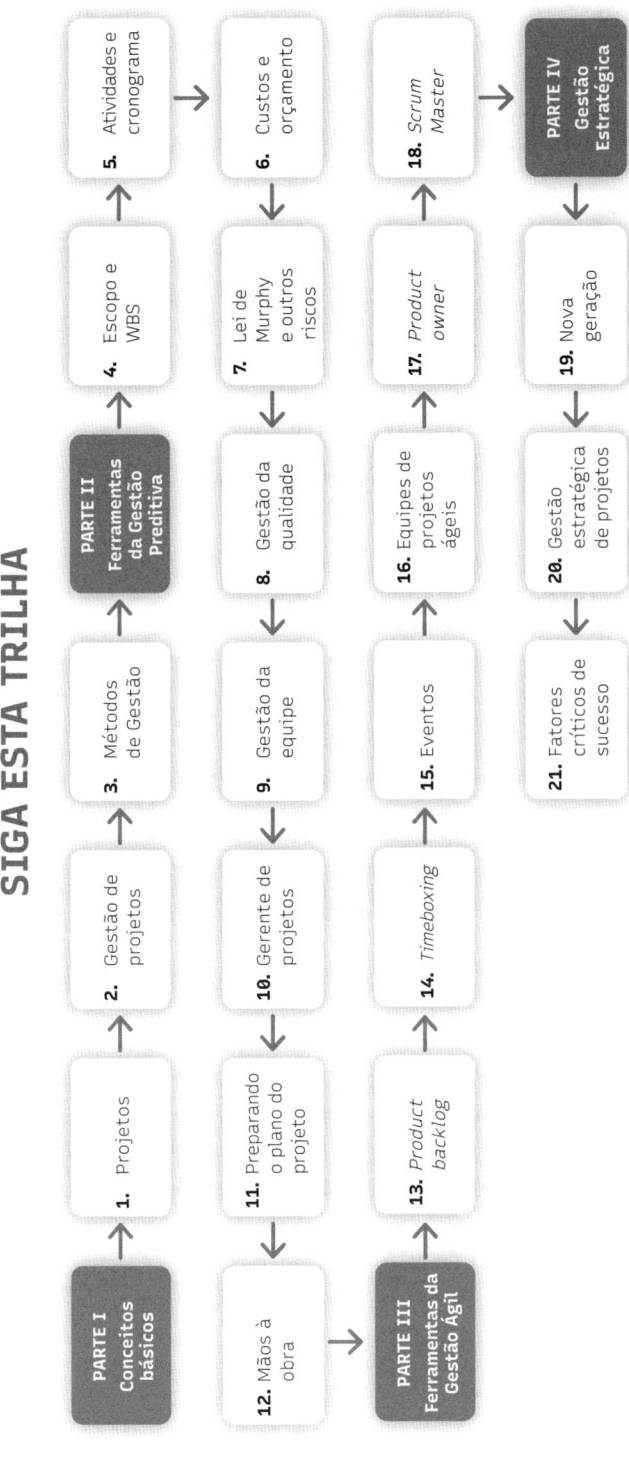

Figura 1

Material Suplementar

Este livro conta com os seguintes materiais suplementares:

- Exercícios em .PDF (requer PIN);
- Mapas mentais em .PDF (requer PIN);
- *Slides* em .PDF (restrito a docentes cadastrados).

O acesso ao material suplementar é gratuito. Basta que o leitor se cadastre, faça seu *login* em nosso *site* (www.grupogen.com.br) e, após, clique em Ambiente de aprendizagem. Em seguida, insira no canto superior esquerdo o código PIN de acesso localizado na orelha deste livro.

O acesso ao material suplementar online fica disponível até seis meses após a edição do livro ser retirada do mercado.

Caso haja alguma mudança no sistema ou dificuldade de acesso, entre em contato conosco (gendigital@grupogen.com.br).

SUMÁRIO

Parte I - CONCEITOS BÁSICOS, 1
   Capítulo 1   PROJETOS, 3
   Capítulo 2   GESTÃO DE PROJETOS, 10
   Capítulo 3   MÉTODOS DE GESTÃO, 16

Parte II - FERRAMENTAS DA GESTÃO PREDITIVA, 23
   Capítulo 4   GESTÃO DA ENTREGA: ESCOPO E WBS, 25
   Capítulo 5   ATIVIDADES E CRONOGRAMA, 34
   Capítulo 6   CUSTOS E ORÇAMENTO, 45
   Capítulo 7   LEI DE MURPHY E OUTROS RISCOS, 54
   Capítulo 8   GESTÃO DA QUALIDADE, 64
   Capítulo 9   GESTÃO DA EQUIPE, 69
   Capítulo 10   GERENTE DE PROJETOS, 84
   Capítulo 11   PREPARANDO O PLANO DO PROJETO, 90
   Capítulo 12   MÃOS À OBRA, 103

Parte III - FERRAMENTAS DA GESTÃO ÁGIL, 111
   Capítulo 13   *PRODUCT BACKLOG*, 116
   Capítulo 14   *TIMEBOXING*, 125
   Capítulo 15   EVENTOS, 131
   Capítulo 16   EQUIPES DE PROJETOS ÁGEIS, 140
   Capítulo 17   *PRODUCT OWNER*, 148
   Capítulo 18   *SCRUM MASTER*, 156

Parte IV - GESTÃO ESTRATÉGICA, 164
   Capítulo 19   NOVA GERAÇÃO, 166
   Capítulo 20   GESTÃO ESTRATÉGICA DE PROJETOS, 183
   Capítulo 21   FATORES CRÍTICOS DE SUCESSO, 194

Índice Alfabético, 201

PARTE I
CONCEITOS BÁSICOS

APRESENTAÇÃO

Você está agora começando a **PARTE I** do livro **GESTÃO DE PROJETOS: PREDITIVA, ÁGIL E ESTRATÉGICA**. Nesta parte, estudaremos os conceitos básicos da gestão de projetos.

Ao completar o estudo da Parte I, você deverá ser capaz de entender, explicar e utilizar as seguintes ideias e/ou ferramentas:

- Projetos.
- Gestão de projetos.
- Métodos de gestão de projetos.

PROJETOS

A palavra projeto foi inventada pelos romanos para indicar algo que se lança à frente – *pro* (frente) + *jetar* (lançar). Há mais de dois mil anos é usada com o sentido original, para designar ideias, produtos, eventos, intenções e qualquer entidade que se imagina agora para se concretizar em algum tempo. Até pessoas, como quando se diz "a criança é um projeto de adulto". Segundo Boutinet, projetos são **estratégias de apropriação do futuro**. Por meio dos projetos, as pessoas e as sociedades evoluem. Sociedades sem projetos são sociedades estagnadas. O mesmo se pode dizer de pessoas.[1]

A evolução por meio de projetos está ligada à própria história da civilização. Desde que as primeiras cidades foram construídas, até chegar às naves espaciais e aos sistemas de informação, o movimento adiante sempre foi acionado pelos projetos. Em essência, o objetivo de qualquer projeto é produzir mudanças benéficas por meio de um resultado ou conjunto de resultados. Há projetos do mal, mas não trataremos deles aqui.

GESTÃO E MÉTODOS DE GESTÃO DE PROJETOS

Projetos são feitos para alcançar resultados e para isso precisam de **gestão** – outra palavra romana, que significa **cuidar das coisas**... Gestação tem a mesma raiz e o mesmo sentido. O processo de cuidar dos projetos, durante muito tempo, foi feito a partir de um conjunto de ferramentas para lidar com o resultado (especialmente as disciplinas técnicas, sendo engenharia a principal), os custos e a duração dos projetos.

Entre os séculos XIX e XX, outras ferramentas foram desenvolvidas e, finalmente, sistematizadas, formando duas grandes famílias:

(1) Família dos **métodos preditivos**, também chamados tradicionais ou clássicos, ligados à história mais antiga dos projetos.
(2) Família dos **métodos ágeis**, nascidos com as novas tecnologias do final do século XX, as tecnologias da informação.

É isso o que você vai estudar nesta parte do livro, em três capítulos.

- O Capítulo 1 conceitua projeto.
- O Capítulo 2 explica o processo de gestão.
- O Capítulo 3 desenvolve a explicação sobre as diferenças entre as duas famílias de métodos.

No texto, os autores fazem distinção entre **método** – conjunto de princípios – e **guias** ou referenciais, que orientam a utilização dos métodos.

Boa leitura.

---

[1] BOUTINET, Jean-Pierre. *Anthropologie du projet*. Paris: Presses Universitaires de France, 2015.

1 PROJETOS

APRESENTAÇÃO

O objetivo básico deste capítulo é esclarecer o que é **projeto**.

Ao completar o estudo deste capítulo, você deverá ser capaz de entender, explicar e utilizar as seguintes ideias e/ou ferramentas:

- Projeto.
- Tipos de projetos.
- Programas e portfólios.
- Indicadores de desempenho dos projetos.

1.1 O que é Projeto

Considere os seguintes empreendimentos:

- Construção e inauguração de um novo aeroporto.
- Construção e inauguração de uma nova linha e de várias estações do metrô.
- Concepção e lançamento de uma nova empresa, incluindo o primeiro dia de operações.
- Concepção, desenvolvimento e implantação de um sistema de informações.
- Planejamento, organização e execução de uma competição esportiva, de qualquer tamanho.
- Pesquisa e desenvolvimento de um novo medicamento, incluindo o desenvolvimento do processo e a construção da planta para fabricá-lo.
- Produção de um filme, desde a escolha do roteiro até a distribuição.
- Realização das eleições para a Presidência da República.

O que têm todos esses empreendimentos em comum? Se você respondeu **projetos**, acertou.

(1) Todos esses empreendimentos têm **objetivo singular**. O objetivo é entregar um produto ou serviço – aeroporto funcionando, sistema implantado e trabalhando, estação do metrô construída e operando e assim por diante.

(2) O produto ou serviço é entregue dentro de um **prazo** ou **período**.

O objetivo singular e o prazo para conclusão são as duas variáveis principais que definem os projetos e os diferenciam das operações ou atividades continuadas. Em essência, projeto é definido como no Box 1.1.

> (1) Empreendimento temporário realizado para criar um produto, serviço ou resultado singular.[1]
> (2) Empreendimento ou esforço planejado, que deve entregar um resultado singular, orientado para mudança benéfica, definida por objetivos de ordem quantitativa e qualitativa, e que é realizado por recursos organizados de forma também singular, dentro de restrições de prazo e custo.[2]
> (3) "Uma série de atividades com algum planejamento entre elas."[3]
> (4) Palavra que vem dos romanos e significa lançar para frente – *pro* (para frente) *jetar* (lançar)

Box 1.1 Definições de projeto

A Figura 1.1 oferece uma representação gráfica dessas definições.

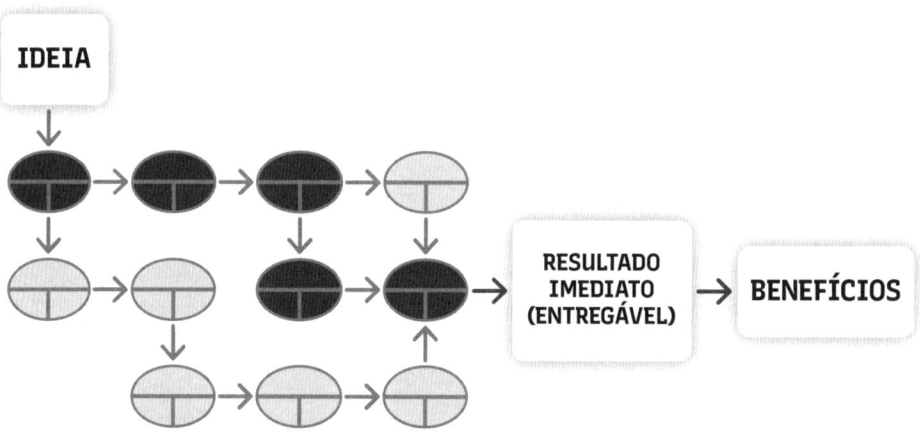

Figura 1.1 Projeto é empreendimento temporário que fornece um produto e produz mudança e benefícios.

Operação do aeroporto e da estação do metrô, assim como fabricação de medicamentos, não são projetos. São **atividades continuadas**, sem prazo para terminar. São **rotinas, processos** ou **atividades funcionais**, realizadas pelas **áreas funcionais** das organizações – marketing, finanças, produção, operações e serviços. Projeto é empreendimento organizado, orientado para realizar uma **tarefa específica**, não rotineira ou de baixo volume,[4] que contrasta com a repetitividade e o alto volume das atividades funcionais e dos processos produtivos.

---

1 PROJECT MANAGEMENT INSTITUTE. *A Guide to the Project Management Body of Knowledge*. PMI Standard, 2004.
2 Definição que se aplica a projetos experimentais. Devo-a ao colega Daniel Leroy, da Université François Rabelais, de Tours.
3 TURNER, J. Rodney. *The Handbook of Project Based Management*. London: McGraw-Hill Publishing Company, 1999.
4 SHTUB, Avrahm; BARD, Jonathan F.; GLOBERSON, Shlomo. *Project management*: engineering, technology, and implementation. Englewood Cliffs: Prentice-Hall, 1994.

A singularidade dos projetos varia (Figura 1.2). Há projetos únicos e há projetos recorrentes.

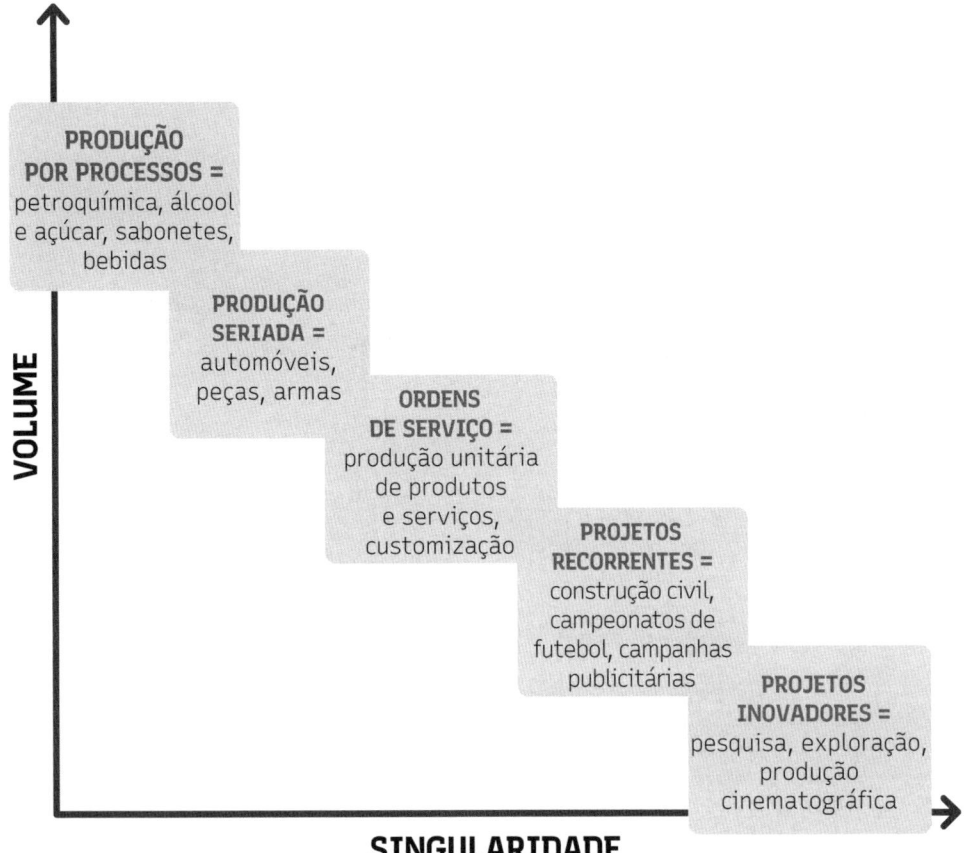

Figura 1.2 Projetos podem ser mais ou menos singulares, dependendo do grau de inovação (ou repetitividade) do produto.

Em seguida, exploramos a definição.

1.2 Resultado Singular

Todo projeto tem por objetivo o fornecimento de um produto singular, chamado **entrega**, **entregável** ou ***deliverable***. Os *deliverables* classificam-se em quatro categorias principais (Figura 1.3).

- **Produtos físicos:** entidades tangíveis.
- **Conceitos, conhecimentos e informações:** ideias, entidades intangíveis.
- **Eventos e serviços:** sequências de atividades que configuram o fornecimento de um serviço ou evento.
- **Instituições e organizações:** projetos de criação, desenvolvimento ou mudança de entidades organizacionais.

Figura 1.3   Tipos de projetos e entregáveis.

1.3   Programas

Um **programa** é um grupo, família ou conjunto de projetos administrados de forma coordenada. Os projetos de um programa podem andar em paralelo ou em sequência. Há programas que abrangem, além de projetos, atividades funcionais. São exemplos de programas:

- Programa de desenvolvimento de uma família de motores.
- Programa de fabricação de uma série customizada de produtos sob encomenda de um cliente.
- Programa de testes e operação experimental de novos produtos.
- Programa de desenvolvimento de fornecedores.

A palavra programa também é usada como sinônimo de projeto, especialmente projeto de grande porte. Por vezes, designa-se como programa uma atividade funcional (como no caso de programa de pesquisa), ou uma sequência de atividades.

Na administração pública brasileira, programa é um conjunto de ações; algumas são projetos, e outras, atividades continuadas.

1.4 Portfólio

Portfólio ou **carteira** é o conjunto dos projetos da organização. Toda organização que trabalha com projetos tem uma carteira ou portfólio. Nem todas, no entanto, adotam processos formais de gestão do portfólio ou organizam seus projetos em portfólios.

Reconhecer a existência da carteira ou portfólio pressupõe que os projetos tenham sido submetidos a processos de avaliação, seleção, priorização e autorização para execução. Implementar a administração de portfólio implica formalizar esses processos.

Uma organização pode ter vários portfólios de projetos (um para cada tipo de projeto: pesquisa e desenvolvimento (P&D), tecnologia da informação (TI), eficiência etc.) que se subdividem em programas ou projetos; todos subordinados a um portfólio geral (Figura 1.4).

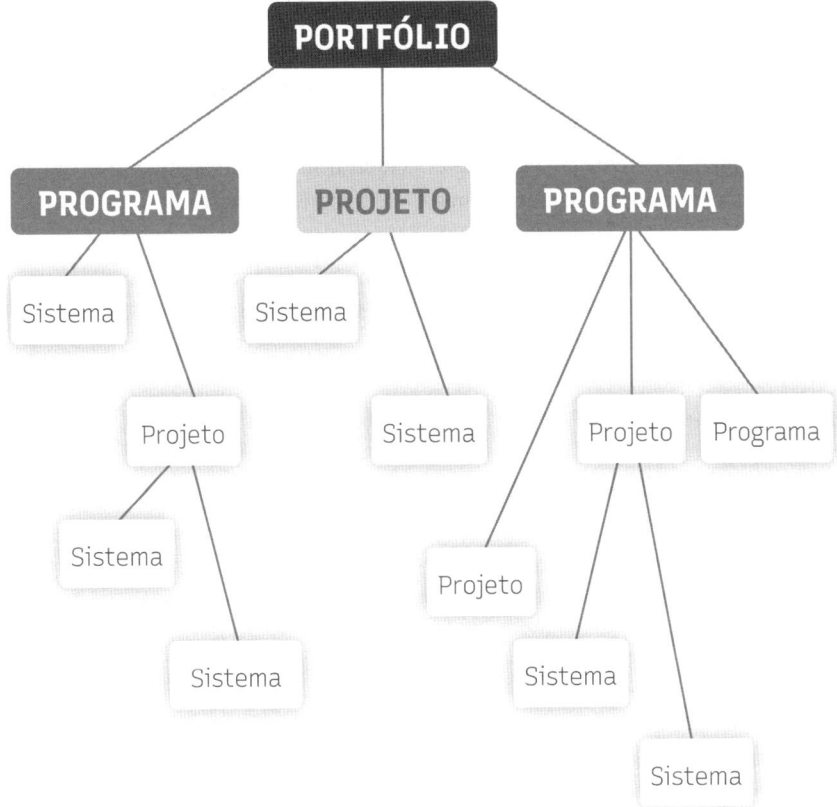

Figura 1.4 Portfólios, programas e projetos.

1.5 Indicadores de desempenho do projeto

Os indicadores do desempenho do projeto formam um sistema com cinco grupos de indicadores ou critérios de avaliação do desempenho (Figura 1.5).

NÍVEL 1	NÍVEL 2	NÍVEL 3	NÍVEL 4	NÍVEL 5
PROJETO		PRODUTO	BENEFÍCIO ORGANIZACIONAL	
Sucesso do processo	Sucesso da gestão do projeto	Sucesso do entregável	Sucesso para o negócio	Sucesso estratégico

Figura 1.5 Cinco níveis de sucesso do projeto[5]

(1) **Nível do processo.** Neste nível, o sucesso é medido pelo uso correto das ferramentas da gestão de projetos e também pela escolha do projeto.

(2) **Nível do projeto.** O sucesso neste nível é medido pelas principais variáveis da gestão: escopo, tempo e custo, principalmente.

(3) **Nível do produto.** O sucesso neste nível se mede pela conformidade do produto com as especificações e pela satisfação do cliente.

(4) **Nível do negócio.** Neste nível, o sucesso é medido pelo retorno sobre o investimento e pela realização das expectativas que motivaram o investimento no projeto.

(5) **Nível do sucesso estratégico.** Neste nível, o desempenho é avaliado por *stakeholders* externos. O sucesso estratégico relaciona-se com a posição no mercado, o crescimento dos negócios, as vantagens competitivas e outros benefícios derivados do projeto.

O desempenho em todos esses indicadores depende do **processo de gestão**, que se divide em dois níveis de decisão.

(1) Escolher o projeto certo.
(2) Fazer o projeto certo da maneira certa.

É esse o assunto do próximo capítulo.

---

5 BANNERMAN, Paul L. *Defining project success*: a multilevel framework. *In*: PMI Research Conference, Warsaw, 2008.

RESUMO

- Projeto é um empreendimento de tempo limitado, que tem compromisso com a entrega de um resultado.
- O resultado é singular, mas o grau de inovação varia de um projeto para outro. Há projetos que buscam resultados inovadores; outros são recorrentes.
- O resultado, chamado entregável, combina quatro possibilidades: produtos físicos, informações/conhecimento, eventos/serviços e instituições/organizações.
- Projetos se agrupam em programas e portfólios.
- O êxito de um projeto pode ser avaliado por meio de três tipos de critérios.

 Acesse o **ambiente virtual de aprendizagem** para aprofundar seu conhecimento por meio de exercícios, casos, mapas mentais e outras atividades.

2 GESTÃO DE PROJETOS

APRESENTAÇÃO

Ao completar o estudo deste capítulo, você deverá ser capaz de entender, explicar e utilizar as seguintes ideias e/ou ferramentas:

- Gestão do portfólio e gestão operacional de projetos.
- Processo de administrar um projeto.
- Áreas do conhecimento ou variáveis da gestão de projetos.

2.1 O que é Gestão de Projetos

Gestão de projetos é o processo de tomar e implementar **decisões para escolher, planejar, executar, controlar e encerrar o projeto**. Essa definição tem duas partes (Figura 2.1):

GESTÃO DO PORTFÓLIO DE PROJETOS	GESTÃO OPERACIONAL DE PROJETOS
PROBLEMA = ESCOLHER	PROBLEMA = FAZER E ENTREGAR
As principais decisões da gestão do portfólio de projetos são: • Escolher os melhores projetos, por meio de critérios para avaliação e seleção. • Alocar recursos para executar esses projetos.	• A dimensão operacional busca a execução eficiente dos projetos individuais. • Para isso, são usadas as ferramentas de planejamento, organização, execução e controle.

Figura 2.1 Gestão do portfólio e gestão operacional de projetos.

2.1.1 Escolher

Escolher é a essência da **gestão do portfólio de projetos**. A gestão do portfólio (ver Box 2.1) busca criar e encontrar ideias, submetê-las a avaliações e selecionar as melhores, por meio de critérios e métodos.

A ênfase da gestão do portfólio está na **eficácia global** dos projetos.

> - Pesquisa e geração de ideias.
> - Avaliação, seleção, aprovação e autorização de ideias.
> - Organização dos projetos em categorias.
> - Balanceamento dos projetos dentro das categorias.
> - Controle do progresso dos projetos em seu conjunto.
> - Informação sobre o desempenho dos projetos em seu conjunto.

Box 2.1 Funções ou processos da gestão de portfólios

O portfólio (ou conjunto) dos projetos de uma organização é organizado em categorias: projetos estratégicos, operacionais, emergenciais etc., que se subdividem em portfólios menores: pesquisa e desenvolvimento (P&D), renovação de produtos, manutenção, por exemplo.

O processo de avaliação e seleção de projetos estratégicos é chamado **gestão estratégica de projetos**. Os critérios deste processo orientam-se pela contribuição potencial das ideias de projetos para a realização dos objetivos estratégicos da organização. A ênfase está na **geração de valor** e nas vantagens competitivas por meio dos projetos: enfrentamento da concorrência, renovação e sobrevivência da empresa, satisfação e retenção do cliente, colaboração com parceiros, penetração no mercado, taxa de crescimento dos negócios etc.

Da mesma forma, há critérios para avaliar projetos de outras categorias. Na parte final do livro, voltaremos a esse assunto.

2.1.2 Planejar, executar, controlar e encerrar o projeto

Planejar, executar, controlar e encerrar o projeto, por meio da mobilização de pessoas, são **processos gerenciais**. Esse é um macroprocesso (Figura 2.2). Esse macroprocesso define a gestão operacional dos projetos considerados individualmente. É a **gestão de projetos** propriamente dita. A ênfase, nesta dimensão, está na eficiência de cada projeto, considerado como entidade individual.

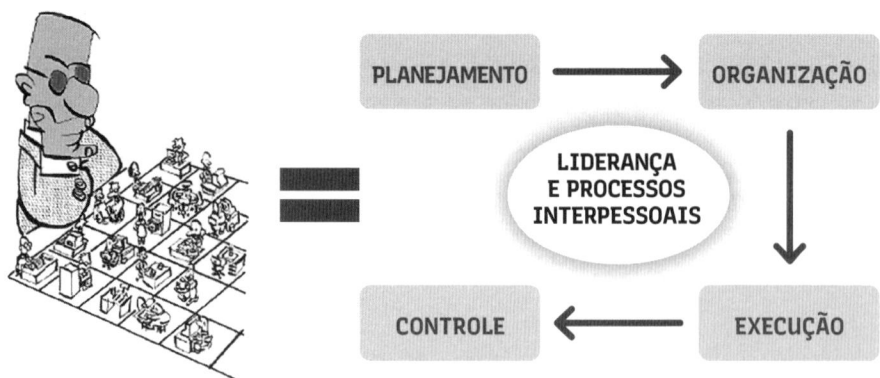

Figura 2.2 Funções do processo gerencial.

As decisões ou funções clássicas que constituem os processos gerenciais são tomadas sobre os objetivos do projeto, a equipe, os prazos, os recursos e os custos, os riscos e outras **variáveis do projeto** ou áreas do conhecimento (Figura 2.3).

Figura 2.3 Variáveis do desempenho ou áreas do conhecimento da gestão de projetos.

2.2 Gestão de um Projeto

A gestão de um projeto é o processo de planejar, executar, controlar e encerrar atividades temporárias, com o objetivo de fornecer um resultado. Os projetos variam muito em termos de finalidade, complexidade e volume de recursos empregados. Apesar das variações, os princípios de gestão são sempre os mesmos:

- **Gestão de projetos é uma técnica** (ou conjunto de técnicas) que se aplica a determinadas situações, nas quais há um resultado a ser alcançado dentro de restrições de tempo e custo.
- A aplicação das técnicas da gestão de projetos depende tanto da natureza intrínseca da situação quanto de escolha consciente: **projeto pode ser qualquer atividade que se decida administrar como projeto.**
- A **tarefa básica** da gestão de projetos é assegurar a orientação do esforço para o resultado. Controlar custos, prazos e riscos é condição básica para isso.

A gestão de projetos é um esquema **prescritivo e operacional**, orientado para o desempenho eficiente dos projetos individuais – cada projeto considerado como empreendimento isolado.

2.3 Roteiro para a Gestão do Projeto

A gestão de um projeto, em essência, envolve tomar decisões sobre as áreas do conhecimento, ao longo do ciclo de vida. Os processos da gestão de um projeto (também chamados *processos* ou *funções da gestão do projeto*) são necessários para o projeto todo e para cada fase de seu ciclo de vida. Em termos práticos, conforme resumido na Figura 2.4, na gestão de um projeto você deve (Seções 2.3.1 a 2.3.4).

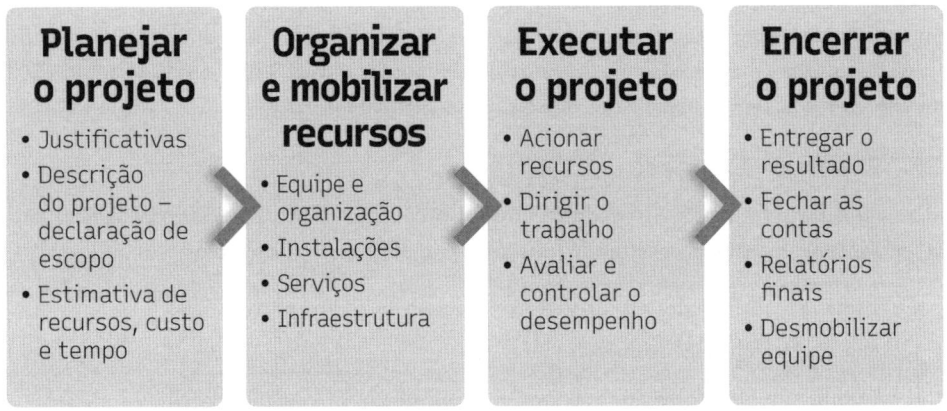

Figura 2.4 Quatro etapas da gestão de um projeto.

2.3.1 Planejar o projeto

A decisão de lançar um projeto começa com a percepção e o esclarecimento de um problema, oportunidade ou ideia criativa. Essa etapa inicial dá origem a um **plano básico**, chamado **termo de abertura**, *project charter* ou **ideia do projeto**, entre outras denominações. O plano básico tem o seguinte conteúdo, pelo menos:

- **Justificativas do projeto** (*business case*): explicação sobre o problema, necessidade ou oportunidade, bem como os benefícios de resolvê-lo. Pode-se analisar diferentes soluções, com os pontos fortes e fracos de cada uma, e a superioridade de uma delas. A função das justificativas é mostrar a necessidade e as vantagens de realizar o projeto e, assim, convencer o leitor do plano, que pode ser um membro da administração superior, patrocinador ou cliente, a aprová-lo.

- **Descrição do projeto:** nesta seção do plano, descreve-se a solução proposta para o problema, ou seja, o **objetivo imediato do projeto**. "O projeto consiste em desenvolver e implantar o sistema XYZ" é um típico enunciado para a descrição do objetivo do projeto.
- **Estimativas** de recursos, custo e tempo, com grande margem de variação.

O plano básico é avaliado, e, sendo a ideia aprovada, um plano operacional com maior número de detalhes será preparado. Esse plano poderá passar por outro processo de avaliação e assim sucessivamente. As etapas de avaliação são chamadas *filtros* ou *portais* do processo de avaliação do projeto.

2.3.2 Organizar e mobilizar os recursos

Um projeto precisa de recursos: equipe com organização, instalações, serviços de terceiros, equipamentos, parceiros... tudo isso tem que ser previsto quando os planos são detalhados. Agora, é a fase em que esses recursos são preparados. Responsabilidades são definidas, compras ordenadas e contratos assinados, instalações e equipamentos disponibilizados, comunicações entre todos os participantes acionadas. O projeto está pronto para andar.

2.3.3 Executar o projeto

A execução do projeto se faz acionando os recursos – agendando compromissos, emitindo ordens de serviço e instruções para realização de atividades, acionando os fornecedores – enfim, colocando em prática o que foi planejado e organizado. Luzes, câmera, ação! Simultaneamente, o desempenho do projeto é acompanhado e controlado – custos e tempos, qualidade dos materiais fornecidos e dos resultados, impactos sobre o ambiente, satisfação dos clientes e usuários.

2.3.4 Encerrar o projeto

Todas as atividades realizadas e o produto entregue, projeto concluído. Diversas providências precisam ser implementadas para encerrar definitivamente o trabalho. Por exemplo:[1]

(1) Confirmar a realização das atividades e do resultado conforme os requisitos.
(2) Obter a aceitação formal do cliente.
(3) Encerrar os contratos e assegurar que todas as aquisições foram corretamente completadas.
(4) Completar o encerramento financeiro – pagar fornecedores, fechar contas, destinar saldos.
(5) Escrever o relatório final.
(6) Providenciar a guarda do conhecimento produzido.
(7) Desmobilizar a equipe.

Não há maneira única "receita" para gerenciar todas as modalidades de projetos. Os praticantes das diferentes modalidades – construção, engenharia mecânica, projetos sociais, tecnologia da informação etc. – desenvolveram, ao longo da história, soluções para lidar com as especificidades de seus projetos.

Essas soluções se agrupam em duas grandes famílias de métodos e diversos referenciais ou guias para a gestão de projetos.

É o que veremos no próximo capítulo.

---

[1] CEOLEVEL. *Conoces los 10 pasos para cerrar correctamente un proyecto?* Disponível em: https://us9.campaign-archive.com/?e=1ef-370311f&u=d2c6afabed83809acd645c496&id=22c3bbc0a2. Acesso em: 21 set. 2021.

RESUMO

- O processo de gestão do portfólio consiste em escolher os projetos certos.

- Os processos gerenciais definem como administrar o projeto da maneira certa.

- As áreas do conhecimento – ou variáveis do desempenho – definem o que administrar no projeto – ou seja, o conteúdo do projeto.

- As principais variáveis do desempenho são: escopo, tempo e custo.

- Os principais processos gerenciais são: planejamento do projeto, organização e mobilização de recursos, execução e encerramento do projeto.

 Acesse o **ambiente virtual de aprendizagem** para aprofundar seu conhecimento por meio de exercícios, casos, mapas mentais e outras atividades.

3 MÉTODOS DE GESTÃO

APRESENTAÇÃO

Neste capítulo, trataremos de **métodos de gestão** e explicaremos a diferença entre método e manual. Ao completar o estudo deste capítulo, você deverá ser capaz de entender, explicar e utilizar as seguintes ideias e/ou ferramentas:

- Método de gestão de projetos.
- Principais famílias de métodos de gestão de projetos.
- Critérios para a escolha do método de gestão.

3.1 O que é Método de Gestão de Projetos

Os dicionários definem **método** como "procedimento, sistema, processo organizado, lógico e sistemático; ordem, lógica ou sistema que regula determinada atividade; modo de agir; conjunto de regras e princípios".[1]

Método de gestão de projetos é um conjunto de princípios e ferramentas para gerenciar o ciclo de vida do projeto no nível operacional. Uma linha de conduta, também se pode dizer, para levar o projeto do começo ao fim. Modelo de gestão tem o mesmo sentido, assim como **referencial, *framework* e metodologia**. Neste livro, usaremos esses termos de forma intercambiável.

3.2 Quais são os Métodos de Gestão de Projetos

Há vários métodos de gestão de projetos e cada um deles tem variações. A maior parte dos métodos se agrupa em duas famílias: a família dos métodos preditivos e a família dos métodos ágeis. Neste capítulo, conheceremos os seguintes métodos (Box 3.1):

---

[1] INSTITUTO ANTONIO HOUAISS. *Dicionário Houaiss da Língua Portuguesa*. Rio de Janeiro: Objetiva, 2001.

> - Gestão simplificada de projetos: Um conjunto de poucas ferramentas e processos elementares de planejamento, organização, execução e conclusão.
> - Métodos preditivos: Enfatizam o planejamento de todo o projeto antes de o iniciar.
> - Métodos ágeis: Focalizam a gestão do ciclo de vida do desenvolvimento do produto.
> - Gestão de projetos experimentais: Usada em projetos com duração e produto final difíceis de estimar e planejar.
> - Kanban: Sistema de sinalização do progresso na execução de atividades. Não chega a ser um método; ferramenta de apoio a qualquer método.
> - Gestão incremental do ciclo de vida: Conceito que implica o desenvolvimento de um produto por meio de incrementos entregues um a um. Todos os projetos são incrementais, à medida que o produto é desenvolvido progressivamente.

Box 3.1 Métodos de gestão de projetos

3.2.1 Gestão simplificada de projetos

A gestão simplificada de projetos minimiza o processo de planejamento e enfatiza a mobilização de recursos, a execução e a entrega. Esse método de gestão é usado para lidar com situações muito determinísticas. O gerente e a equipe do projeto conhecem o produto e dominam os procedimentos para desenvolvê-lo e entregá-lo.

A gestão simplificada se aplica a projetos sobre os quais as pessoas têm domínio intuitivo. Exemplos de projetos aos quais se aplica a gestão simplificada são, entre outros:

- Casamentos, festas, comemorações, recepções e outros tipos de cerimônias.
- Convenções, reuniões, congressos e conferencias e outros tipos de encontros.
- Construção de residências e edificações singulares.
- Modificações de pequeno porte em produtos.

Veja no Box 3.2 os princípios e ferramentas da gestão simplificada.

> (1) Defina o produto ou serviço a ser entregue.
> (2) Monte uma equipe.
> (3) Faça uma lista das tarefas necessárias para entregar o produto ou serviço (em certos casos, a lista nem chega a ser escrita. As pessoas sabem o que fazer).
> (4) Faça uma lista dos recursos necessários para executar as tarefas (mesmo procedimento).
> (5) Comunique as tarefas para a equipe e dê instruções para sua execução.
> (6) Acompanhe a execução das tarefas e o desenvolvimento do produto/serviço.
> (7) Entregue o produto/serviço.

Box 3.2 Princípios e ferramentas da gestão simplificada

Como ferramentas, a gestão simplificada usa cronogramas, estruturas analíticas e tabelas Kanban. Não é necessário mais que isso.

3.2.2 Métodos preditivos ou tradicionais

Os **métodos preditivos**, como o nome sugere, pressupõem planejar todo o projeto antes de iniciá-lo. A ênfase está no planejamento de todo o esforço necessário para entregar o **escopo do projeto** de modo a assegurar a visão completa de todos os entregáveis antes que a execução seja posta em marcha (Figura 3.1). Métodos preditivos são também chamados **tradicionais** porque se desenvolveram associados às áreas de aplicação mais antigas na história dos projetos – construção, engenharia naval, indústria mecânica.

Figura 3.1   O essencial dos métodos preditivos.

Método preditivo também pressupõe documentação. Tudo que for planejado é documentado, para sustentar os processos de execução e controle.

- **Sobreposição de processos gerenciais**
O planejamento de um projeto preditivo não é totalmente distinto de sua execução. O processo de planejamento também não é confinado a um momento específico do projeto. O processo de planejamento é contínuo e anda em paralelo com o processo de execução.

Antes que termine uma fase do ciclo de vida, a próxima fase pode ser iniciada. Sempre há elementos para que uma nova fase comece quando a anterior ainda não chegou ao final. Por exemplo:

- Na construção de uma casa, o terreno pode ser preparado e alguns materiais podem ser comprados enquanto a planta está sendo finalizada.
- Pode-se começar os ensaios de uma peça de teatro e fazer divulgação enquanto os cenários ainda estão sendo montados.

As fases em andamento, ou mais imediatas, contam com previsões mais detalhadas do que aquelas que estão mais distantes no tempo. O detalhamento progressivo dos planos, à medida que novas fases se aproximam, chama-se *rolling wave planning* (*planejamento em ciclos* ou *ondas*).

3.2.3 Métodos ágeis[2]

Os métodos ágeis enfatizam o desenvolvimento e a entrega de produtos, em detrimento de documentação e planejamento exaustivo. A comunicação constante entre as partes interessadas, principalmente entre a equipe, o cliente e os gestores, produzindo um mínimo de planos de escopo e atividades, assegura que o projeto realize e entregue os produtos esperados.

Os métodos ágeis foram desenvolvidos para lidar com projetos de desenvolvimento de *software*, para superar as dificuldades dos métodos preditivos. Especificamente, os métodos ágeis surgiram como antítese de um método preditivo chamado *waterfall*, que será analisado em outro capítulo.

Os projetos de desenvolvimento de *software* e de desenvolvimento de sistemas de informação, de modo geral, entregam diversos produtos (ou partes de um produto) dentro de um sistema. Esses produtos podem ser desenvolvidos e entregues um a um, sem que seja necessário esperar o final do projeto para entregar o sistema completo.

Com os métodos ágeis, é possível entregar os produtos ou partes. Ao final do ciclo de vida, o produto está completo (Figura 3.2).

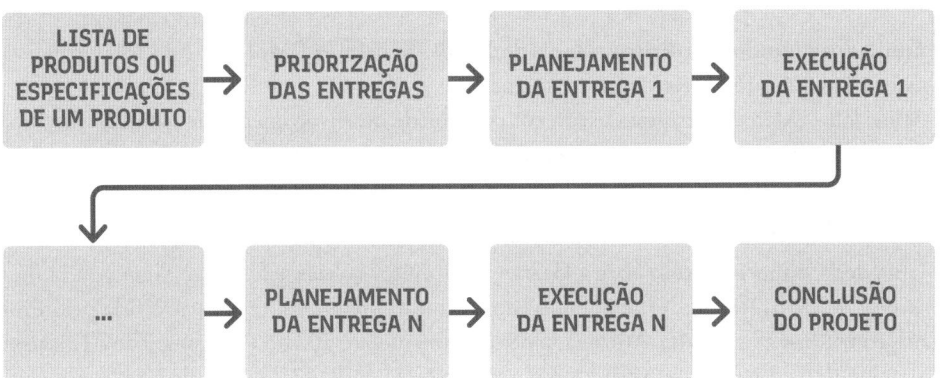

Figura 3.2 O essencial dos métodos ágeis.

Embora sua aplicação original esteja nos projetos de tecnologia da informação (TI), **os princípios ágeis podem ser usados em qualquer tipo de projeto**. Os métodos ágeis receberam a influência da ideia de produção enxuta (***lean production***) da Toyota, cujo princípio fundamental é o combate ao desperdício. Para os criadores dos métodos ágeis, o excesso de planejamento é o desperdício a ser combatido.

3.2.4 Gestão de projetos experimentais

A gestão de projetos experimentais (ou gestão experimental) é uma estratégia para lidar com projetos cujo resultado final é desconhecido (ou pouco conhecido) e que precisam ser desenvolvidos com uma abordagem de tentativa e erro.

Projetos de pesquisa básica (novos medicamentos), de pesquisa e desenvolvimento (P&D), produtos totalmente novos devem ser planejados e executados de forma muito diferente como se organiza

---

[2] VILLAS BÔAS DIAS, Marisa. *Um novo enfoque para o gerenciamento de projetos de desenvolvimento de software.* Dissertação (Mestrado) – Faculdade de Economia e Administração, Universidade de São Paulo, 2005.

uma competição esportiva ou se constrói uma casa – que têm elevado grau de certeza nas duas dimensões: produto final e conhecimentos sobre como fazer.

A gestão desses projetos se faz por meio de tentativa e erro – por exemplo, um protótipo é desenvolvido e testado. Os resultados dos testes levam a modificações no desenho e assim sucessivamente, até se chegar a um resultado aceitável.

A definição de que "projeto é uma série de etapas com algum planejamento entre elas" pode ser mais bem entendida a partir da exposição dessas características.

3.3 Guias de Gestão de Projetos

Guia ou **referencial de gestão de projetos** é o **manual do usuário**, que conduz o processo de planejar, executar, controlar e encerrar o ciclo de vida do projeto. O método é uma doutrina, o guia é o roteiro para aplicar o método. É o **livro de instruções**.

Há diversos guias para a gestão de projetos. Em sua maioria, são guias orientados para os métodos preditivos. Alguns são detalhados; outros são apenas diretrizes ou *frameworks*. Os principais guias são os seguintes:

- **Guias dos métodos preditivos** – Guia do PMBOK© e Guia PMD Pro©.
- **Guias dos métodos ágeis** – *Scrum* e outros.
- *Waterfall* – Método preditivo usado em projetos de desenvolvimento de *software*, antepassado dos métodos ágeis, que não tem um guia formal.

3.3.1 Guia do PMBOK©

O **Guia dos Conhecimentos sobre a Gestão de Projetos** (*Guide to the Project Management Body of Knowledge* – PMBOK Guide©) é a "bíblia" dos métodos preditivos. Foi desenvolvido pelo Project Management Institute (PMI). Atualizado periodicamente, em 2021 o PMI anunciou o lançamento da sétima edição. A gestão de projetos proposta pelo Guia do PMBOK© consiste de 12 princípios e oito domínios do desempenho do projeto (Figura 3.3).

PRINCÍPIOS	
1. Administração e governança (*stewardship*)	7. Adaptação (*tailoring*)
2. Equipe	8. Qualidade em processos e entregas
3. Partes interessadas	9. Complexidade
4. Valor	10. Riscos
5. Pensamento sistêmico	11. Adaptabilidade e resiliência
6. Liderança	12. Mudança
DOMÍNIOS DO DESEMPENHO	
1. *Stakeholders*	5. Trabalho do projeto
2. Equipe	6. Entrega (escopo e qualidade)
3. Desenvolvimento e ciclo de vida	7. Medição
4. Planejamento	8. Incerteza

Figura 3.3 Princípios e domínios do desempenho do Guia do PMBOK 7ª Edição©

3.3.2 Guia PMD Pro©

O **Guia PMD Pro** – *Project Management for Development Profissional Guide*, ou Guia para o PMD Pro – Gerenciamento de Projetos para Profissionais de Desenvolvimento), é o manual para quem trabalha com organizações não governamentais (ONGs) e projetos sociais de todos ou projetos de desenvolvimento socioeconômico. É publicado pela PM4NGOs, uma entidade sem fins lucrativos que promove o avanço das práticas gerenciais no setor do desenvolvimento, compreendendo ONGs, entidades doadoras e organizações e pessoas dedicadas à superação de dificuldades sociais.[3]

O Guia PMD Pro tem raízes notadamente no Guia do PMBOK e na matriz lógica, uma ferramenta de formatação de projetos em uma página, para apresentação a agências de desenvolvimento.

3.3.3 *The Scrum Guide*™

Há diversos métodos ágeis e o *Scrum* é o mais popular. No *Scrum*, os projetos são divididos em ciclos chamados *sprints* (corridas). A *sprint* corresponde a um *timebox* (evento de tempo fixo) dentro do qual um conjunto de atividades deve ser executado de forma iterativa.

O **Guia do *Scrum*** (*The Scrum Guide*) foi escrito por Ken Schwaber e Jeff Sutherland, criadores do conceito que eles não chamam de método, mas de estrutura (*framework*).[4] Schwaber e Sutherland asseguram que não há limites para sua utilização. Todo e qualquer projeto de desenvolvimento de produto pode se beneficiar do uso do *Scrum*.

3.4 Encerrando a Parte I

A **leitura de um livro é como um projeto**. Incremental. A cada capítulo, você introduz mais informação em seus bancos de memória. Até aqui, este livro já tratou das definições de projeto, gestão de projetos, métodos de gestão e guias ou referenciais de gestão.

Você conhece os métodos e sabe quais são os guias ou referenciais. Agora, precisa das ferramentas para usar os métodos.

Estamos encerrando aqui a primeira parte do livro. Nas partes seguintes, o livro fornecerá ferramentas específicas para você usar os dois métodos apresentados resumidamente neste capítulo.

---

3 PM4NGOs. Disponível em: https://www.pm4ngos.org/about-us/. Acesso em: ago. 2021.
4 The Scrum Guide. Disponível em: https://www.scrum.org/resources/scrum-guide. Acesso em: ago. 2021.

RESUMO

- Gestão é o processo de tomar e executar decisões de planejamento, execução, controle e encerramento de projetos.

- Há vários métodos de gestão de projetos. Gestão simplificada, gestão experimental, entre outros, que se agrupam em duas famílias principais: métodos preditivos e métodos ágeis.

- Os métodos preditivos enfatizam a gestão global do projeto. Os métodos ágeis enfatizam o desenvolvimento do produto.

- Alguns métodos têm guias que funcionam como manuais do usuário e explicam como usar os métodos.

- O Guia do PMBOK é o mais conhecido guia dos métodos preditivos.

- O Guia do *Scrum* é o mais conhecido guia dos métodos ágeis.

Acesse o **ambiente virtual de aprendizagem** para aprofundar seu conhecimento por meio de exercícios, casos, mapas mentais e outras atividades.

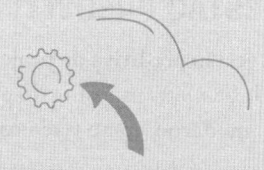

PARTE II
FERRAMENTAS DA GESTÃO PREDITIVA

APRESENTAÇÃO

Você está agora começando a **PARTE II** do livro **GESTÃO DE PROJETOS: PREDITIVA, ÁGIL E ESTRATÉGICA**. Nesta parte, estudaremos as **ferramentas da gestão preditiva**.

Ao completar o estudo da Parte II, você deverá ser capaz de entender, explicar e utilizar as seguintes ideias e/ou ferramentas:

- Gestão preditiva.
- Processos gerenciais.
- Ciclo de vida.
- Áreas do conhecimento.

GESTÃO PREDITIVA

A **gestão preditiva de projetos** consiste na execução baseada no planejamento exaustivo do projeto e da definição exaustiva do produto final. Esse modelo é também chamado **tradicional**, ou **clássico**, ou **moderno**, como veremos a seguir.

Nesse modelo, o projeto não começa enquanto o produto e as dimensões do desempenho não estiverem definidos. No entanto, as circunstâncias ao longo do ciclo de vida podem determinar a mudança nas definições iniciais – tanto o produto quanto o planejamento. Isso ocorre quando se constrói uma casa e a falta de recursos financeiros força a interrupção do projeto, alargando o prazo, ou quando o proprietário resolve alterar as especificações do imóvel.

A **gestão preditiva de projetos** baseia-se em três conceitos fundamentais: (1) **ciclo de vida do projeto**, (2) **processo de gerenciar um projeto** (um macroprocesso que compreende diversos processos menores) e (3) **áreas do conhecimento** (ou variáveis do desempenho do projeto).

Os processos gerenciais definem **como** gerenciar o projeto; as variáveis do desempenho são o conteúdo do projeto, ou **o que** deve ser administrado. O ciclo de vida define **quando** administrar o quê.

A Figura II.1 apresenta uma síntese dos processos gerenciais associados ao ciclo de vida do projeto. As áreas do conhecimento estão implícitas, assim como os processos gerenciais, que serão examinados nesta parte do livro.

- Os Capítulos 4 até 8 apresentam as principais variáveis do desempenho.
- Os Capítulos 9 e 10 tratam, respectivamente, da equipe e do gerente do projeto – personagem importante no modelo preditivo e que não existe no modelo ágil.
- O Capítulo 11 explica como um plano de projeto deve ser preparado.
- O Capítulo 12 descreve a ferramenta *earned value management* (EVM), para o controle do projeto.

JUNTANDO AS PEÇAS

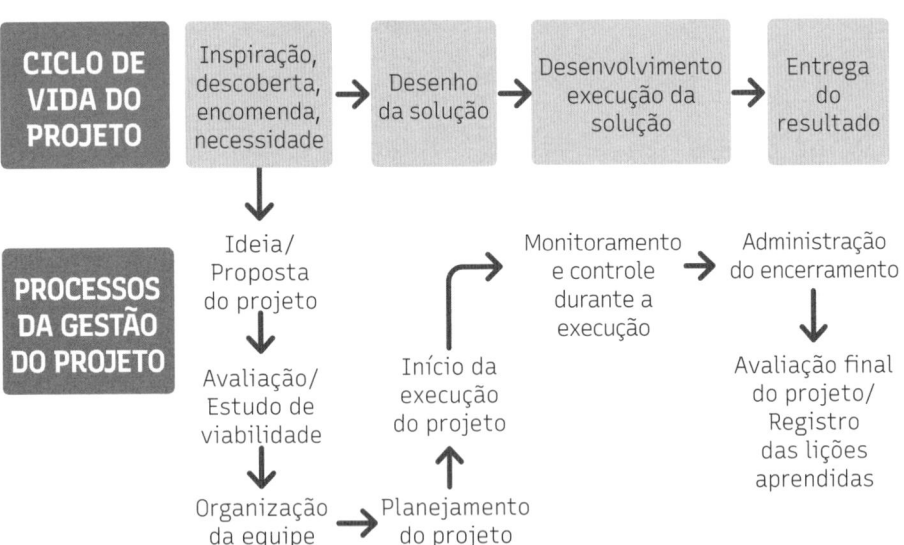

Figura II.1 Os processos gerenciais ao longo do ciclo de vida do projeto.

4

GESTÃO DA ENTREGA: ESCOPO E WBS

APRESENTAÇÃO

Neste capítulo, estudaremos o mais importante conceito da gestão de projetos segundo qualquer modelo – a gestão da entrega, definida no conceito de **escopo**. As ferramentas usadas para gerenciar o escopo do projeto são a ***work breakdown structure*** (WBS), ou **estrutura analítica do projeto**, no modelo preditivo, que é o foco deste capítulo. Na segunda parte do livro, estudaremos o escopo segundo a abordagem ágil.

Ao completar o estudo deste capítulo, você deverá ser capaz de entender, explicar e utilizar as seguintes ideias e/ou ferramentas:

- Escopo do projeto e escopo do produto.
- Processos da gestão do escopo.
- WBS – o que é e como desenhar.

4.1 Escopo do Projeto

Uma ideia central na gestão de projetos é o fornecimento de um produto singular, chamado *entregável*, ou um conjunto de produtos singulares, chamado *entregáveis*. No conjunto, há um entregável principal junto com entregáveis acessórios. Por exemplo:

- Sistema de informações + treinamento de usuários + manuais + contrato de manutenção.
- Astronave + plataforma de lançamento + sistema de comunicações + astronautas + sistema de recuperação.
- Planta + construção de casa + licenciamento da prefeitura etc.

Para exemplificar graficamente, a Figura 4.1 descreve o escopo do projeto do desenvolvimento de um novo veículo, compreendendo este conjunto de entregáveis:

(1) O próprio veículo.
(2) Novo processo produtivo para fazer o veículo, inclusive o desenvolvimento de fornecedores.
(3) Formação de mão de obra.

(4) Treinamento dos distribuidores.
(5) Sistema de produção e distribuição de peças de reposição.
(6) Desenvolvimento do manual do proprietário etc.

Figura 4.1 Escopo do projeto é o conjunto de entregáveis – o produto principal e os elementos de apoio.

O **escopo do projeto** é o produto ou conjunto de produtos que o projeto deve entregar a um cliente, patrocinador ou usuário. O produto propriamente dito – no exemplo, o veículo – é apenas um componente da relação de entregáveis. Os demais entregáveis viabilizam o produto principal. Sem a fábrica e sem montadores treinados, o novo veículo é apenas um protótipo.

4.2 Escopo do Produto

O escopo do produto é parte do escopo do projeto. O escopo do produto refere-se às características do produto – suas especificações funcionais e técnicas. O escopo do produto é uma das bases para a gestão da qualidade do projeto.

O produto é planejado para atender a uma necessidade ou encomenda, aproveitar uma oportunidade, desenvolver uma ideia criativa etc. Os demais itens no escopo do projeto destinam-se a viabilizar a entrega do produto.

O escopo do projeto abrange o escopo do produto, como ilustra o Box 4.1, no projeto Arca de Noé

PROJETO
- **PRODUTO**
  - Uma arca de madeira resinosa. Dividida em compartimentos. Calafetada por dentro e por fora.
  - Comprimento de trezentos côvados, largura de cinquenta côvados e altura de trinta côvados.
  - No cimo da arca, uma abertura com a dimensão de um côvado. Porta da arca de um lado.
  - Três andares de compartimentos.

- Entrarão na arca você e seus filhos, sua mulher e as mulheres de seus filhos.
- De tudo o que vive, entrará na arca um casal.
- Todas as coisas para comer, armazenadas para que sirvam de alimento, para humanos e animais.
- Dentro de sete dias choverá. A chuva vai durar quarenta dias e quarenta noites.

Box 4.1   Escopo e produto do Projeto Arca de Noé

4.3   Gestão do Escopo do Projeto na Abordagem Preditiva

A gestão do escopo compreende o planejamento, a execução e o controle dos produtos ou entregáveis do projeto. Escopo do projeto também pode ser entendido como abrangência dos produtos do projeto ou como o **conteúdo do projeto**. A gestão do escopo do projeto define até onde o trabalho vai.

4.3.1   Declaração do escopo

O primeiro passo na gestão do escopo é a declaração de (ou do) escopo. A declaração de escopo é sucinta e define de maneira direta o que o projeto vai entregar. Há uma fórmula para isso: verbo transitivo direto com objeto direto (Box 4.2).

> **DECLARAÇÃO DE ESCOPO**
> **(com objetivo imediato e final)**
> - O projeto consiste em (ou: o objetivo do projeto é) realizar um festival beneficente (objetivo imediato) e angariar fundos para a Casa dos Jovens de Outrora (objetivo final).

Box 4.2   Como escrever a declaração de escopo

- O produto é o **objetivo primário** ou **missão** do projeto. O compromisso de um gerente de projeto é entregar o produto ao cliente. No exemplo do Box 4.2, o produto é o festival beneficente.
- O **objetivo final** é a **utilidade** do objetivo imediato. No exemplo do festival beneficente, a utilidade é angariar fundos para uma instituição humanitária.
- Outros níveis subsequentes de objetivos podem ser acrescentados.

A entrega do produto e a realização dos objetivos possibilitam o atendimento das necessidades/ oportunidades e justificam a realização do projeto.

> Também são considerados objetivos ou metas quaisquer variáveis de desempenho, como prazos e custos ou taxas e índices, que estejam associadas ao projeto.

4.3.2 Detalhamento do escopo e WBS

O processo de planejar o escopo é feito em duas etapas: **declaração** e **detalhamento**. **Declaração do escopo** é o enunciado sucinto dos produtos que serão fornecidos (e, eventualmente, dos que não serão fornecidos) pelo projeto. **Detalhamento do escopo** é uma relação minuciosa dos produtos que serão fornecidos, também chamada lista de entregáveis (Figura 4.2).

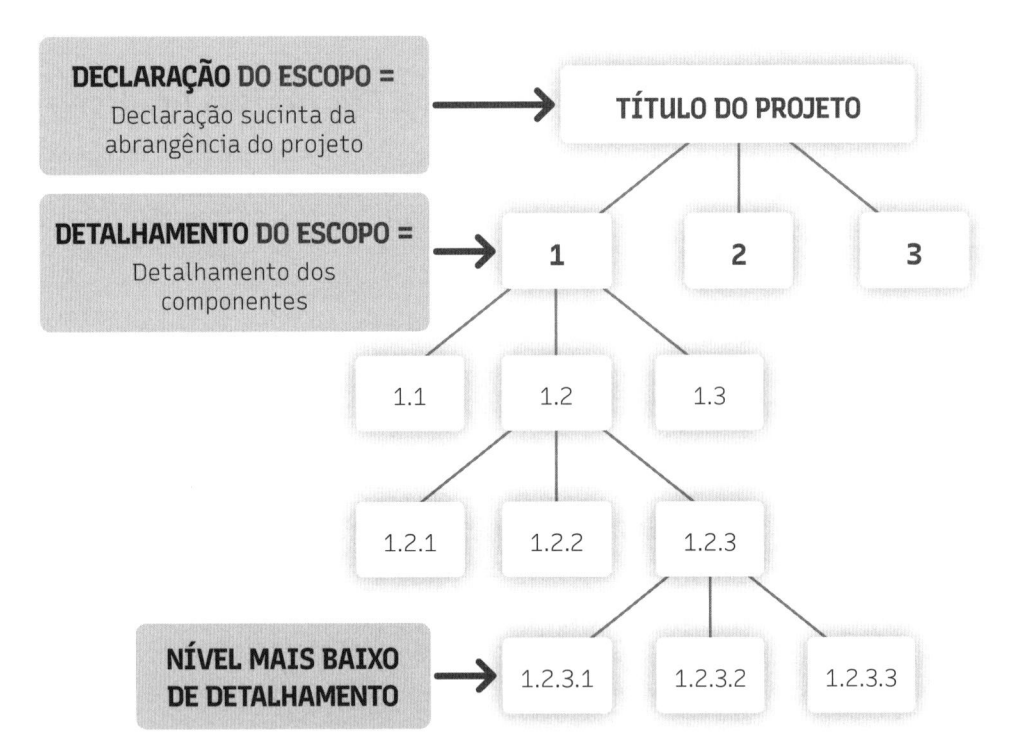

Figura 4.2 Detalhamento do escopo do projeto.

O detalhamento do escopo divide o projeto em componentes, compreendendo o produto principal e os demais entregáveis. A **work breakdown structure** (WBS), ou **estrutura analítica do projeto**

(**EAP**), é a representação gráfica do escopo detalhado. Veja uma explicação sobre a WBS no Box 4.3. No último nível do detalhamento, os componentes chamam-se **pacotes de trabalho**. Veja um exemplo na Figura 4.3.

WBS – *Work Breakdown Structure*

- **EAP – Estrutura Analítica do Projeto:** é uma das mais importantes ferramentas da gestão de projetos;
- É um diagrama, que pode ser desenhado em diferentes formatos, representando as **ENTREGAS** do projeto;
- Não é uma **LISTA DE ATIVIDADES** – mas, pode-se desenhar a WBS de baixo para cima, começando pelas atividades e agregando-as em entregas;
- Atividades são identificadas por **VERBOS**; entregas, por **SUBSTANTIVOS**;
- A WBS é o retrato do **ESCOPO DO PROJETO**;
- É a base para o desenvolvimento dos outros planos do projeto: tempo, custo etc.

Box 4.3 O que é uma WBS?

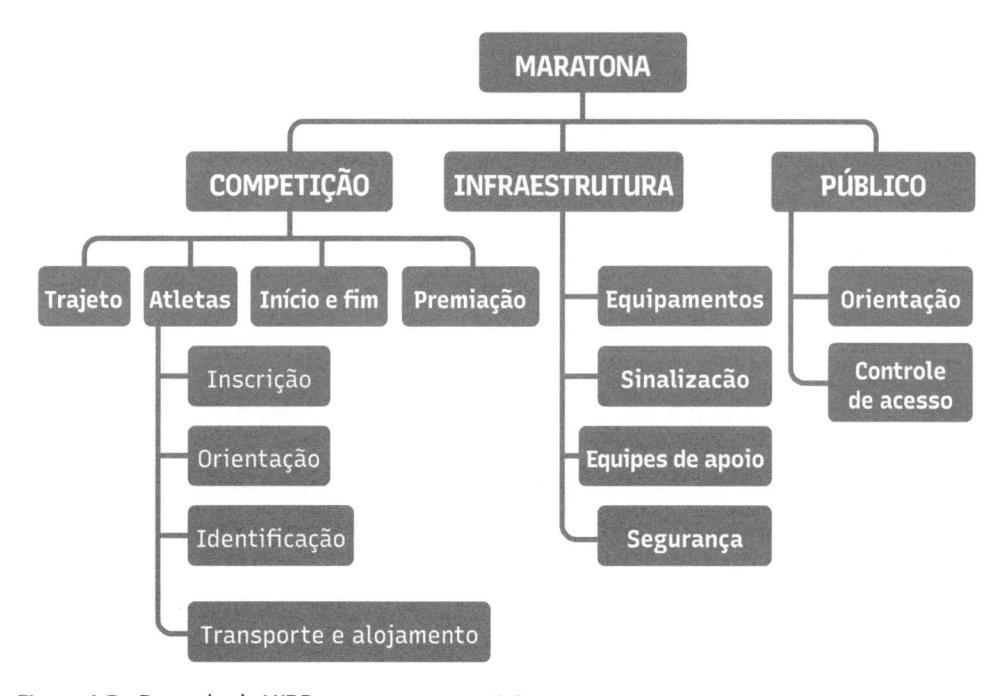

```
                         MARATONA
         ┌──────────────────┼──────────────────┐
    COMPETIÇÃO         INFRAESTRUTURA        PÚBLICO
    ┌────┬────┬────┐    ┌──────────┐      ┌──────────┐
Trajeto Atletas Início  Premiação  Equipamentos  Orientação
                e fim
        ├─ Inscrição           ├─ Sinalização    └─ Controle
        ├─ Orientação          ├─ Equipes de apoio   de acesso
        ├─ Identificação       └─ Segurança
        └─ Transporte e alojamento
```

Figura 4.3 Exemplo de WBS para uma competição.

Nos componentes da estrutura analítica, é possível incluir outras informações além do título do entregável, como custo e duração (Figura 4.4).

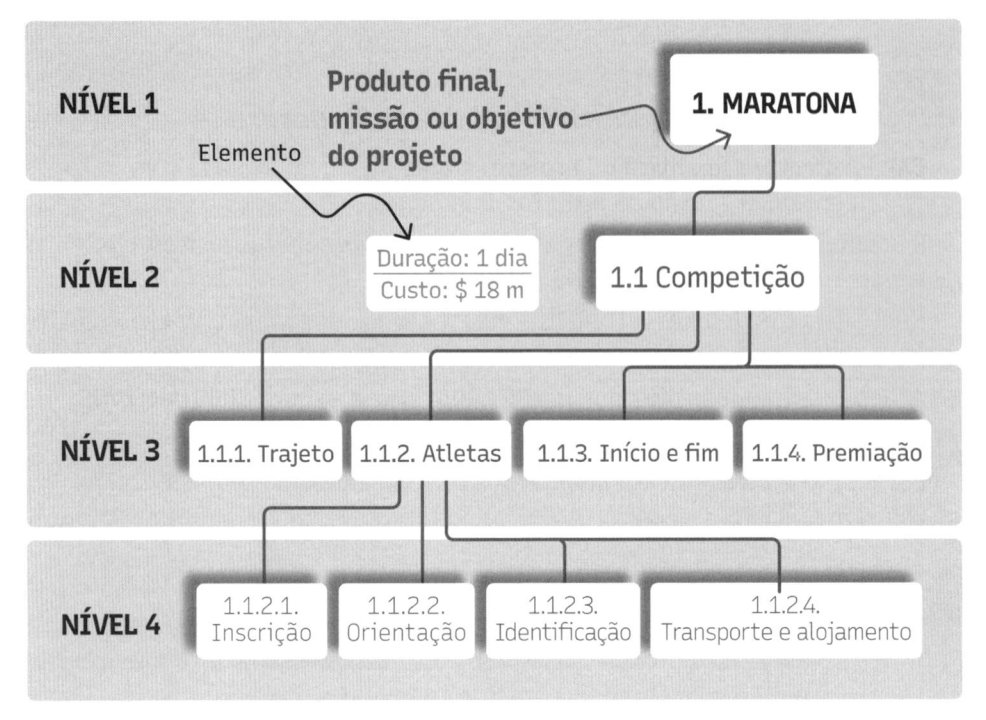

Figura 4.4 Estrutura analítica com elementos (entregável, tempo e custo em cada componente).

4.3.3 Critérios para montar a estrutura analítica

Há dois critérios principais para montar a estrutura analítica de um projeto: produto e fase do ciclo de vida (ou processo).

Estrutura analítica por produtos

A estrutura da maratona que exploramos aqui usa o critério do produto. É uma lista organizada de produtos a serem fornecidos pelo projeto. Não há uma sequência ou ordem de entrega que a EAP permita avaliar.

As estruturas analíticas de projeto que usam o critério dos produtos são parecidas. Sempre há pelo menos três entregáveis: o produto propriamente dito, a infraestrutura e as pessoas (usuários, funcionários, participantes). Nos projetos de desenvolvimento de produtos, como é o caso de um novo veículo, sempre há pelo menos dois entregáveis: o produto e o processo produtivo para fabricá-lo. Outros entregáveis, como o desenvolvimento de fornecedores e o treinamento de usuários, podem ser acrescentados. Veja na Figura 4.5 mais um exemplo de WBS de produtos.

GESTÃO DA ENTREGA: ESCOPO E WBS

```
                        LOJA VIRTUAL
   ┌──────────┬──────────────┬───────────┬──────────────┬──────────┐
PRODUTOS  PLANO DE VENDAS  MARKETING  ESTRUTURA DE TI  LOGÍSTICA
   │          │              │           │              │
Projeto     Preço dos    Público-alvo   Site         Estoque
dos         produtos
produtos
   │          │              │           │              │
Fotos dos   Formas de    Divulgação   Fotos dos     Entrega
produtos    pagamento                 produtos
            │              │           │
          Custo do      Custos de    Implantação
          produto       marketing
```

CRITÉRIO DO PRODUTO – A ESTRUTURA NÃO INFORMA
EM QUE ORDEM OS PRODUTOS SÃO ENTREGUES

Figura 4.5 WBS construída com o critério do produto.

Estrutura analítica por fase do projeto

Observe na Figura 4.6, logo abaixo do título do projeto, as fases do projeto, desde o projeto (design) do produto até sua implantação. Em certos casos, as fases do ciclo de vida podem compreender, no final, um período experimental de operação. Uma estrutura analítica que divide o projeto em fases é conhecida também como *process breakdown structure* (PBS), ou estrutura analítica por processo.

As estruturas analíticas de projeto que usam o critério das fases do projeto também são semelhantes. As fases estão no primeiro nível e, no segundo, sempre há pelo menos três entregáveis: o produto propriamente dito, a infraestrutura e as pessoas (usuários ou funcionários).

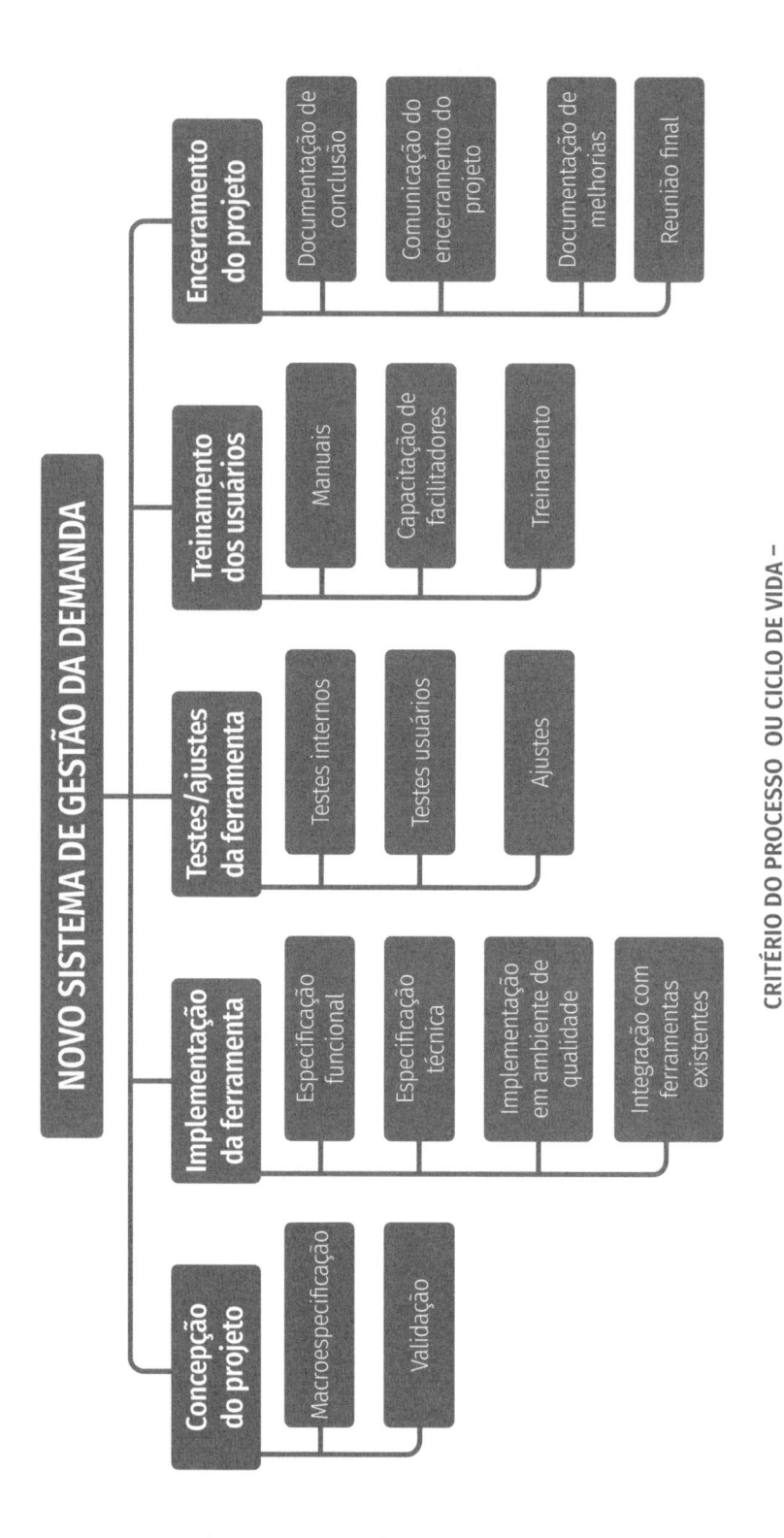

Figura 4.6 WBS construída com o critério do processo ou ciclo de vida.

NOVO SISTEMA DE GESTÃO DA DEMANDA

- **Concepção do projeto**
  - Macroespecificação
  - Validação
- **Implementação da ferramenta**
  - Especificação funcional
  - Especificação técnica
  - Implementação em ambiente de qualidade
  - Integração com ferramentas existentes
- **Testes/ajustes da ferramenta**
  - Testes internos
  - Testes usuários
  - Ajustes
- **Treinamento dos usuários**
  - Manuais
  - Capacitação de facilitadores
  - Treinamento
- **Encerramento do projeto**
  - Documentação de conclusão
  - Comunicação do encerramento do projeto
  - Documentação de melhorias
  - Reunião final

CRITÉRIO DO PROCESSO OU CICLO DE VIDA – NESTE MODELO HÁ SEQUÊNCIA

> **Atenção:** o modelo do ciclo de vida para a organização do escopo do projeto é especialmente utilizado no método tradicional de desenvolvimento de *software* – o método *waterfall*. O método *waterfall* é a "antítese" dos métodos ágeis – e vice-versa. Veremos mais sobre isso na Parte III do livro.

4.4 Cenas dos Próximos Capítulos

Chegando a este capítulo, você passa a dominar uma **ferramenta verdadeiramente poderosa**: a WBS. Com ela, você consegue visualizar o projeto e todos seus entregáveis. Trabalhando com a equipe do projeto e outros *stakeholders*, especialmente o *sponsor*, poderá evitar omissões e identificar com clareza tudo o que precisa ser feito.

E mais: a WBS é a base para planejar e gerenciar os demais domínios do desempenho, começando pelo tempo e pelos custos, que estudaremos em seguida.

RESUMO

- Escopo é o conceito mais importante na gestão de projetos.

- Escopo do projeto é a entrega que o projeto deve fornecer. A entrega pode ser feita de um conjunto de produtos.

- Escopo do produto são as especificações ou requisitos que o produto do projeto deve atingir.

- A gestão do escopo do projeto compreende os processos de declaração e detalhamento do escopo.

- O escopo detalhado do projeto é representado em um diagrama chamado estrutura analítica do projeto (EAP ou WBS).

- A EAP ou WBS é o ponto de partida para o planejamento das demais variáveis do projeto, como tempo, custo, qualidade etc.

Acesse o **ambiente virtual de aprendizagem** para aprofundar seu conhecimento por meio de exercícios, casos, mapas mentais e outras atividades.

5 ATIVIDADES E CRONOGRAMA

APRESENTAÇÃO

Neste capítulo, estudaremos como transformar o escopo nas **atividades** e no **cronograma** do projeto.

Ao completar o estudo deste capítulo, você deverá ser capaz de entender, explicar e utilizar as seguintes ideias e/ou ferramentas:

- Como derivar as atividades da *work breakdown structure* (WBS).
- Como sequenciar e encadear as atividades.
- Método do caminho crítico.
- Perspectivas do planejamento das atividades.

5.1 Atividades e Tempo

Para entregar o produto do projeto, é preciso executar atividades que consomem recursos: tempo e dinheiro.

Atividades e recursos são planejados com base no escopo do projeto (Figura 5.1). O planejamento das atividades é a base para a preparação e a gestão do **cronograma do projeto**, que estudaremos neste capítulo.

Figura 5.1 Do escopo para o tempo e o cronograma.

As decisões envolvidas no planejamento do tempo e na preparação do orçamento do projeto são:

- Identificação das atividades.
- Sequenciamento das atividades.
- Estimativa da duração das atividades.
- Preparação do cronograma.

5.2 Identificação de Atividades

A primeira etapa do planejamento do tempo de um projeto é a preparação de uma lista de atividades ou tarefas. A preparação da lista de atividades começa com a **estrutura analítica do projeto**, que foi utilizada para fazer a definição do produto. Como exemplo, veja na Figura 5.2 como derivar as atividades da estrutura analítica de um almoço beneficente.

ALMOÇO BENEFICENTE

CONVIDADOS	LOCAL	ALMOÇO	FINANÇAS	ATRAÇÕES
• Fazer lista de convidados • Enviar convites • Confirmar presenças	• Escolher local • Organizar local • Contratar pessoal de apoio • Limpar após evento	• Comprar ingredientes • Preparar • Realizar almoço	• Preparar orçamento • Receber pagamentos • Pagar fornecedores • Fazer balanço	• Escolher • Contratar

Figura 5.2   Identificando as atividades a partir da WBS.

Além da estrutura analítica para elaborar a lista de tarefas, pode-se estudar o ciclo de vida do projeto, a experiência da equipe ou da empresa, registrada em relatórios de projetos anteriores, e a revisão das áreas do conhecimento ou domínios do desempenho da gestão de projetos.

5.3   Sequenciamento das Atividades

As atividades da lista são então sequenciadas – colocadas em ordem. A ordem não é linear, porque o sequenciamento envolve identificação das dependências. O sequenciamento é decidido com o uso de uma **tabela de precedências**. Note que a Figura 5.3 também mostra a **duração** das atividades.

IDENTIFIQUE AS PRECEDÊNCIAS E AS DURAÇÕES			
NÚMERO	ATIVIDADE	DURAÇÃO	ATIVIDADE PRECEDENTE
1	Preparar lista de convidados	1 dia	Nenhuma da lista
2	Escolher o local	1 semana	Nenhuma da lista
3	Enviar convites	1 semana	1, 2
4	Organizar o local	1 semana	2
5	Realizar o almoço	1 dia	4, 3
6	Limpar o local após o almoço	1 dia	5
7	Fazer o balanço e a prestação de contas	1 dia	6

Figura 5.3   Tabela de precedências.

O sequenciamento feito dessa forma permite estabelecer as prioridades e, em seguida, representar graficamente as relações e o encadeamento das atividades, sintetizados em um **diagrama de precedências**.

5.4 Diagrama de Precedências

O **diagrama de precedências**, também chamado **diagrama de rede do projeto**, é um gráfico que mostra as decisões de sequenciamento e o encadeamento das atividades. O diagrama de precedências da Figura 5.4 corresponde à tabela anterior (parcialmente). Cada atividade é representada por um **nó** ou **box** – um símbolo (em geral, um retângulo ou círculo) dentro do qual se anota a letra ou número que designa a atividade ou se descreve a atividade. As setas representam a relação de dependência e a sequência das atividades. Essa técnica de desenhar o diagrama de precedências é chamada *activity on node* (AON), ou **atividade no nó**.

DESENHE UM DIAGRAMA DE PRECEDÊNCIAS

Atividade 1
- Preparar lista de convidados

Atividade 2
- Escolher local

Atividade 3
- Enviar convites

Atividade 4
- Organizar o local

Atividade 5
- Realizar o almoço

Figura 5.4 Diagrama de precedências.

O diagrama de precedências deve ser desenhado ao mesmo tempo em que se prepara a tabela de precedências. Isso ajuda a visualizar a lógica do encadeamento das atividades, a tomar decisões de planejamento e a corrigir possíveis erros.

Ligar um retângulo a outro por meio de uma seta indica que a segunda atividade na fila (sucessora) só pode começar quando a precedente terminar. É a chamada dependência **do fim para o começo**.

5.5 Método do Caminho Crítico

Agora, vamos adicionar as durações nos boxes do diagrama de precedência e calcular o **caminho crítico**. Podemos então determinar a duração da rede – ou seja, do projeto. Para isso, somamos a duração de cada box com a duração do box anterior mais longo.

Na Figura 5.5, vemos o projeto do almoço em formato de rede com durações. Há duas atividades no início que não dependem de outras – "Preparar lista de convidados" e "Escolher local".

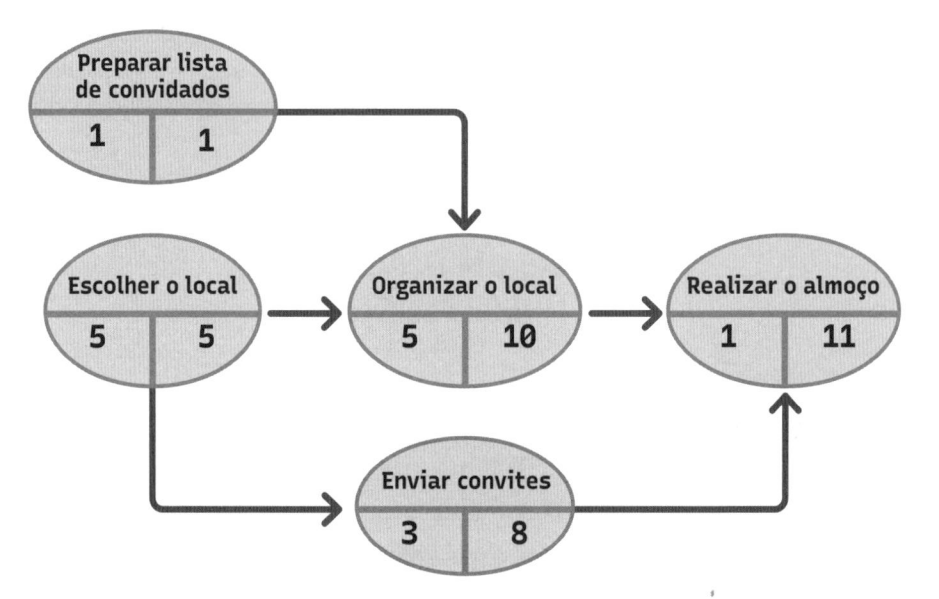

Figura 5.5 Diagrama de rede com durações. Na parte inferior de cada box, no lado esquerdo, está a duração da atividade. No lado direito, a soma com a duração da atividade anterior mais longa.

- "Organizar o local" dura cinco dias. Somando essa duração à duração da atividade anterior ("Escolher o local" = cinco dias) o resultado é duração de 10 dias para a atividade "Organizar o local".
- O caminho que vai de "Escolher local" até "Realizar o almoço" tem as atividades com as durações mais longas. Dura 11 dias – portanto, o projeto dura 11 dias. Esse é o **caminho crítico**, o caminho mais longo que leva da primeira à última atividade de um projeto. Os caminhos ou ramos da rede que têm durações mais curtas precisam esperar o caminho crítico terminar para poderem continuar. Em outras palavras, nos demais ramos do projeto há **folgas**. No exemplo, estamos usando uma forma simples de rede com caminho crítico. Vejamos então o método completo para usar esse conceito.

Vamos agora trabalhar com uma versão elaborada dessa ideia, o **método do caminho crítico** (*critical path method* – CPM). O CPM trabalha com datas de início e término **mais cedo e mais tarde**. O **caminho de ida** (*forward pass*) é o cálculo da duração com base nas datas de início e término mais cedo. O **caminho de volta** (*backward pass*) permite calcular a **folga** (*float*), o tempo flexível entre as atividades. Veja na Figura 5.6 a explicação desse conceito.

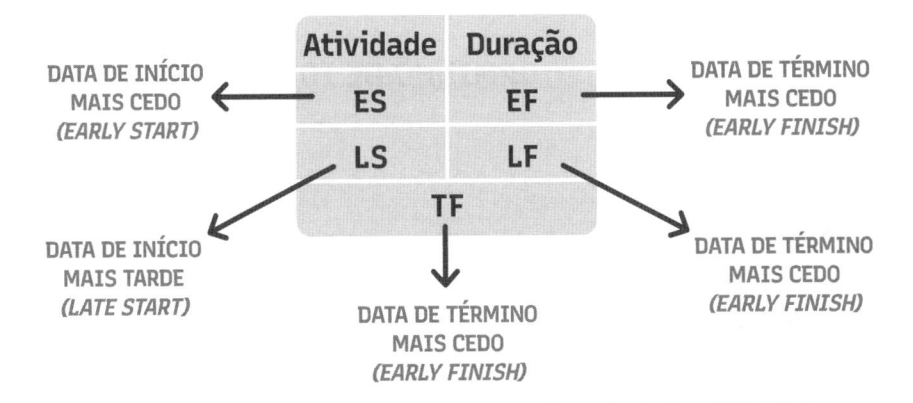

ATIVIDADES E CRONOGRAMA 39

```
              Atividade  Duração
DATA DE INÍCIO                        DATA DE TÉRMINO
  MAIS CEDO      ES        EF           MAIS CEDO
 (EARLY START)                         (EARLY FINISH)
                 LS        LF
                    TF
DATA DE INÍCIO                        DATA DE TÉRMINO
  MAIS TARDE                            MAIS CEDO
  (LATE START)   DATA DE TÉRMINO      (EARLY FINISH)
                   MAIS CEDO
                 (EARLY FINISH)
```

- **DATA MAIS CEDO DE INÍCIO DA ATIVIDADE (ES – *EARLY START*):** é a data mais cedo na qual a atividade pode ser iniciada caso sejam obedecidas as durações estimadas de todas as suas antecessoras.
- **DATA MAIS CEDO DE TÉRMINO DA ATIVIDADE (EF – *EARLY FINISH*):** é a data mais cedo na qual a atividade pode ser finalizada, começando na ES e respeitada a sua duração.

- **DATA MAIS TARDE DE TÉRMINO DA ATIVIDADE (LF – *LATE FINISH*):** data mais tarde em que a atividade pode terminar, sob pena de atrasar a data de término do projeto.
- **DATA MAIS TARDE DE INÍCIO DA ATIVIDADE (LS – *LATE START*):** data mais tarde em que a atividade pode começar, de modo a encerrar em sua LF.

Figura 5.6 Conceitos básicos do método do caminho crítico (*critical path method*).

- Vamos estudar o **caminho de ida** (*forward pass*) em um exemplo. O cálculo do caminho de ida determina a duração do projeto. Examine a Figura 5.7. A atividade A dura 10 dias. Começa no dia 1 (primeiro dia do projeto) e termina no dia 10. A atividade B dura 20 dias; começa no dia 11, assim que termina a atividade A, e termina no dia 30. A atividade G dura dois dias e depende de D e F. Vamos pelo caminho mais longo: a atividade G vai começar no dia 46 (um dia depois que termina a atividade D) e terminar no dia 47. E assim sucessivamente. No final, a atividade H, com dois dias de duração, começa no dia 48 e termina no dia 49. Resultado: o projeto tem 49 dias de duração.

CAMINHO DE IDA – FORWARD PASS

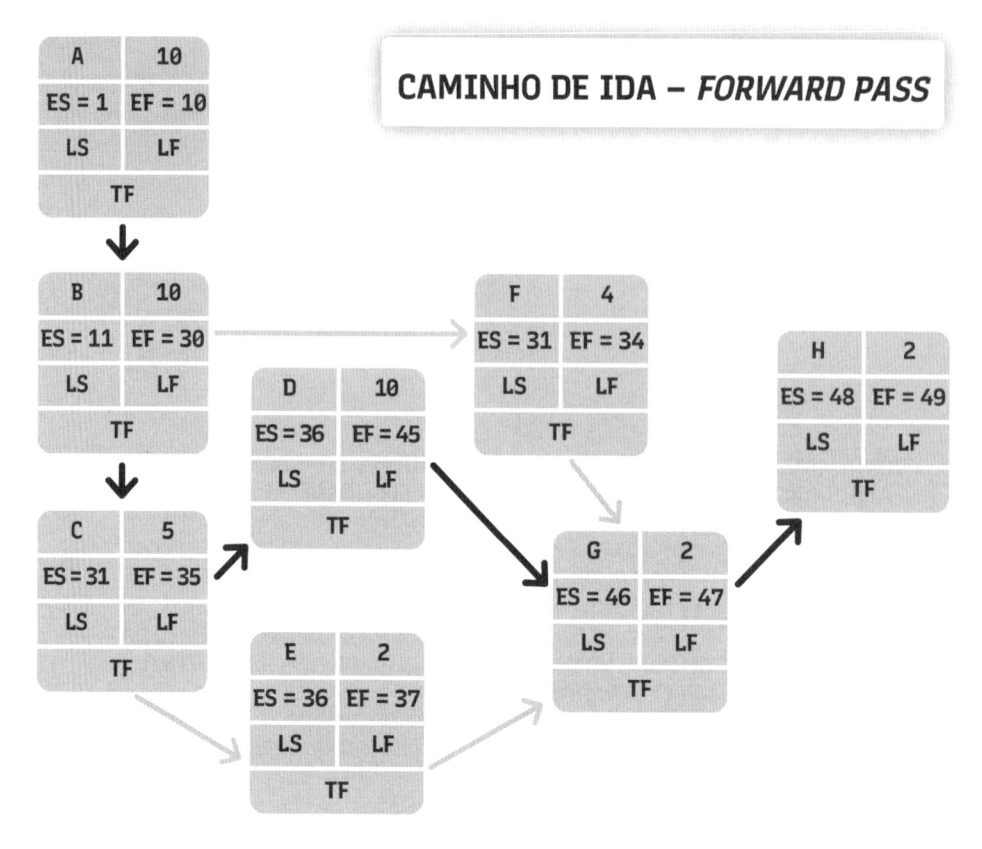

A | 10
ES = 1 | EF = 10
LS | LF
TF

B | 10
ES = 11 | EF = 30
LS | LF
TF

C | 5
ES = 31 | EF = 35
LS | LF
TF

D | 10
ES = 36 | EF = 45
LS | LF
TF

E | 2
ES = 36 | EF = 37
LS | LF
TF

F | 4
ES = 31 | EF = 34
LS | LF
TF

G | 2
ES = 46 | EF = 47
LS | LF
TF

H | 2
ES = 48 | EF = 49
LS | LF
TF

Figura 5.7 Calculando o caminho de ida de uma rede de projeto.

- Vamos agora calcular o **caminho de volta** na mesma rede. Veja a Figura 5.8. O projeto termina no dia 49, com a atividade H, que tem dois dias de duração. 49, 48, contando para trás = o término mais tarde da atividade é o dia 48. Portanto, a atividade G tem o término mais tarde um dia antes, ou seja, no dia 47; como dura dois dias, o início mais tarde é o dia 46. 47, 46, contando para trás = dois dias. A atividade D termina um dia antes do início da atividade G, ou seja, no dia 45. As atividades E e F também terminam no dia 45. A atividade D dura 10 dias; portanto, começa no dia 36. No caminho crítico, a folga total em cada box é sempre zero. Mas a atividade F tem uma folga de 11 dias e a atividade E tem uma folga de 8 dias.

CAMINHO DE VOLTA – *BACKWARD PASS*

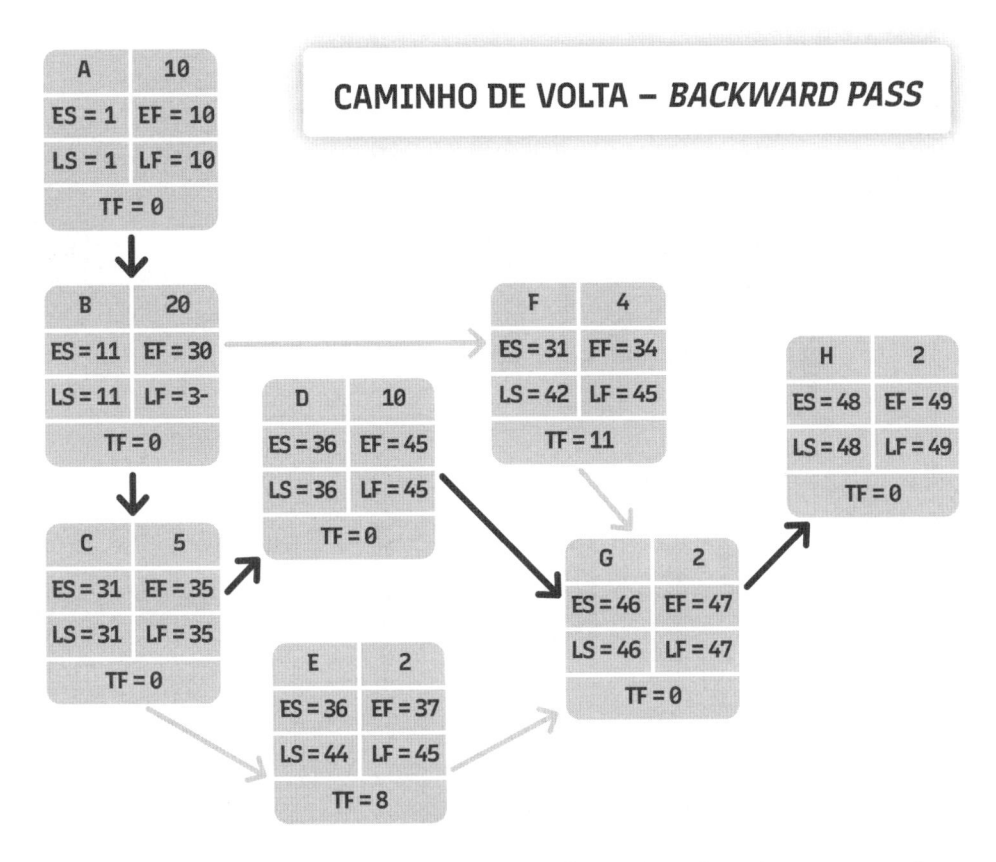

A	10
ES = 1	EF = 10
LS = 1	LF = 10
TF = 0	

B	20
ES = 11	EF = 30
LS = 11	LF = 3-
TF = 0	

C	5
ES = 31	EF = 35
LS = 31	LF = 35
TF = 0	

D	10
ES = 36	EF = 45
LS = 36	LF = 45
TF = 0	

E	2
ES = 36	EF = 37
LS = 44	LF = 45
TF = 8	

F	4
ES = 31	EF = 34
LS = 42	LF = 45
TF = 11	

G	2
ES = 46	EF = 47
LS = 46	LF = 47
TF = 0	

H	2
ES = 48	EF = 49
LS = 48	LF = 49
TF = 0	

Figura 5.8 Calculando o caminho de volta de um projeto. Quando as datas de início mais cedo e mais tarde são iguais, folga (folga total – *a* = TF) = 0. F e E têm, respectivamente, FT de 11 e 8 dias. No caminho crítico, a FT sempre é zero. Não atrase... ou o projeto vai atrasar.

5.6 Desenho do Cronograma

A etapa final no processo de planejamento das atividades consiste em decidir *quando* as atividades acontecem e desenhar um **cronograma**. O cronograma é um gráfico que mostra a distribuição das atividades ao longo de um calendário e a duração do projeto. É um retrato da cronologia do projeto, que retrata decisões de planejamento.

Veja três formatos de cronograma na Figura 5.9. No sentido horário: cronograma de marcos, cronograma de linha do tempo e cronograma de períodos. O cronograma pode ser feito em um aplicativo, como o MS Project, que oferece essas e outras possibilidades de desenho (Figura 5.10).

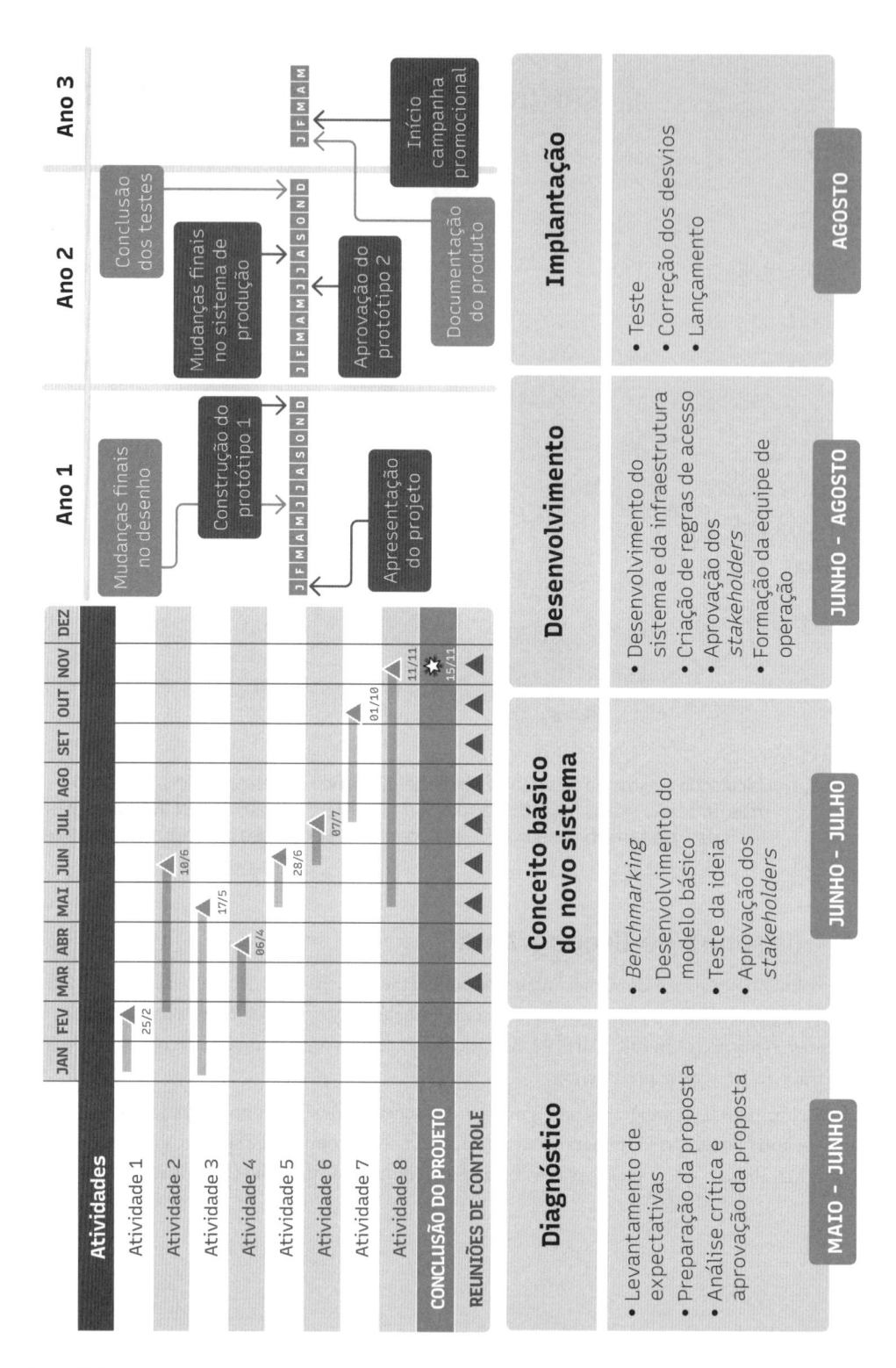

Figura 5.9 Formatos de cronograma.

5.7 Modalidades de Planejamento de Atividades

Neste capítulo, adotamos a perspectiva de planejamento que consiste em calcular quanto tempo é necessário para fazer o projeto – ou seja, a perspectiva da **estimativa da duração**.

- Você vai começar e quer saber quando o projeto termina. O planejamento das atividades, como estudamos neste capítulo, ajuda você a identificar o momento do término ou o prazo do projeto. Planejando nesta modalidade, o projeto vai do presente para o futuro.
- Há, no entanto, a perspectiva inversa: o projeto que se deve planejar do fim para o começo, porque tem datas fixas de início ou de término. São os projetos com restrição de tempo (*time constrained projects*, ou projetos com *time constraint*). Nos projetos desse tipo, os planos são feitos **do futuro para o presente**, da frente para trás. Por exemplo, "em fevereiro tem Carnaval", "no dia 15 de novembro as eleições são realizadas", "o cliente precisa da peça em seis meses". Quem está envolvido com atividades desse tipo tem um prazo ou data que não pode ser ultrapassado. As atividades devem ser realizadas em momentos específicos ou o projeto ficará comprometido. Conforme o tempo passa, o cronograma se comprime. O que não tiver sido realizado antes fica para a última hora. Nessa modalidade de planejamento, pode-se planejar o projeto usando um cronograma com datas fixas. Observe a Figura 5.10.

ATIVIDADE A		ATIVIDADE B		ATIVIDADE E	
INÍCIO	FIM	INÍCIO	FIM	INÍCIO	FIM
01 março	15 março	16 março	31 março	25 abril	15 maio

ATIVIDADE C		ATIVIDADE D	
INÍCIO	FIM	INÍCIO	FIM
16 março	31 março	02 abril	15 abril

Figura 5.10 Cronograma com datas fixas.

5.8 Cenas dos Próximos Capítulos

A cada capítulo, você fica mais equipado. Até aqui, você já domina uma dupla fenomenal de conceitos e ferramentas: escopo + WBS e tempo + cronograma. Avance mais uma casa na trilha do conhecimento. Vamos agora para o Capítulo 6, no qual trataremos de recursos e orçamentos.

RESUMO

- Para realizar o produto do projeto, é preciso executar atividades que consomem tempo.

- Planejar as atividades e definir sua distribuição no tempo são a essência da gestão do cronograma do projeto.

- Primeiro, as atividades são identificadas. Em seguida, são colocadas em ordem e suas durações são estimadas.

- A partir daí, prepara-se o cronograma do projeto – um diagrama que permite visualizar a distribuição das atividades ao longo do tempo estimado para sua execução.

- Há diversos tipos de cronogramas.

Acesse o **ambiente virtual de aprendizagem** para aprofundar seu conhecimento por meio de exercícios, casos, mapas mentais e outras atividades.

6 CUSTOS E ORÇAMENTO

APRESENTAÇÃO

Neste capítulo, estudaremos como transformar o escopo e as atividades na **previsão dos custos** e na preparação do **orçamento**.

Ao completar o estudo deste capítulo, você deverá ser capaz de entender, explicar e utilizar as seguintes ideias e/ou ferramentas:

- Como derivar os recursos da *work breakdown Structure* (WBS) e da lista de atividades.
- Como estimar os custos dos recursos.
- Como preparar o orçamento do projeto.
- Curva de referência dos custos do projeto (*cost baseline*).

6.1 Recursos e Custos

Para entregar o produto do projeto, é preciso realizar atividades que consomem **recursos**. A definição dos **recursos** é a base para o planejamento e o controle dos custos do projeto. A ferramenta para o planejamento dos custos é o **orçamento do projeto**.

Assim como acontece com o tempo, o processo de planejamento dos custos de um projeto não é um estágio com início e fim preestabelecidos. É um processo contínuo, que começa com a definição do produto e acompanha todo o ciclo de vida do projeto. Em todos os momentos, especialmente nas passagens de uma fase para outra do ciclo de vida, é preciso rever as definições de recursos e replanejar os custos à frente.

Atividades, recursos e custos são planejados com base no escopo do projeto (Figura 6.1).

DO ESCOPO PARA OS CUSTOS

GESTÃO DO ESCOPO

DECLARAÇÃO DE ESCOPO → WBS COM ESTIMATIVA DE CUSTOS (OPCIONAL) → DICIONÁRIO DA WBS

GESTÃO DOS CUSTOS

ATIVIDADES E ESTIMATIVA DE RECURSOS → ESTIMATIVA DE RECURSOS → ORÇAMENTO DO PROJETO (COST BASELINE) → CONTROLE DOS CUSTOS (POR MEIO DE EVM)

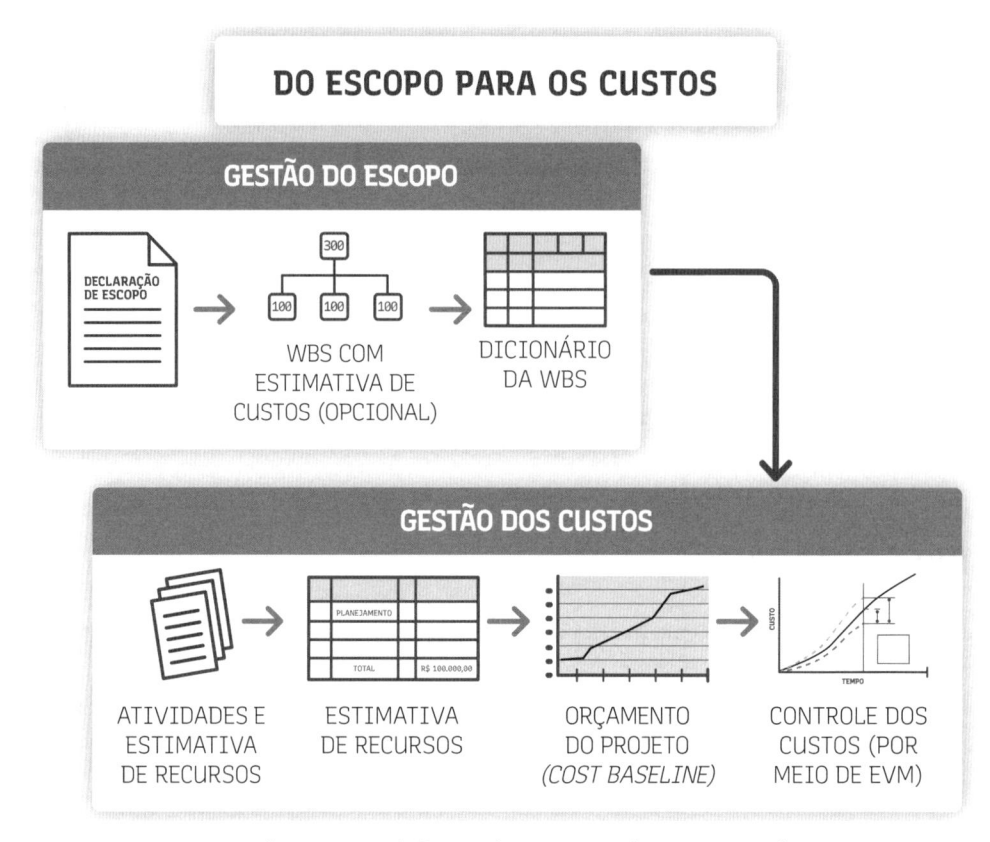

Figura 6.1 O escopo é a base para a definição dos custos e do orçamento do projeto.

A definição dos recursos necessários para realizar as atividades é a base para preparar o orçamento do projeto. Para estimar os custos dos recursos é necessário (Box 6.1):

- Identificar os recursos necessários para realizar as atividades.
- Definir o custo dos recursos necessários para realizar as atividades.
- Preparar o **orçamento** do projeto.

Box 6.1 Como preparar o orçamento do projeto

6.2 Planejamento de Recursos

Para fazer o orçamento, identificamos os recursos necessários para o projeto. Isso depende de quais atividades serão realizadas. Portanto, o orçamento começa a ser montado junto com o planejamento das atividades.

Os recursos necessários para a realização do projeto classificam-se em quatro tipos principais: mão de obra, material permanente, material de consumo e serviços de terceiros (Veja o Box 6.2).

- **Recursos humanos.** Funcionários próprios e serviços eventuais contratados, inclusive de voluntários em certos casos. Este item divide-se em categorias como coordenação, pessoal técnico, pessoal sênior, pessoal administrativo e assim por diante.
- **Material permanente.** Bens, equipamentos e instalações a serem compradas, construídas ou alugadas.
- **Material de consumo.** Combustível, material de escritório, reagentes de laboratório, peças de reposição.
- **Serviços de terceiros.** Viagens, hospedagem, alimentação, transporte local, serviços especializados como desenho, programação de computadores, digitação e outros produtos e serviços adquiridos de fornecedores.

Box 6.2 Tipos de recursos empregados em projetos

A lista de materiais (*bill of materials* – BOM) é um dos *inputs* que a equipe do projeto pode usar no processo de estimar a utilização de recursos. Veja a Figura 6.2.

ELEMENTO	COMPONENTE	MATERIAL	PROPORÇÃO	UNIDADE
Concreto estrutural	Viga	Cimento	0,34	tonelada
		Agregado granuloso	1,25	tonelada
		Areia	0,7	tonelada
		Reforço de aço	0,12	tonelada
	Coluna	Cimento	0,34	tonelada
		Agregado granuloso	1,25	tonelada
		Areia	0,7	tonelada
		Reforço de aço	0,12	tonelada
	Fundação	Cimento	0,34	tonelada
		Agregado granuloso	1,25	tonelada
		Areia	0,7	tonelada
		Reforço de aço	0,12	tonelada

Figura 6.2 Lista de materiais de componente de projeto.

A Figura 6.3 sintetiza as principais necessidades de recursos de um projeto. O ponto de partida é a WBS. Os recursos e seus custos são estimados em função da lista de entregáveis. A lista de materiais (BOM) é um dos dados.

ITEM	DESCRIÇÃO/ ENTREGÁVEL	RECURSOS HUMANOS	MATERIAIS	SERVIÇOS INTERNOS E DE TERCEIROS	MATERIAL DE CONSUMO
0	Gestão do projeto	Gerente de projeto = 8 meses			
1	Planejamento				
1.1	Levantamento de informações	Analistas (2) = 15 dias		Viagens e deslocamentos	
1.2	Definição de requisitos	Analistas (2) = 15 dias			
2	Desenho				
2.1	Conceito básico	Desenvolvedores (3) = 15 dias		Linha de produção e laboratório	
2.2	Caderno de encargos	Desenvolvedores (3) = 1 mês		Linha de produção e laboratório	
3	Aquisição de componentes	Compradores = 15 dias	Lista de materiais		
4	Montagem	Equipe de engenharia (5) = 4 meses	Lista de materiais		
5	Testes	Equipe de engenharia (5) = 2 meses		Linha de produção e laboratório	
6	Operação assistida	Gerente do projeto = 1 mês		Linha de produção	

Figura 6.3 Estimativa de recursos para o projeto.

Até aqui, estamos apenas avaliando as necessidades de recursos. Passemos agora para a precificação desses recursos.

6.3 Estimativa de Custos

Cada recurso tem custo unitário.

- A hora de trabalho de um técnico é igual ao custo total mensal do salário (incluindo encargos sociais, benefícios e outros custos) dividido pelo número médio de horas de trabalho por mês. Esse dado é mais direto e fácil de obter no caso de mão de obra terceirizada.
- O mesmo princípio vale para todos os recursos: aluguéis, quilômetros e pedágios reembolsados, as toneladas de cimento na lista de materiais.

Cada atividade ou entregável usa determinada quantidade de recursos. Para obter o custo total de uma atividade ou entregável, multiplica-se o custo unitário do recurso pela quantidade de unidades necessárias.

- No caso da lista de materiais, a necessidade é = (0,34 tonelada de cimento) × (3) = 1,02 tonelada. Ao preço de $ 20,00 o saco de 50 kg = são necessários 21 sacos = $ 420,00 (preços do início de 2020).

No final do processo de estimativa, temos um resultado como o retratado na Figura 6.4 (nenhuma relação com os exemplos anteriores). O montante de R$ 100.000,00 é o **orçamento global** do projeto ou valor estimado para completar o projeto (*budget at completion* – BAC). Não se confunde com *estimate to complete* (EAC), que significa estimativa do que falta para completar o projeto, em determinado momento de seu ciclo de vida.

ATIVIDADE	CUSTO DOS RECURSOS HUMANOS	CUSTO DOS MATERIAIS	SERVIÇOS DE TERCEIROS	VIAGENS	TOTAL POR ATIVIDADE
Selecionar	25.000,00	8.000,00	5.000,00	4.000,00	42.000,00
Organizar	12.000,00	7.000,00	2.500,00		21.500,00
Montar	25.000,00	3.500,00	2.500,00		31.000,00
Transportar	3.000,00		2.500,00		5.500,00
Total	65.000,00	18.500,00	12.500,00	4.000,00	100.000,00

Figura 6.4 Lista de recursos necessários para o projeto – o valor final de R$ 100.000,00 é também chamado orçamento na conclusão (*budget at completion* – BAC).

6.4 Orçamento e Linha de Custos do Projeto

Há vários formatos para preparar o **orçamento do projeto**, somando os custos previstos para recursos e atividades. Podemos fazer como na Figura 6.5, listando as etapas e detalhando alguns recursos.

DESCRIÇÃO DOS ITENS	TEMPO NECESSÁRIO (DIAS)	SUBTOTAL	TOTAL
Desenvolvimento do Projeto	45		5.500,00
Roteiro		5.500,00	
Pré-produção	120		39.005,00
Equipe		23.750,00	
Alimentação		1.455,00	
Transporte		8.050,00	
Despesas de Produção		5.750,00	
Produção e Filmagem	20		178.599,66
Pós-produção	55		78.192,63
Despesas Administrativas			5.950,00
Tributos e Taxas			5.000,00
Total de Produção			312.247,29
Comercialização	30		9.328,00
Total Geral	270		321.575,29

Figura 6.5 Orçamento de projeto de produção de filme.

Vamos agora introduzir o conceito de **curva de custos do projeto** (*cost baseline*). Para isso, o orçamento é distribuído pelos períodos do cronograma – dias ou semanas, meses, anos. Veja a parte de de cima da Figura 6.6. Na primeira linha, estão os períodos do cronograma. Na última linha, os valores acumulados, mês a mês.

TIPO DE CUSTO	JAN	FEV	MAR	ABR	MAI	TOTAL
MÃO DE OBRA	1.000	2.000	3.000	1.000	500	7.500
MATERIAL PERMANENTE	2.000	200	2.500	300	100	5.100
MATERIAL DE CONSUMO	240	360	500	1.000	800	2.900
TERCEIROS	150	1.500	250	200	500	2.600
TOTAL (MÊS)	3.390	4.060	6.250	2.500	1.900	18.100
ACUMULADO	3.390	7.450	13.700	16.200	18.100	

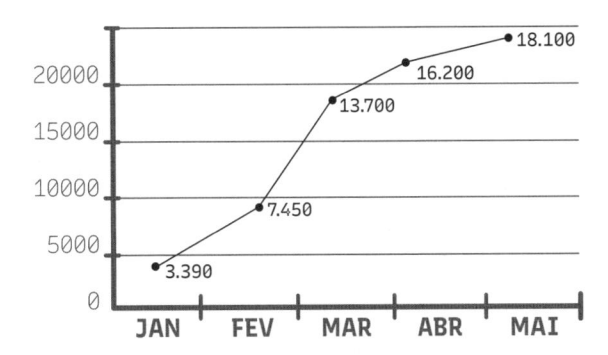

Figura 6.6 Orçamento de projeto em forma de tabela e de curva.

No lado de baixo da mesma figura, está a correspondente **curva de custos acumulados** ou *cost baseline*, que permite avaliar visualmente a evolução do custo do projeto ao longo do tempo. A tabela, assim como a curva, de janeiro a maio, acumula sucessivamente os valores mensais, até o total de $ 18.100,00. Essa curva, também chamada **curva S**, representa o valor planejado (*planned value* – PV).

> **Curva de custos do projeto = curva de custos acumulados = curva S = *cost baseline* = PV = *planned value***

Veja mais um exemplo de orçamento em forma de tabela e de *cost baseline* na Figura 6.7.

Em todos os casos, o **valor total do orçamento** chama-se orçamento na data de conclusão (*budget at completion* – BAC), ou orçamento global ou orçamento propriamente dito.

ITENS DE CUSTO	Mês 1	Mês 2	Mês 3	Mês 4	Mês 5	Mês 6	TOTAL
MÃO DE OBRA 1	100	50	100	450	800	300	1.800
MÃO DE OBRA 2	200	150	200	650	600	400	2.200
EQUIPAMENTOS 1	300	200	300	750	500	500	2.550
EQUIPAMENTOS 2	400	300	400	800	600	600	3.100
VIAGENS E DIÁRIAS	500	400	500	1.200	900	900	4.400
SERVIÇOS DE TERCEIROS	600	500	600	2.000	3.000	1.400	8.100
ALUGUÉIS	800	600	800	1.500	2.000	1.200	6.900
CUSTOS INDIRETOS	900	700	900	1.500	2.500	1.100	7.600
TOTAL ACUMULADO	3.800	6.700	10.500	19.350	30.250	36.650	36.650

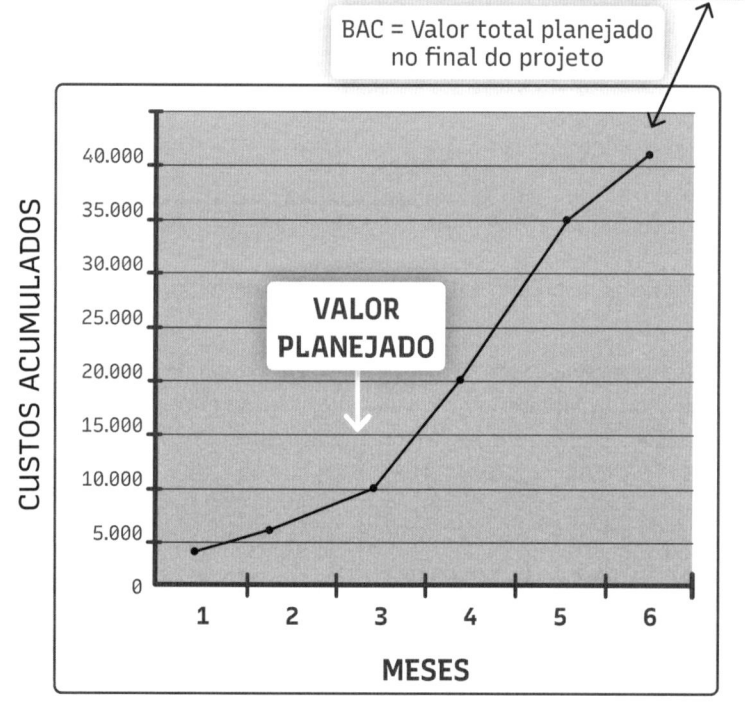

BAC = Valor total planejado no final do projeto

Figura 6.7 Orçamento e *cost baseline*.

Guarde o conceito: a linha de custos acumulados corresponde ao trabalho a ser feito ao longo do projeto, transformado em valor financeiro. Em termos de planejamento, os entregáveis são realizados passo a passo, aumentando o valor gradativamente até a conclusão do projeto. Em cada período, o valor acumulado corresponde ao incremento transformado em dinheiro.

O custo estimado do projeto não é o mesmo que o **preço do projeto**. O preço é o que o patrocinador ou cliente deve pagar pelo projeto. Para definir o preço, aos custos estimados é preciso acrescentar outros valores, tais como custos indiretos, reserva para riscos e imprevistos, e lucro da organização que realiza o projeto.

6.5 Cenas dos Próximos Capítulos

Você está completando agora o estudo do Triângulo Dourado ou Tripla Restrição – os domínios fundamentais do conhecimento e do desempenho dos projetos. Escopo, tempo e custo e suas respectivas ferramentas – WBS, cronograma, método do caminho crítico, orçamento, *cost baseline*.

Com esse trio, é possível planejar a grande maioria dos projetos. Se você usar apenas isso, com o mínimo de elementos, está praticando a **gestão simplificada de projetos**.

Vamos avançar para outros temas – riscos e qualidade –, que também são importantes no planejamento e na gestão do projeto.

RESUMO

- Este capítulo aborda uma das três ferramentas principais para a gestão do projeto: a preparação do orçamento.

- Para fazer o orçamento, é preciso identificar e estimar o custo dos recursos.

- Os recursos dividem-se em quatro categorias – pessoas, material permanente, material de consumo e serviços de terceiros.

- O total dos custos previstos forma o orçamento global do projeto, ou *budget at completion* (BAC).

- O orçamento do projeto, em valores acumulados período a período, forma a curva S, ou *cost baseline*

Acesse o **ambiente virtual de aprendizagem** para aprofundar seu conhecimento por meio de exercícios, casos, mapas mentais e outras atividades.

7 LEI DE MURPHY E OUTROS RISCOS

APRESENTAÇÃO

Neste capítulo, estudaremos como identificar e avaliar riscos e traçar estratégias para enfrentá-los.

Ao completar o estudo deste capítulo, você deverá ser capaz de entender, explicar e utilizar as seguintes ideias e/ou ferramentas:

- Lei de Murphy.
- Principais causas de problemas na administração de projetos.
- Identificação e avaliação de riscos do projeto.
- Estratégias para lidar com os riscos do projeto.

7.1 Lei de Murphy

A possibilidade de ocorrência de erros e problemas é conhecida como Lei de Murphy. A Lei foi criada em 1949 pelo Capitão Edward A. Murphy Jr., engenheiro da Força Aérea dos Estados Unidos. Murphy participava de experiência na qual 16 sensores de aceleração deveriam ser instalados no corpo de uma cobaia humana. Havia duas maneiras de instalar os sensores, uma delas errada. Foi exatamente o que alguém fez: colocou os 16 sensores da maneira errada. Murphy então formulou a lei em seu enunciado original:

> Se houver diferentes maneiras de fazer algo, e uma delas produzir uma catástrofe, alguém a escolherá.
> *(If there are two or more ways to do something, and one of those ways can result in a catastrophe, then someone will do it.)*

A Lei se popularizou com enunciado resumido:

> Se algo de errado tiver que acontecer, acontecerá.
> *(If anything can go wrong, it will.)*

7.2 Murphy e Parkinson

Murphy está vivo e passando bem. Parkinson também. Seus seguidores fazem parte de muitas equipes de projetos. A Lei de Parkinson diz que **o trabalho aumenta a fim de preencher o tempo disponível para sua conclusão.** Outra lei de Parkinson diz que **a suntuosidade de uma instalação é inversamente proporcional à importância das atividades que nela se realizam.** Parkinson formulou essa segunda lei mesmo sem conhecer Brasília.

A Lei de Murphy também se tornou princípio de **projeto defensivo**. Técnicas de prevenção de falhas, confiabilidade e administração da qualidade foram desenvolvidas com a finalidade de assegurar a menor margem possível de erros, que, no entanto, sempre ocorrerão.

7.3 O que é Risco

Risco é a **probabilidade de ocorrência** de um evento ou ação que afeta o projeto. Um erro, como o previsto na Lei de Murphy, é um risco. Probabilidade de erros é risco que afeta o projeto negativamente. Os riscos podem afetar qualquer área do projeto, incluindo pessoas, processos, tecnologia e recursos.

Riscos são diferentes de problemas. Problemas são eventos que já ocorreram ou que certamente ocorrerão e que devem ser resolvidos. Sabe-se quando um problema ocorrerá, se for esperado. Riscos são eventos que podem acontecer, mas não são garantidos. Também não se sabe quando um evento de risco ocorrerá.

Mas há riscos positivos que criam oportunidades para o projeto, como o excesso de interessados em um congresso, o término de fase antes ou despesa menor que o estimado, entregas antecipadas por fornecedores. Vamos tratar primeiro dos riscos que afetam negativamente o projeto.

Não há nenhum catálogo de riscos de projetos. No entanto, o conhecimento das categorias de riscos ajuda a pensar nos focos onde os riscos se originam. Há diversas categorias de riscos. O Box 7.1 apresenta uma proposta de classificação dos riscos na gestão de projetos.

PESSOAS	• Qualificações insuficientes. • Quantidade insuficiente. • Baixo nível de motivação e comprometimento. • Desatenção. Entendimento incorreto de informações e instruções. • Incompatibilidade da equipe e do gerente com o projeto. • Dificuldade de trabalhar e tomar decisões em equipe. • Equipe se desvia do planejado.
RISCOS TÉCNICOS	• Má qualidade e/ou baixo nível de desempenho dos materiais e equipamentos. • Especificações mal formuladas; cliente especifica incorretamente. • Tecnologia ultrapassada. • Falhas na cadeia de suprimentos. • Tecnologia incompreensível para a equipe. • Complexidade do projeto; grande número de interfaces.

(continua)

(continuação)

GESTÃO	• Má qualidade e/ou baixo nível de desempenho dos materiais e equipamentos. • Especificações mal formuladas; cliente especifica incorretamente. • Tecnologia ultrapassada. • Falhas na cadeia de suprimentos. • Tecnologia incompreensível para a equipe. • Complexidade do projeto; grande número de interfaces.
AMBIENTE FÍSICO	• Escolha do projeto errado. • Necessidades mal definidas ou não entendidas corretamente. • Objetivos imprecisos. • Incoerência entre os objetivos/entregáveis e o problema que o projeto busca resolver. • Recursos mal dimensionados em relação às necessidades do projeto.
ORGANIZAÇÃO	• Cultura organizacional desfavorável ao projeto. • Projeto sem prioridade para a organização. • Áreas funcionais sem disposição para colaborar com o projeto. • Histórico de projetos malsucedidos. • Desvio de recursos, corrupção, incompetência para usar recursos. • Cultura de falta de compromisso com trabalho de qualidade.
RISCOS EXTERNOS	• Conjuntura econômica. • Competidores mais capacitados. • *Stakeholders* hostis. • Ambiente regulatório desfavorável. • Fornecedores insuficientes ou incompetentes. • Comportamento do cliente. • Mercado consumidor/público-alvo em transformação.

Box 7.1 Categorias de riscos em projetos

7.4 Gestão dos Riscos[1]

A gestão dos riscos de projetos consiste dos seguintes processos: (1) identificação dos riscos, (2) análise dos riscos e (3) planejamento das respostas aos riscos.

7.4.1 Identificação dos riscos

Os riscos podem ser identificados por meio de experiência própria, conhecimento de projetos similares e outros recursos, como a **análise *pre-mortem***. A análise *pre-mortem* é o oposto da *post-mortem*, ou **autópsia**, feita ao final do projeto.

---

1   Guia do PMBOK©, 6ª edição.

Como é feita a análise *pre-mortem*?

Antes de o projeto começar, o plano é apresentado para a equipe. O gerente e outros administradores informam que "o projeto falhou estrondosamente". Em seguida, as causas do insucesso potencial são exploradas. Uma vez que o fracasso está sendo considerado pela direção do projeto e da empresa, os receios que a equipe poderia ter são dissipados.[2]

O ponto de partida para a identificação dos riscos é a *work breakdown structure* (WBS) – a matriz de todas as variáveis do projeto. A cada componente da WBS, a equipe do projeto procura associar um risco. Vamos fazer uma simulação com o Projeto Arca de Noé, cuja WBS está na Figura 7.1.

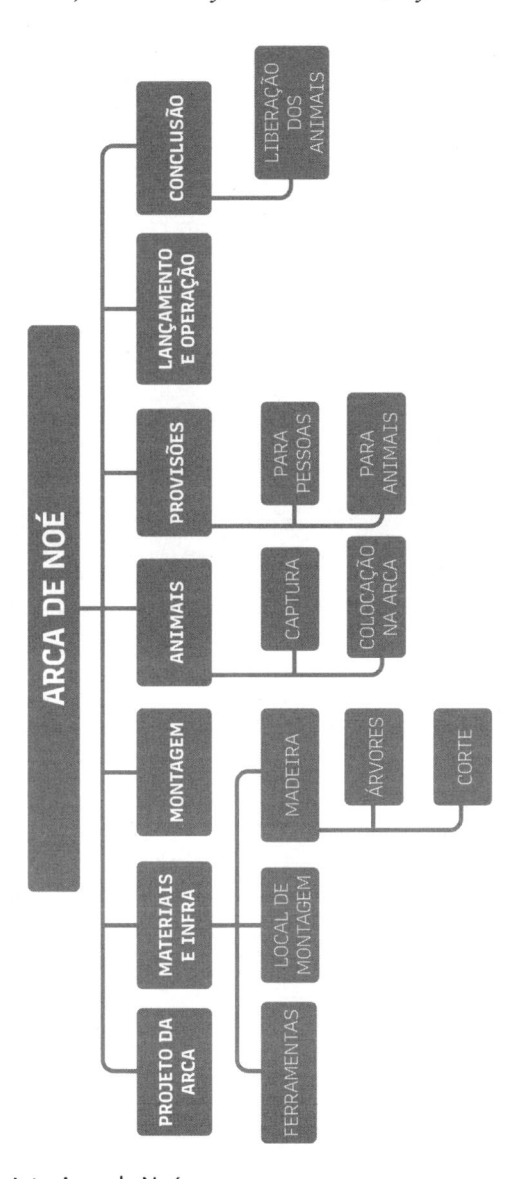

Figura 7.1 WBS do Projeto Arca de Noé.

---

2 KLEIN, Gary. *Performing a Project Premortem*. HBR Guide to Project Management. Boston: Harvard Business Review Press, 2007.

Com a WBS, podemos agora montar uma tabela de identificação de riscos (Figura 7.2), com quatro categorias. Você consegue pensar em outros riscos além dos que foram relacionados?

COMPONENTE	RISCOS			
	PESSOAS	RISCOS TÉCNICOS	AMBIENTE FÍSICO	EXTERNOS
Projeto da Arca estrutural	• Entendimento incorreto das especificações	• Tamanho da arca insuficiente para a carga		
Materiais e infra		• Não encontrar madeira a tempo – Madeira insuficiente • Material para vedação insuficiente ou de má qualidade		• Comunidade protesta contra o corte de árvores
Montagem		• Montagem		
Animais		• Dificuldade para capturar todos os animais • Conflitos entre os animais		• Animais em locais inacessíveis
Provisões	• Aquisição de provisões insuficientes	• Provisões se deterioram		
Lançamento e operação	• Dificuldades com a navegação da arca	• Naufrágio – arca afunda	• Chove muito mais que o esperado	

Figura 7.2 Levantamento dos riscos do Projeto Arca de Noé.

7.4.2 Análise dos riscos

A análise dos riscos procura determinar o efeito que os riscos terão sobre o projeto. Nessa análise se consideram a probabilidade de ocorrência e o impacto dos riscos sobre o projeto. A probabilidade de ocorrência, assim como o impacto, é avaliada por meio de uma escala de três pontos: alta (alto), média (médio) e baixa (baixo). Veja na Figura 7.3 uma forma de posicionar os riscos dentro de uma matriz.

PROBABILIDADE →

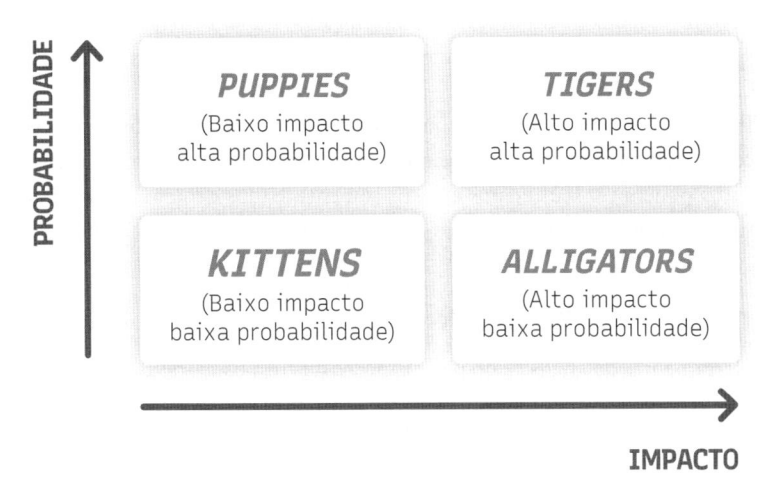

PUPPIES (Baixo impacto alta probabilidade)	**TIGERS** (Alto impacto alta probabilidade)
KITTENS (Baixo impacto baixa probabilidade)	**ALLIGATORS** (Alto impacto baixa probabilidade)

IMPACTO →

Figura 7.3 Análise de probabilidade e impacto.

Probabilidade e impacto são estimativas baseadas na experiência. Em projetos que envolvem viagens, existem os riscos de atrasos, falta de passagens, *overbooking*, cancelamento de voos e assim por diante. Em projetos de construção ou eventos ao ar livre, há os riscos de intempéries. Pode-se considerar esses riscos na faixa da probabilidade média ou alta, especialmente em determinadas épocas do ano. Chuvas têm impacto de alto grau sobre um projeto de competição esportiva, por exemplo. Assim, um risco de alta probabilidade e de alto impacto inviabiliza um projeto.

O mesmo princípio deve ser seguido na avaliação de cada um dos riscos identificados.

7.4.3 Planejamento das respostas

Há pelo menos cinco respostas possíveis aos riscos (ou estratégias para lidar com riscos):

- **Prevenção.** A estratégia de prevenir (ou evitar) a ocorrência de riscos implica tomar providências para eliminar as ameaças, principalmente alterando o plano do projeto. A equipe e o gerente mudam o caminho para evitar os problemas. No extremo, o projeto é recusado ou interrompido para evitar riscos.
- **Mitigação.** A estratégia de mitigar consiste em reduzir os impactos dos riscos ou a probabilidade de sua ocorrência até um nível tolerável. Você mantém o caminho, mas procura diminuir os perigos. Checar os antecedentes das pessoas, obter informações sobre fornecedores, aumentar o número de procedimentos de garantia da qualidade, instalar sistemas redundantes de segurança, elaborar orçamento com reserva para imprevistos etc. são exemplos de ações de mitigação. Especialmente, ter um **plano B**.
- **Transferência.** A estratégia de transferir consiste em mudar o foco da responsabilidade, para que alguém assuma o risco, especialmente quando há possibilidade de prejuízo financeiro. Transferir não significa eliminar nem mitigar o risco. Há várias formas de transferir: seguros, avalistas e contratos nos quais um dos dois lados assume o risco das possíveis variações de preços. Em certos casos, a transferência envolve um pagamento para quem assume o risco.
- **Aceitação.** A estratégia de aceitar consiste simplesmente em não fazer nada para evitar o risco. Por exemplo: não fazer seguro para o lançamento de um satélite artificial. Tudo custa caro – o veículo lançador, o satélite e o seguro. Então, a agência responsável pelo lançamento decide

assumir o risco de não fazer o seguro. O veículo lançador explode no lançamento e destrói tudo. Aconteceu pelo menos uma vez, com um foguete da agência espacial europeia, na base de lançamento da Guiana.
- **Compartilhamento.** A estratégia do compartilhamento consiste em dividir o risco com parceiros em certos tipos de projetos. Por exemplo, projetos de investimento e desenvolvimento de novos produtos podem ter seus custos e riscos compartilhados dentro de um consórcio de empresas. Caso do desenvolvimento de novos produtos complexos e de grande porte, como aviões.

7.5 Plano de Gestão dos Riscos

Agora, com as ferramentas da análise e do planejamento das respostas, podemos preparar um plano de gestão dos riscos do projeto. A Figura 7.4 propõe um formato básico, que pode ser modificado como a equipe do projeto quiser. É uma versão diferente da análise do Projeto Arca de Noé.

RISCO	CLASSIFICAÇÃO	RESPOSTAS – AÇÕES ESPECÍFICAS	PLANO DE CONTINGÊNCIA – "PLANO B"
Não encontrar madeira a tempo	*Alligator*	Mitigar – identificar e catalogar toda a madeira disponível	Usar madeira diferente da especificada – conversar com o *stakeholder*
Faltar um casal de animais	*Tiger*	Eliminar o risco – pedir mais tempo	
Falta de qualidade do produto	*Alligator*	Eliminar – fazer controle e garantia de qualidade	Duplicar produção de alguns componentes
Naufrágio	*Alligator*	Eliminar	
Chove mais tempo que o prometido	*Alligator*	Mitigar	Duplicar suprimentos
Suprimentos insuficientes	*Tiger*	Mitigar	Duplicar suprimentos
Arca parar em lugar diferente	*Kitten*	Aceitar	

Figura 7.4 Plano de gestão dos riscos do Projeto Arca de Noé (parcial).

7.6 Lidando com o Risco Positivo

Quais são as diferenças entre riscos positivos e negativos no gerenciamento de projetos? Para distingui-los, podemos chamar riscos positivos de oportunidades e riscos negativos de ameaças. Exemplos de riscos positivos estão no Box 7.2.

> - Uma possível mudança futura na política que pode beneficiar seu projeto.
> - Uma tecnologia em desenvolvimento que vai economizar tempo se for lançada.
> - Uma concessão que você solicitou e está esperando para saber se foi aprovada.
> - Uma solicitação de recursos, materiais, ferramentas ou treinamento adicionais que tornarão seu projeto mais eficiente, se fornecidos.
> - Excesso de interessados em um congresso.
> - Término de fase antes do programado. Despesa menor que a estimada.
> - Entregas antecipadas por fornecedores.

Box 7.2 Exemplos de riscos positivos

7.6.1 Como responder aos riscos positivos

Há quatro maneiras principais para responder aos riscos positivos na gestão de projetos:

- **Explorar.** Explorar risco positivo significa agir para aumentar a probabilidade de ocorrência. Se há perspectiva de financiamento adicional para o projeto, acompanhar e defender o pleito ajuda a explorar o risco (ou seja, a oportunidade).
- **Compartilhar.** Compartilhar significa trabalhar com pessoas de fora do projeto que poderiam se beneficiar para explorar o risco positivo. Se outras equipes puderem se beneficiar de uma nova tecnologia, convide-as para parcerias.
- **Ampliar.** Ampliar significa tentar aumentar a oportunidade ou resultado positivo. Se você está buscando apoio financeiro, pode explorar diferentes fontes, para tentar aumentar o valor total potencialmente disponível.
- **Aceitar.** Aceitar significa não fazer nada e esperar o evento ocorrer naturalmente.

O Box 7.3 apresenta uma lista de recomendações para lidar com riscos positivos.

- Trabalhe com a equipe para debater e identificar eventos positivos potenciais que ajudarão o projeto.
- Avalie cada risco, incluindo a probabilidade de acontecer e seu impacto potencial.
- Organize um cadastro ou registro de todos os riscos positivos para poder rastreá-los.
- Avalie a tolerância da equipe ao risco. Qual é a disposição para assumir ativamente em vez de apenas aceitar os riscos?
- Anote em seu registro quais riscos serão explorados, compartilhados, aprimorados e aceitos.
- Defina planos de ação e atribua responsabilidades pelo monitoramento ou tratamento de cada risco.
- Identifique os sinais de que um evento de risco positivo está prestes a ocorrer.
- Monitore continuamente o status do risco e o plano de ação para enfrentá-lo. Atualize o plano conforme necessário.

Box 7.3 Recomendações para lidar com riscos positivos

7.7 Cenas dos Próximos Capítulos

Muito bem. O projeto está planejado nas dimensões de escopo, tempo, custo e riscos. Riscos e qualidade, o assunto do próximo capítulo, são variáveis que se relacionam. Projeto de qualidade é projeto eficientemente planejado na dimensão do risco.

Em seguida, estudaremos a gestão da qualidade e avançaremos, nos capítulos seguintes, para conhecer os protagonistas da gestão de projetos – os gestores e as equipes.

RESUMO

- Riscos são eventos prováveis que afetam o projeto, negativa ou positivamente, diferentemente de problemas, que são eventos que ocorreram ou que certamente ocorrerão.

- A gestão dos riscos envolve a identificação, avaliação e planejamento das respostas aos riscos.

- Os riscos são avaliados por meio dos critérios de probabilidade de ocorrência e grau de impacto sobre o projeto. Quanto mais alta a probabilidade de ocorrência e o impacto, mais grave é o risco.

- O planejamento das respostas aos riscos envolve quatro estratégias: aceitar, mitigar, transferir e prevenir.

- Riscos positivos são oportunidades que favorecem o projeto.

- O planejamento das respostas aos riscos positivos envolve quatro estratégias: explorar, aceitar, ampliar e compartilhar.

Acesse o **ambiente virtual de aprendizagem** para aprofundar seu conhecimento por meio de exercícios, casos, mapas mentais e outras atividades.

8 GESTÃO DA QUALIDADE

APRESENTAÇÃO

Neste capítulo, estudaremos como lidar com a **qualidade, do projeto e do produto**.

Ao completar o estudo deste capítulo, você deverá ser capaz de entender, explicar e utilizar as seguintes ideias e/ou ferramentas:

- Qualidade e gestão da qualidade do projeto.
- Voz do cliente e especificações.
- Análise e prevenção de falhas.

8.1 Qualidade

Qualidade é o conjunto das características ou especificações de uma entidade (produto, serviço, evento, conceito, pessoa, grupo, organização) que atendem necessidades implícitas ou explícitas de clientes ou usuários e outras partes interessadas.

A qualidade em um projeto abrange duas entidades: o produto e o próprio projeto (Figura 8.1).

QUALIDADE NA GESTÃO DE PROJETOS	
QUALIDADE DO PROJETO	**QUALIDADE DO PRODUTO**
O projeto é sucesso quando...	O produto é sucesso quando...
• É bem planejado – o escopo é completo • É realizado e concluído conforme os planos: escopo, tempo e custo • O controle é eficaz e permite pilotar o projeto adequadamente • Tem retorno sobre o investimento • Contribui para o futuro da organização	• Especificações adequadamente planejadas – adequação ao uso • Conformidade com as especificações – ausência de deficiências • Satisfação do cliente/usuário • Comparação favorável em relação à concorrência • Desempenho percebido em relação ao preço

Figura 8.1 A ideia e as ferramentas da qualidade se aplicam ao projeto e ao produto.

- A **qualidade do produto** compreende as **especificações** ou **requisitos** que sustentam o desempenho esperado do produto ou serviço fornecido pelo projeto.
- A **qualidade do projeto** é definida pela gestão dos **domínios do desempenho** ou áreas do conhecimento. Projeto de qualidade tem escopo, tempo, custos, riscos e outras variáveis definidas segundo os **padrões de gestão** definidos nos métodos e guias.

As especificações de qualidade são definidas levando em conta as expectativas, interesses e necessidades implícitas ou explícitas de praticamente todos os *stakeholders* do projeto. Clientes, usuários, pessoal de operação que vai construir o produto, poder público e comunidade em geral são alguns dos principais *stakeholders* com interesse na qualidade. Por exemplo:

- Além da *performance* planejada pela engenharia, o produto deve ter especificações que interessam à linha de produção e ao serviço aos clientes – como facilidade de montagem e de manutenção.
- O interesse do ambiente e da comunidade determina especificações implícitas, relacionadas com o bem-estar e a sustentabilidade. Por exemplo, um motor "eco amigável" ou madeira de florestas manejadas.

8.2 Gestão da Qualidade do Projeto

A gestão da qualidade compreende três processos principais: **planejamento**, **controle** e **garantia** da qualidade.

8.2.1 Planejamento da qualidade

O **planejamento da qualidade** é o processo de definir o que os diferentes *stakeholders* esperam do projeto. O primeiro passo para planejar a qualidade é ouvir a **voz do cliente** (cliente como sinônimo de todos os *stakeholders*) e escrever as **especificações de desempenho** do projeto, também chamadas **indicadores** ou **critérios de sucesso do projeto**. As especificações de desempenho, ou indicadores de sucesso, podem ser organizadas de diferentes maneiras, como as áreas do conhecimento, as fases do ciclo de vida e assim por diante. Uma vez definidas, as especificações de desempenho tornam-se **padrões** ou **objetivos** para gestão e controle do desempenho do projeto.

Vamos experimentar simulações com alguns projetos (Box 8.1).

PROJETO	INDICADORES DE DESEMPENHO ou SUCESSO OU O PROJETO SERÁ UM SUCESSO SE... (alguns exemplos)
Licitação pública para aquisição de refeições para o sistema público de ensino fundamental	• Os fornecedores atenderem os padrões especificados de qualidade das refeições. • Os fornecedores se habilitarem de forma independente, sem formação de cartel. • A oferta de preço for suficiente para atrair fornecedores capazes de atender todo o sistema de ensino. • Os fornecedores forem capazes de atender toda a demanda de refeições.

(continua)

(continuação)

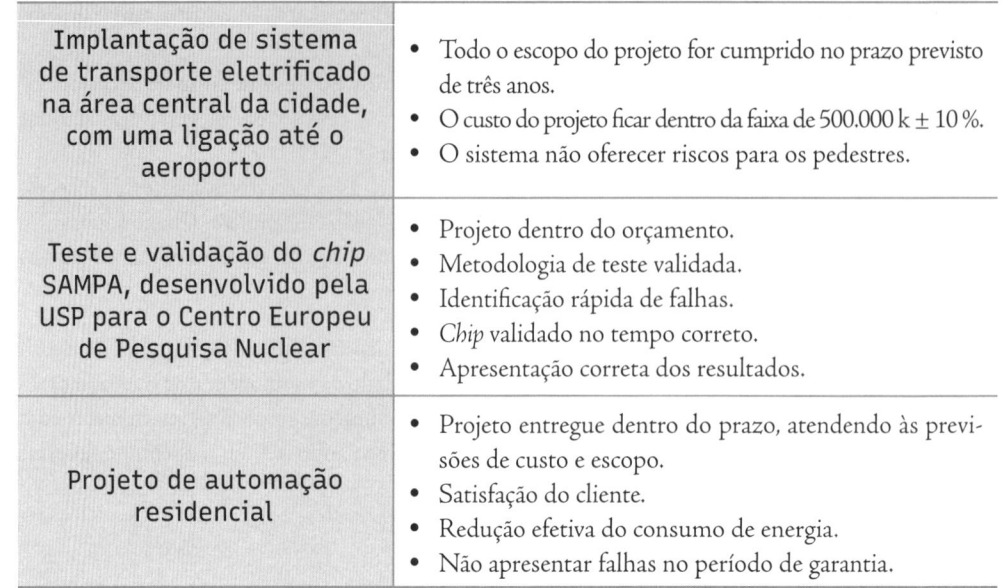

Implantação de sistema de transporte eletrificado na área central da cidade, com uma ligação até o aeroporto	• Todo o escopo do projeto for cumprido no prazo previsto de três anos. • O custo do projeto ficar dentro da faixa de 500.000 k ± 10 %. • O sistema não oferecer riscos para os pedestres.
Teste e validação do *chip* SAMPA, desenvolvido pela USP para o Centro Europeu de Pesquisa Nuclear	• Projeto dentro do orçamento. • Metodologia de teste validada. • Identificação rápida de falhas. • *Chip* validado no tempo correto. • Apresentação correta dos resultados.
Projeto de automação residencial	• Projeto entregue dentro do prazo, atendendo às previsões de custo e escopo. • Satisfação do cliente. • Redução efetiva do consumo de energia. • Não apresentar falhas no período de garantia.

Box 8.1 Exemplos de especificações de desempenho ou indicadores de sucesso de projetos

8.2.2 Controle da qualidade

A **qualidade planejada** tem a contrapartida da **qualidade real**, ou qualidade de conformidade. Se forem idênticas à qualidade real, observável no produto, e à qualidade que foi planejada, o projeto está em conformidade com as especificações ou indicadores de desempenho. Diz-se que "está conforme".

Medir a identidade entre o planejado e o real é a essência do **processo de controle**. O controle do andamento e dos resultados de um projeto pode ser feito por **meios de verificação**, como consultas a usuários, observação *in loco*, medição de resultados.

8.2.3 Garantia da qualidade

Garantia da qualidade é o processo que procura certificar ou assegurar que os **padrões de desempenho** esperados serão atingidos. Se o processo de controle consiste em verificar se os padrões foram ou não atingidos, o processo de garantia da qualidade antecipa-se para fazer coincidirem a qualidade planejada e a real. O ideal da garantia da qualidade é minimizar a necessidade de controle.

Para garantir a qualidade, é preciso estruturar um **sistema da qualidade**, compreendendo elementos como:

- **Padrões (especificações) de qualidade de produtos, serviços e processos.** A garantia da qualidade começa com a existência dos padrões representados pelas especificações de qualidade. Sem padrões, não existe qualidade planejada e nenhuma forma de avaliação é possível.
- **Procedimentos de análise passo a passo**, para evitar a ocorrência de erros e surpresas no final. Por exemplo, o sistema da qualidade pode estabelecer que a proposta básica de um projeto deva conter um estudo preliminar da viabilidade técnica e comercial de um produto. Um exemplo específico de análise passo a passo é a checagem de um equipamento antes de sua entrada em operação – elevadores, veículos, instalações produtivas etc.

- **Formação de pessoal.** Segundo Feigenbaum, no final das contas, tudo depende de um par de mãos. Com pessoas qualificadas e capacitadas de forma contínua, aumenta a probabilidade de os padrões serem realizados.
- **Responsabilização da equipe pela qualidade.** Dentro de uma equipe de projeto, todos são responsáveis pela qualidade. No entanto, responsabilidades específicas em relação à qualidade dos entregáveis e do processo de administrar o projeto devem ser definidas para o gerente e cada um dos integrantes.
- **Testes, simulações, ensaios.** Testes e simulações podem ser feitos em etapas críticas do projeto. Em projetos de eventos e serviços, como lançamento de peças de teatro ou competições, sempre há um ensaio geral. Produtos são submetidos à apreciação dos clientes em forma de maquete física ou simulação de computador. Sempre deve haver procedimentos de verificação e aprovação do produto, para que as deficiências apareçam e a equipe saiba como lidar com elas.
- **Manuais de gestão da qualidade.** O manual de gestão da qualidade contém a definição dos elementos anteriores e de outros que o sistema possa ter. O manual é o guia ao qual se recorre para encontrar todas as referências, especificações e orientações que permitem administrar a qualidade.

8.3 Preparando o Plano de Gestão da Qualidade

Um plano básico da qualidade, para inclusão no plano preliminar (ou *charter*) do projeto, contém essencialmente uma relação dos critérios ou indicadores de *performance*, a ponderação dos critérios para refletir a importância de cada um (por exemplo, em uma escala de 1 a 3 e as estratégias para garantir a qualidade).

No Box 8.2 encontra-se um exemplo de plano da qualidade, com dados de diferentes projetos, para demonstrar como a ideia pode ser aplicada.

QUALIDADE PLANEJADA: Indicadores de desempenho	IMPORTÂNCIA DO INDICADOR (peso)	COMO GARANTIR A QUALIDADE
• Metodologia de teste validada	Média = 3	• Seguir roteiros de testes já validados
• Entrega segundo o escopo planejado	Alta = 5	• Acompanhar e controlar a execução dos contratos e o trabalho dos fornecedores.
• Mitigar os riscos de sinistros	Alta = 5	• Validar continuamente o sistema com testes e simulações
• Entrega dentro do orçamento	Média = 5	• Acompanhamento contínuo por meio da análise do valor realizado (EVM)

(continua)

(continuação)

QUALIDADE PLANEJADA: Indicadores de desempenho	IMPORTÂNCIA DO INDICADOR (peso)	COMO GARANTIR A QUALIDADE
• Apresentação dos resultados de forma correta para o cliente	Baixa = 2	• Captura, processamento e organização de dados ao longo do projeto
• Resultado validado pelo cliente no tempo correto	Média = 3	• Montar e seguir cronograma detalhado
• Concreto estrutural	Alta = 5	• Concreto estrutural

Box 8.2 Exemplo de plano de gestão da qualidade

8.4 Cenas dos Próximos Capítulos

Com este capítulo, encerramos a apresentação de **cinco áreas do conhecimento** ou **domínios do desempenho** dos projetos: escopo, tempo, custo, riscos e qualidade. Há outros domínios, como vimos, mas que não fazem parte do conteúdo deste livro. Com esses cinco componentes, é possível elaborar um plano razoavelmente completo.

Agora, continuamos na Parte II do livro, mas vamos tratar de temas diferentes: os protagonistas da gestão de projetos. Finalmente, no Capítulo 11, vamos juntar todos esses componentes em um plano integrado de projeto.

RESUMO

- Há várias definições para o conceito de qualidade. A qualidade planejada é o conjunto das características que se pretende de uma entidade – uma obra, por exemplo. A qualidade de conformidade é o grau de identidade entre a qualidade planejada e as características da entidade real.

- Na gestão de projetos, a qualidade abrange duas entidades: o próprio projeto e o produto do projeto.

- A gestão da qualidade é realizada por meio de três processos – planejamento, controle e garantia.

- O planejamento da qualidade deve ser feito no início do projeto.

Acesse o **ambiente virtual de aprendizagem** para aprofundar seu conhecimento por meio de exercícios, casos, mapas mentais e outras atividades.

9 GESTÃO DA EQUIPE

APRESENTAÇÃO

Neste capítulo, vamos tratar da **equipe do projeto**, segundo a perspectiva dos projetos preditivos.

Ao completar o estudo deste capítulo, você deverá ser capaz de entender, explicar e utilizar as seguintes ideias e/ou ferramentas:

- Equipe.
- Perímetro da equipe do projeto.
- Trabalho de equipe em *home office*.
- Configurações da combinação empresa-projeto.
- Organograma.
- Matriz RACI ou gráfico linear de responsabilidades.

9.1 Projetos e Equipes

No Box 9.1, apresentamos algumas ideias sobre as equipes em geral, antes de iniciar a discussão sobre as equipes de projetos.

> - Uma equipe envolve um sentido de coesão, de trabalho coordenado. Em uma equipe, as pessoas e suas atividades são interligadas. O resultado é coletivo. Exemplos: equipe de basquete e orquestra. Uma sala de aula é um grupo, mas não equipe.
> - Os principais processos da gestão de equipes envolvem sua formação, organização, capacitação e animação.
> - Toda equipe tem um líder, formal ou informal, responsável pela gestão desses processos. Uma das mais importantes funções do líder – ou da organização-mãe que abriga a equipe – é a capacitação para o trabalho de equipe. Essa competência não surge naturalmente. É preciso desenvolvê-la.

- As equipes são fluidas – pessoas entram e saem continuamente. A capacitação é necessidade constante.
- O desempenho de uma equipe é medido pelos resultados tanto na dimensão técnica (produtos e serviços entregues), quanto na dimensão humana (envolvimento e energia, eficácia da comunicação, confiança mútua etc.).
- O alto desempenho significa sucesso nas duas dimensões: o sucesso é bom para os usuários/clientes e para a própria equipe.
- Os determinantes do alto desempenho dividem-se em duas categorias: facilitadores (direção e liderança, qualidade das pessoas, trabalho interessante etc.) e capacidade de evitar barreiras (objetivos confusos, recursos insuficientes, disputas de poder e conflitos etc.).
- Os facilitadores que têm maior impacto positivo sobre a *performance* pertencem à dimensão humana. As organizações que conseguem os melhores resultados na gestão de equipes são as que dedicam maior atenção à qualidade das pessoas e da liderança e ao ambiente de trabalho, no qual os conflitos são reduzidos e a comunicação flui com facilidade.
- Toda equipe está sujeita a problemas que prejudicam seu desempenho e podem destruí-la. Entre esses problemas estão a resistência a ideias externas, a tomada de decisões com base em suposições incorretas e a conformidade social, que faz as pessoas decidirem simplesmente para ficar de acordo com o que outros decidiram.
- A proximidade física não é requisito para o desempenho da equipe. Com as restrições da pandemia no início dos anos 2020 e as facilidades oferecidas pelos aplicativos de comunicação coletiva, o trabalho remoto de equipes permitiu que as organizações continuassem funcionando como se fosse presencial.

Box 9.1 Características do trabalho de equipe

Uma **equipe de projeto** é um grupo temporário, que, em geral, opera dentro de uma organização permanente (Figura 9.1).

Figura 9.1 Equipe como grupo temporário dentro de estrutura permanente.

O **perímetro** da equipe varia de acordo com as etapas do projeto e a necessidade de agregação de competências. A equipe começa com uma pessoa – o gerente do projeto – e cresce conforme o projeto avança, para diminuir quando o projeto chega ao final. Na composição da equipe, há os **participantes diretos**, protagonistas, e os outros, os eventuais ou acessórios. Os participantes diretos, ou seja, a equipe propriamente dita, são as pessoas que trabalham predominante ou exclusivamente no projeto e representam sua identidade coletiva. Os eventuais são as pessoas que trabalham nos serviços funcionais e nas empresas contratadas e que se vinculam ocasionalmente ao projeto (Figura 9.2). Assim, a palavra equipe pode significar, no sentido amplo, o conjunto de todas as pessoas envolvidas direta ou indiretamente no projeto. No sentido estrito, como o conjunto das pessoas que se envolvem diretamente no projeto e devem garantir a entrega dos resultados.[1]

---

1 GAREL, Gilles. *Le management de projet*. Paris: Dunod, 2003.

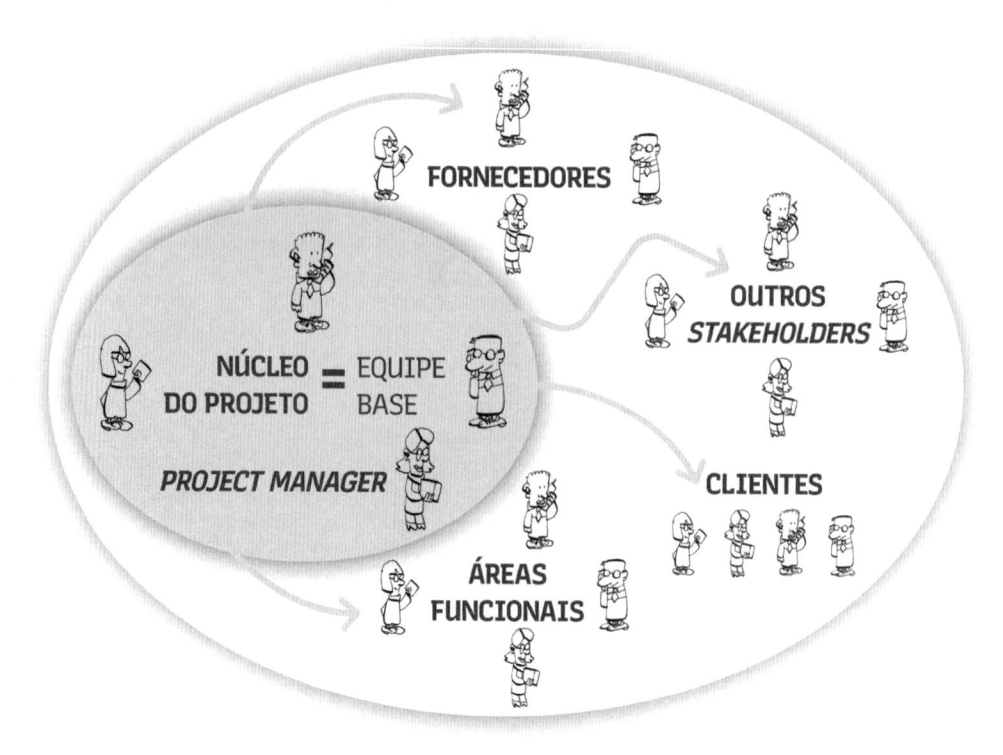

Figura 9.2 O perímetro vai além dos integrantes da equipe base.

9.2 Tamanho da Equipe

O tamanho de uma equipe de projeto pode variar desde uma única pessoa até centenas ou mesmo milhares de pessoas. Em algumas organizações, há uma constelação de pequenos projetos; outras gravitam em torno de projetos. A importância do projeto determina o tamanho da equipe e seu impacto sobre as organizações. Há três configurações principais da combinação empresa-projeto (Figura 9.3).

Tipo A

Empresa dominante, envolvida em grandes projetos estratégicos: indústria automobilística.

Tipo B

Projeto dominante, envolvendo diversas empresas: grandes obras, programa espacial.

Tipo C

Empresa dominante, envolvida em muitos projetos "pequenos": indústria farmacêutica, TI.

Empresa ● Projeto

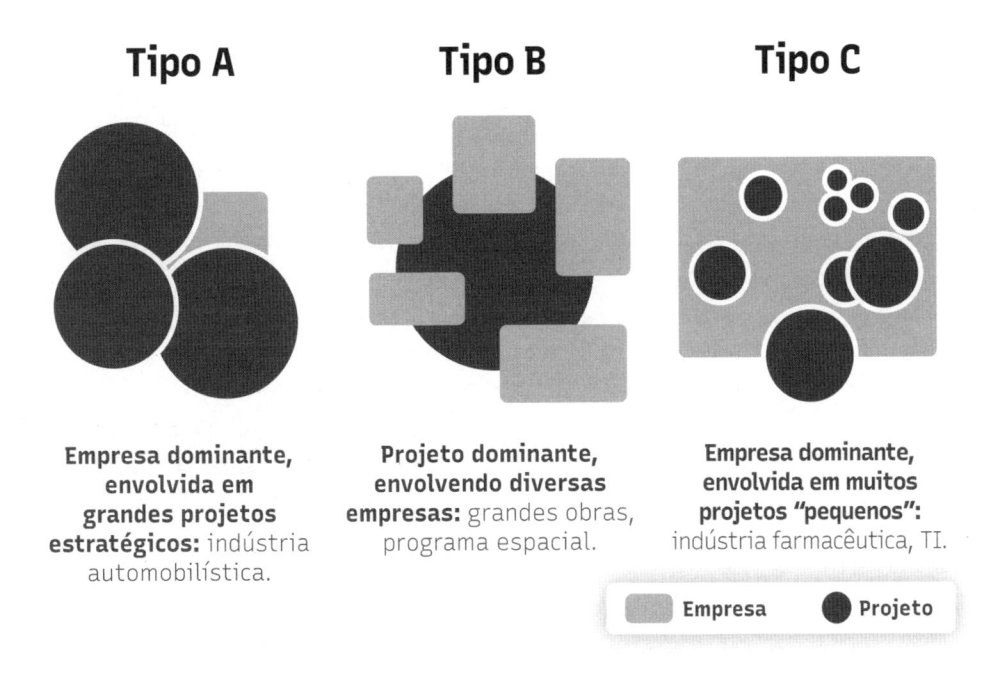

Figura 9.3 Configurações da combinação empresa-projeto.[2]

Cada configuração exige uma estratégia específica de gestão de equipes. A configuração do Tipo B, por exemplo, envolve uma estrutura matricial complexa e coordenação de alto desempenho para coordenar equipes que trabalham em paralelo.

Projetos sempre são empreendimentos coletivos, que envolvem coordenação de diferentes pessoas. Mesmo a equipe de uma pessoa reporta-se a um chefe, relaciona-se com clientes e fornecedores e utiliza recursos das áreas funcionais da organização. Sempre o trabalho de equipe é uma exigência no mundo dos projetos. Muito maior essa exigência quando se trata de **organizações orientadas para projetos**, nas quais o projeto é o modo principal de produção de bens e serviços.

Veja no Box 9.2 alguns comentários sobre o tamanho da equipe.

---

2 GAREL, Gilles. *Le management de projet*. Paris: Dunod, 2003.

- O tamanho de uma equipe de projeto pode variar desde uma única pessoa até centenas ou mesmo milhares de pessoas, como ocorre com os produtos complexos e de grande porte.
- Mesmo no caso dos projetos individuais, ninguém trabalha sozinho. A equipe de uma pessoa reporta-se a um chefe, relaciona-se com clientes e fornecedores e utiliza recursos das áreas funcionais da organização. O que parece trabalho de autor único, na verdade, é empreendimento coletivo, orquestrado pelo operador principal.
- Grandes equipes, envolvidas em projetos complexos, especialmente em uma organização do tipo B, são formadas por pequenas equipes distribuídas geograficamente. Mesmo as equipes pequenas podem ser formadas por pessoas sem proximidade física permanente.
- Essas pessoas encontram-se periodicamente e podem passar a maior parte do tempo trabalhando individualmente. A proximidade física pressupõe uma atividade intrinsecamente coletiva, como a construção de um produto físico ou um processo intelectual de análise e tomada de decisão.
- A eficácia do processo e as habilidades humanas da comunicação são determinantes do sucesso da equipe e do projeto. Essa premissa assumiu maior dimensão na era da informação.

Box 9.2 Tamanho da equipe do projeto

9.3 Equipes Trabalhando em *Home Office*

Diversos fatores contribuíam para transformar o clássico trabalho presencial de muitas ocupações em trabalho remoto:

(1) **Avanço da tecnologia da informação, a partir da segunda metade do século XX.** Trabalhadores do conhecimento, assistentes administrativos, contadores e muitos outros tipos de profissionais passaram a dispor de ferramentas para trabalhar em casa e conectar-se com seus empregadores ou contratantes e com seus colegas. A proximidade física entre os participantes de equipes e a presença no local de trabalho tornaram-se desnecessárias.

(2) **Alto custo do trabalho presencial.** Aluguéis, estacionamento, perda de tempo com deslocamentos no trânsito, equipamentos, espaço para reuniões e outros recursos têm custo elevado. A permanência de trabalhadores em casa, dentro dos requisitos estabelecidos pela legislação, contribui para reduzir custos e aumentar a eficiência.

(3) **Crescimento das organizações multinacionais.** Exigindo o contato e o trabalho coletivo de pessoas e equipes espalhadas em todo o mundo, essas organizações impulsionaram o modelo do trabalho remoto. Pode-se formar uma equipe com pessoas que, praticamente, nunca se veem, trabalham em lugares totalmente diferentes, não precisam de escritório nem de viagens frequentes e, se falam idiomas diferentes, comunicam-se em inglês. Há vários nomes para designar essas equipes: *global teams, multinational, multicultural, transnational, transcultural, geographically distributed or geographically dispersed, non colocated or out-of-sight teams*.[3]

---

3 BRISCOE, Dennis; SCHULER, Randall; TARIQUE, Ibraiz. *International human resources management*: policies and practices for multinational enterprises. New York: Routledge, 2012.

(4) **Pandemia do novo coronavírus – COVID-19**. Com a pandemia, o trabalho remoto deixou de ser possibilidade ou estratégia e tornou-se necessidade. As organizações e pessoas foram obrigadas a sair dos escritórios, lojas, escolas, editoras, laboratórios de desenvolvimento e outros tipos de organizações para trabalhar em casa, usando plataformas de comunicação coletiva.

No início de 2020, a expressão *home office* passou a integrar o vocabulário de muitas ocupações. Entre elas, as equipes de projetos.

- *Home office* (escritório doméstico) é o espaço na residência de uma pessoa destinado a atividades profissionais. Essa expressão também indica a sede ou escritório central de uma empresa, também com o nome *headquarters* (quartel general, mesmo para organizações civis). *Home Office* também é o nome do Ministério do Interior do Reino Unido.
- Os escritórios domésticos são estabelecidos por pessoas que trabalham em casa, sejam elas autônomas, empreendedoras ou empregadas.
- Equipe de projeto em *home office* – ou equipes *on-line* – são grupos de pessoas que trabalham coletivamente a partir de suas residências, usando plataformas de comunicação que viabilizam a participação simultânea de muitos integrantes.
- A prática de trabalhar em *home office*, com conexão a uma empresa, é chamada *telecommuting* – trabalho remoto – ou *teleworking* – teletrabalho.
- "Estou trabalhando *on-line*", "estou trabalhando em *home office*" ou "estou em trabalho remoto" são expressões que indicam a atividade profissional na residência, mediada por plataformas de comunicação coletiva.

Box 9.3 Definições[4]

Quais são as condições para o bom desempenho do trabalho remoto de uma equipe de projeto, ou seja, com seus integrantes trabalhando em seus *home offices*? A experiência, ainda que recente, com essa modalidade de trabalho mostra alguns fatores críticos de sucesso. É importante conhecê-los e praticá-los, porque o trabalho remoto não é mais tendência. É o **novo normal**. Eis seis desses fatores:

(1) **Disciplina**. Para preservar a qualidade de trabalho e de vida, os participantes devem manter condições similares às do regime presencial – usar roupa de trabalho, tomar o café da manhã etc., ter horários para trabalhar, evitando permanecer plugado o tempo todo e respeitando os horários alheios, assim como os fins de semana.[5]
(2) **Confiança**. Receios e mal-entendidos podem impedir o acesso a todo o potencial de uma equipe. Como os gerentes e líderes podem acompanhar e controlar o desempenho da equipe? A autonomia para realizar tarefas em regime remoto é fornecida imediatamente – com expectativas imediatas de resultados. Trabalhadores remotos devem ser tratados com confiança e expectativas mais altas – tornando a integração e o treinamento de funcionários fatores críticos.

---

[4] KENTON, Will. What is a home office?. *Investopedia*, 2020. Disponível em: https://www.investopedia.com/terms/h/home-office.asp. Aces so em: ago. 2021.

[5] DOYLE, Alison. What is telecommuting?. *The balance careers*, 2020. Disponível em: https://www.thebalancecareers.com/what-is-telecommuting-2062113. Acesso em: ago. 2021.

De acordo com uma pesquisa da TalentLMS, pelo menos 70% das empresas oferecem treinamento para sua força de trabalho remota, enquanto 17% dos trabalhadores remotos afirmam que investem em seu próprio treinamento. O apetite por programas de treinamento em que os funcionários podem confiar está crescendo rapidamente – os programas de desenvolvimento de liderança precisam se adaptar às necessidades dos trabalhadores remotos que atendem.[6]

(3) **Liderança por meio de acordos.** Empresas que desejam liderar com eficácia uma força de trabalho remota compreendem o valor dos acordos. Para isso, podem tomar emprestados os princípios dos métodos ágeis, que preconizam reuniões frequentes. Da mesma forma, os líderes precisam estabelecer tarefas em torno de acordos, outras que não sejam as das rotinas de desenvolvimento de produto. Acordos escritos definem a cultura de desempenho e conseguem superar as expectativas não expressas. A estratégia de cima para baixo "faça assim" do passado está instantaneamente desatualizada com os trabalhadores remotos: as atribuições são mais uma via de mão dupla.[7]

(4) **Habilidades de comunicação.** Usar ferramentas digitais de ponta e trabalhar em tempo real com membros de equipes situados a milhares de quilômetros de distância não significa que os princípios tradicionais não se apliquem mais. A comunicação multicanal não é apenas para clientes. A equipe deve saber quando e como usar um canal de comunicação específico. Clareza e concisão devem ser valorizadas em todas as comunicações. A falta de evidências físicas e diferentes interpretações semânticas podem causar mal-entendidos e frustrações que normalmente não ocorreriam em um escritório. Importante acompanhar as interações para garantir que todos estejam na mesma página.[8]

(5) **Pessoas autogeridas e grandes comunicadoras.** Pessoas autogeridas são fundamentais para o sucesso de uma equipe *Scrum* ou ágil, mas são ainda mais importantes para equipes ágeis distribuídas onde a comunicação pode ser lenta. Os membros da equipe distribuída não podem depender ou esperar que outros atribuam o trabalho; em vez disso, eles devem gerenciar suas próprias responsabilidades e cronogramas para garantir que a equipe atinja os objetivos definidos. No entanto, a autogestão não significa que a comunicação deva ser deixada de lado. A comunicação em tempo real ainda é necessária para construir relacionamento com os membros da equipe, trocar *feedback* valioso e concluir tarefas de projetos. Isso significa que os membros da equipe devem ser ótimos comunicadores em todos os meios – como *e-mail*, videoconferência e plataformas de bate-papo – e ser facilmente acessíveis para o resto da equipe.[9]

(6) **Horários consistentes.** Definir expectativas e estabelecer consistência com as reuniões ajuda a torná-las mais eficazes e garante que os membros da equipe estejam mais preparados. Quando os calendários ficam muito complexos e as agendas não são claras, a confusão se instala: as pessoas podem perder reuniões, podem se mostrar despreparadas e toda a equipe pode sentir que está perdendo um tempo valioso. A solução? Agendar reuniões recorrentes ou eventos *Scrum* – *sprint planning*, *sprint retrospective*, *daily Scrum* – para o mesmo horário e nos mesmos dias da

---

[6] WESTFALL, Chris. The future of work: 4 criticar factors for managing remote workers. *Forbes*, dec. 9, 2019. Disponível em: https://www.forbes.com/sites/chriswestfall/2019/12/09/the-future-of-work-4-critical-factors-for-managing-remote-workers/?sh=8c4fa9a1159b. Acesso em: ago. 2021.

[7] Ibidem.

[8] TÜMECKE, Birgit. 7 critical factors for remote work success. *Fast Company*, 14 oct. 2019. Disponível em: https://www.fastcompany.co.za/lifestyle/7-critical-factors-for-remote-work-success. Acesso em: ago. 2021.

[9] HENRIKSON, Mark. 3 success factors for managing distributed agile teams. *Agile Thought*. Disponível em: https://agilethought.com/blogs/three-success-factors-for-distributed-agile-teams/. Acesso em: ago. 2021.

semana. Isso ajuda a desenvolver uma cadência com a qual os membros da equipe podem se acostumar, para que saibam o que esperar, quando esperar e, como resultado, estejam mais preparados. Além de horários de reunião consistentes, designar "horas centrais" para a disponibilidade da equipe. Em um mundo perfeito, as equipes distribuídas trabalhariam no mesmo fuso horário e o horário seria o padrão, mas nem sempre é o caso. Se a equipe for grande ou distribuída em fusos horários, as diferenças de tempo devem ser consideradas, permitindo usar as horas sobrepostas para eventos *Scrum*, reuniões com *stakeholders* e outras reuniões colaborativas. Se o horário comum for curto, os membros da equipe podem precisar estar disponíveis fora de seu horário normal, quando necessário. No entanto, isso só deve ser feito se for absolutamente imperativo; esteja atento às programações de todos para evitar interferir no tempo pessoal.[10]

9.4 Competências Desejadas nos Membros da Equipe

A primeira etapa na estruturação de uma equipe é analisar o projeto e perguntar: para realizar esse projeto, quais competências são necessárias? Para entregar os produtos previstos no escopo do projeto, quais especialistas a equipe deve ter?

O foco no escopo precisa ser ampliado para envolver dimensões importantes do projeto: a configuração (Tipo A, B ou C), o contexto organizacional (ramo de negócios, situação competitiva), as qualificações e interesses do *sponsor* ou cliente e a missão do projeto – não apenas o produto a entregar, mas o problema a resolver. Em função dessa complexidade, as seguintes competências devem ser consideradas:

- **Competências técnicas e capacidade de resolver problemas** em disciplinas ou áreas de aplicação de conhecimentos diretamente relacionadas com os entregáveis do projeto – química, agronomia, computação etc.
- **Compreensão do contexto organizacional do projeto**, envolvendo a situação competitiva da empresa e os problemas que o projeto deve resolver para a empresa e para os demais *stakeholders*.
- **Capacidade de trabalhar em equipe**, de entender as diferenças individuais e a dinâmica dos grupos, de se comunicar eficazmente com diferentes *stakeholders*.

No regime de teletrabalho, outras competências devem ser consideradas, como aquelas mencionadas na seção anterior.

9.5 Organização da Equipe

Uma vez recrutadas as pessoas, a equipe é organizada. O processo de organizar a equipe consiste em definir papéis e suas interações, para constituir uma estrutura orgânica. É a **organização interna da equipe do projeto**. Que **critérios** se deve usar para isso?

A *work breakdown structure* (**WBS**) **do projeto** é o principal critério de organização de equipes de projeto. A WBS transforma-se na *organization breakdown structure* (OBS) e os pacotes de trabalho do projeto são atribuídos a pessoas ou grupos (Figura 9.4).

---

10 *Ibidem*.

WBS

PROJETO X

WBS → OBS

- ENTREGÁVEL 1
- ENTREGÁVEL 2
- ENTREGÁVEL 3
- ENTREGÁVEL 4

GERENTE DO PROJETO X

OBS

- RESPONSÁVEL PELO ENTREGÁVEL 1
- RESPONSÁVEL PELO ENTREGÁVEL 2
- RESPONSÁVEL PELO ENTREGÁVEL 3
- RESPONSÁVEL PELO ENTREGÁVEL 4

- A estrutura interna do projeto segue a WBS.
- O organograma do projeto é cópia da WBS.

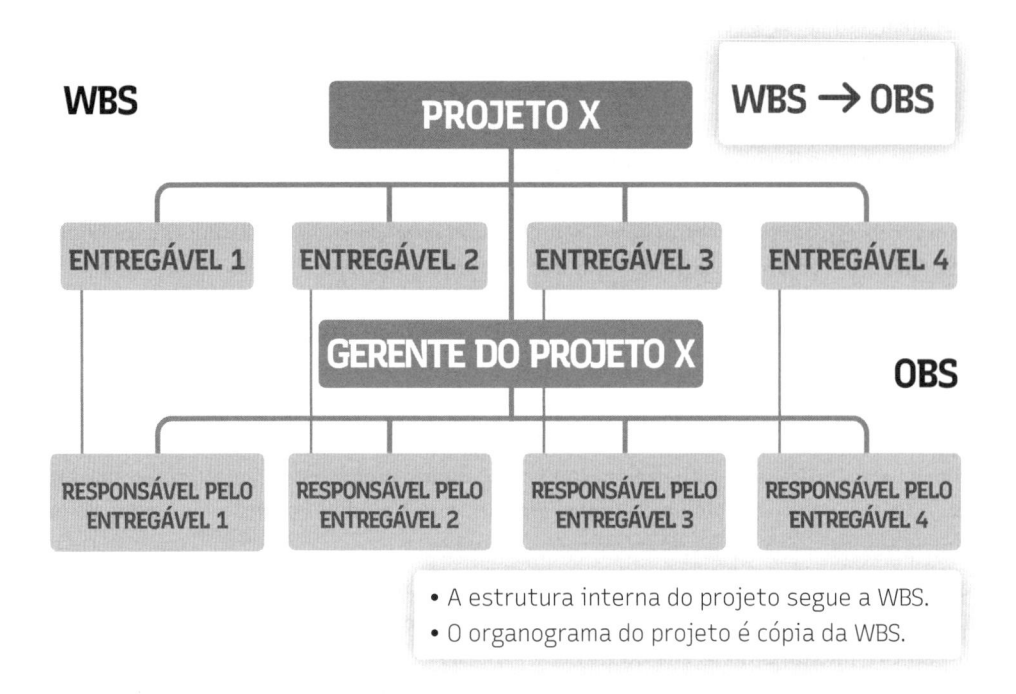

Figura 9.4 A WBS é a base para o desenho da organização interna da equipe.

Como há diferentes formas de desenhar a WBS, a OBS pode também utilizar qualquer um dos critérios a seguir.

- **Fases do projeto.** A WBS e a OBS seguem o ciclo de vida – desenho, montagem, teste, implantação.
- **Organização funcional do projeto.** A WBS e a OBS seguem o modelo da organização permanente – marketing, operações, finanças ou unidades de negócios.
- **Partes do produto.** Neste formato, a estrutura da equipe é um retrato da estrutura do produto. Cada membro da equipe, ou subgrupo, assume a responsabilidade por uma parte do produto.

9.6 Organograma Linear

A ferramenta para fazer a definição de autoridade e responsabilidades na equipe é o **organograma linear** ou **matriz linear de responsabilidades**. O organograma linear permite visualizar a distribuição de responsabilidades e autoridade pela administração dos projetos, entre os ocupantes dos diferentes cargos e chefes dos departamentos da estrutura organizacional. O organograma linear é um gráfico em forma de matriz. Veja o exemplo na Figura 9.5.

GESTÃO DA EQUIPE

		RESPONSÁVEL										ATIVIDADES	Gerenciamento do Projeto	Planejamento	Definição de escopo	Mapeamento de *stakeholders*	Definição da equipe do projeto	Definição do tempo
		Programadores	Analista de *Software*	*Web Design*	Analista de TI	Analista de Sistemas	Supervisora de Suprimentos	Analista de Marketing	Gerente de TI	*Sponsors*	Gerente de Projetos		1	1.1	1.1.1	1.1.2	1.1.3	1.1.4
	Gustavo	✓													I	I	I	I
	Carlos	✓													I	I	I	I
	João		✓												I	I	I	I
	Ricardo			✓											I	I	I	I
	Juliana				✓										I	I	I	I
	Camila				✓										I	I	I	I
	Eduardo					✓									I	I	I	I
	Erick					✓									R	I	I	I
	Vanessa						✓								I	I	I	I
	Marcos							✓							R	R	I	I
	Marcelo								✓						R	R	R	R
	Diretoria									✓					C	C	C	C
	Guilherme										✓				A	A	A	A

RESPONSÁVEL		ATIVIDADES					
		Definição de recursos físicos	Delineamento de riscos	Estimativa de orçamento	Aprovação do orçamento	Gerenciamento de aquisições e contratos	Gerenciamento
		1.1.5	1.1.6	1.1.7	1.1.8	1.1.9	1.2
Programadores	Gustavo Carlos						
Analista de *Software*	João	I	I	I	I	I	
Web Design	Ricardo	I	I	I	I	I	
Analista de TI	Juliana	I	I	I	I	I	
Analista de TI	Camila	I	I	I	I	I	
Analista de Sistemas	Eduardo	I	I	I	I	I	
Analista de Sistemas	Erick	I	I	R	I	I	
Supervisora de Suprimentos	Vanessa	R	I	I	I	R	
Analista de Marketing	Marcos	I	I	I	I	I	
Gerente de TI	Marcelo	I	R	I	R	I	
Sponsors	Diretoria	C	C	C	C	C	
Gerente de Projetos	Guilherme	A	A	A	A	A	

GESTÃO DA EQUIPE

RESPONSÁVEL		ATIVIDADES	
Cargo	Nome	Monitoramento projeto (reuniões semanais, *dashboards* etc.) 1.2.1	Desenvolvimento do Plano de Qualidade (testes unitários, homologação e plano de manutenção) 1.2.2
Programadores	Gustavo Carlos	I	I
Analista de *Software*	João	I	I
Web Design	Ricardo	I	I
Analista de TI	Juliana Camila	I	I
Analista de Sistemas	Eduardo	I	I
	Erick	I	R
Supervisora de Suprimentos	Vanessa	I	I
Analista de Marketing	Marcos	I	R
Gerente de TI	Marcelo	R	R
Sponsors	Diretoria	C	C
Gerente de Projetos	Guilherme	A	A

Figura 9.5 Exemplo de organograma linear

O organograma linear retrata:

- Uma lista de atividades ou decisões, correspondentes ao ciclo de vida do projeto, na primeira coluna.
- Nas colunas seguintes, as áreas, cargos ou pessoas envolvidas na administração das atividades ou decisões.
- Nas células, a atribuição das responsabilidades e da autoridade aos departamentos, para a administração das atividades e decisões, por meio dos seguintes códigos:

  R = Responsável tem responsabilidade sobre a tarefa, executando-a pessoalmente ou supervisionando sua execução.

  A = Tem autoridade para aprovar ou vetar uma decisão, a execução de uma atividade ou o resultado final.

  C = Deve ser consultado, antes da execução da atividade, ou como condição para a execução da atividade.

  I = Deve ser informado sobre a execução da atividade ou seus resultados.

O organograma linear é conhecido também como **matriz RACI**.

9.7 Cenas dos Próximos Capítulos

Qual é a principal ferramenta da gestão de projetos? Pesquisas mostram que o sucesso ou o fracasso podem ocorrer com qualquer método de gestão. Se é assim, não são as ferramentas o essencial. São as pessoas – a forma como elas usam as ferramentas é que define os resultados.

O mesmo ocorre com qualquer outra ferramenta – física ou conceitual.

Sendo pessoas, trabalhar eficazmente com equipes torna-se competência fundamental. Entra em cena o gerente de projetos. Personagem mais importante da equipe e responsável pelo desempenho dela.

Vamos para esse tema no próximo capítulo.

RESUMO

- Uma equipe de projeto é um grupo temporário formado para executar um projeto. As equipes de projetos, em geral, são flutuantes. Sua composição se altera com o andamento do projeto.

- As configurações das equipes variam muito. Há organizações com muitas equipes pequenas e há organizações com equipes grandes, que ocupam todo o espaço. Algumas organizações são formadas por uma única equipe grande.

- O desempenho de uma equipe é avaliado em função dos resultados técnicos e dos resultados da própria equipe. Uma equipe de alto desempenho tem resultados nas duas dimensões.

- O alto desempenho é uma condição que precisa ser construída por meio de capacitação constante.

- Há diferentes maneiras de organizar uma equipe de projeto. A estrutura derivada da WBS é a mais simples.

- Organograma e matriz linear de responsabilidades, ou matriz RACI, são as ferramentas para retratar a organização da equipe.

Acesse o **ambiente virtual de aprendizagem** para aprofundar seu conhecimento por meio de exercícios, casos, mapas mentais e outras atividades.

10 GERENTE DE PROJETOS

APRESENTAÇÃO

Neste capítulo, estudaremos o **gerente de projetos** e outras figuras que desempenham papéis de decisão nos projetos.

Ao completar o estudo deste capítulo, você deverá ser capaz de entender, explicar e utilizar as seguintes ideias e/ou ferramentas:

- Níveis de gerenciamento de projetos.
- Quem são os ocupantes do cargo de gerente de projeto.
- Relação entre o cargo e a estrutura.
- Responsabilidades pelo gerenciamento de projetos.

10.1 Níveis de Gerenciamento de Projetos

O **gerente de projeto** é a figura central de todos os modelos tradicionais da gestão de projetos. Sem gerente de projetos, não há gestão de projetos. Já no mundo ágil, a história é outra...

O gerente de projeto não é um protagonista singular. É uma família com muitos membros, que participam do processo de gerenciar projetos. Conheça no Box 10.1 os membros da família da gestão de projetos. Veja na Figura 10.1 a representação gráfica do conceito.

> (1) **Gerentes de projetos** de grande porte ou **megaprojetos**, compreendendo diversos projetos menores, como construção e inauguração de aeroportos, realização de Jogos Olímpicos etc. Estes gerentes coordenam o trabalho de inúmeros gerentes de pequenos projetos. Megaprojetos são também chamados **programas** em alguns casos.
>
> (2) **Gerentes de projetos de médio e pequeno porte** ou de partes de empreendimentos de grande porte. São exemplos desta categoria: desenvolvimento e implantação de sistemas de informação com pequenas equipes, aprimoramento de processos por meio de ações contínuas, desenvolvimento de uma peça de equipamento de grande porte. Algu-

mas organizações os chamam **líder de projeto** ou **líder de equipe**, para distingui-los dos gerentes propriamente ditos.

(3) **Gerentes de programas, portfólios e escritórios de gerenciamento de projetos** (*project management office* – PMO). Responsáveis ou por famílias de projetos ou pela totalidade dos projetos de uma organização. São os gerentes de gerentes.

(4) **Membros de equipes de projetos**, que participam dos processos de gestão, colaborando com os gerentes de nível superior nas decisões sobre escopo, tempo, custo e outras variáveis do projeto.

Box 10.1 Conheça a família dos gerentes de projetos

```
GERENTES DE PROGRAMAS, PORTFÓLIOS
E PROJECT MANAGEMENT OFFICES
           │
GERENTES DE PROJETOS DE GRANDE PORTE,
COMPREENDENDO DIVERSOS SUBPROJETOS
   OU PROJETOS DE PEQUENO PORTE
           │
GERENTES DE PROJETOS DE PEQUENO
    PORTE OU DE SUBPROJETOS
           │
INTEGRANTES DE EQUIPES DE PROJETOS
       SEM CARGO GERENCIAL
```

Figura 10.1 Níveis de gestão no mundo dos projetos.

Além dos gerentes de projetos propriamente ditos, outras pessoas e entidades participam da gestão de projetos. Saiba quem são no Box 10.2.

- *Sponsors* – encomendam, apoiam, defendem o projeto na organização, pagam ou sustentam financeiramente o projeto.
- **Comitê gestor** – grupo de monitoramento e avaliação do projeto, envolvendo o *sponsor*, o gerente e membros da equipe do projeto e participantes convidados. Também chamado *steering committee*.

- **Executivos** – fazem o papel de *sponsors*, ou interferem no projeto por meio da autoridade formal.
- **Líderes de projetos** – equipes grandes dividem-se em projetos menores, pilotados por líderes, que compartilham a gestão com o gerente do conjunto.
- **Fornecedores, distribuidores, usuários** – podem ser envolvidos em diversas fases da gestão do projeto.

Box 10.2 Participantes da gestão do projeto

10.2 *Sponsors*

Sponsors, clientes, patrocinadores, apoiadores... são todas as pessoas e instituições que encomendam e financiam projetos, usam seus resultados ou pagam para que outros usem, que promovem o projeto dentro da organização e facilitam sua gestão.

O *sponsor* tende a ser a pessoa ou entidade mais importante, sem a qual o projeto poderia não existir. É a figura a quem a equipe do projeto deve dedicar a maior atenção. É o *sponsor* quem define as especificações do produto e do projeto e quem aprova o produto final. É ao *sponsor* que a equipe do projeto irá prestar contas dos resultados do projeto.

Assim como a equipe deve priorizar o entendimento dos requisitos e interesses do *sponsor*, ele também deve certificar-se de que se expressou corretamente e de que foi entendido. Dos dois lados da relação equipe-*sponsor*, a comunicação é a habilidade essencial.

10.3 Comitê Gestor

Comitê gestor (*steering committee*) é um recurso usado por patrocinadores e financiadores externos em alguns casos. É um grupo de acompanhamento que ajuda a equipe a definir o projeto e, periodicamente, analisa e avalia os resultados. O comitê é formado por representantes do *sponsor*, da equipe e por especialistas *ad hoc*. Ocasionalmente, o gerente do projeto participa do comitê gestor.

As atribuições do comitê gestor variam de um caso para outro. No limite, o comitê pode interferir na gestão do projeto e/ou recomendar ao *sponsor* a continuidade ou interrupção do projeto.

10.4 Gerentes Temporários e de Tempo Integral

A posição de gerente de projeto pode ser ocupada em regime **temporário** ou de **tempo integral**.

- Os gerentes de projetos **temporários** ocupam posições na estrutura permanente e gerenciam projetos em caráter *ad hoc* – durante a duração do projeto ou parte dela. Terminado o projeto, o gerente volta a seu cargo permanente ou assume outro projeto.
- Os gerentes de **tempo integral** somente administram projetos. Em empresas de consultoria, de construção, montagem de equipamentos, publicidade e similares, que trabalham por projetos, há gerentes de tempo integral, que passam de um projeto para outro conforme os projetos se sucedem. Os gerentes de portfólios e PMO também tendem a ser ocupantes de cargos permanentes.

10.5 Executivos Como Gerentes de Projetos ou *Sponsors*

Executivos devem desempenhar o papel de gerente de projeto e *sponsors* em muitas situações. Grandes processos de mudança, desafios que ameaçam a sobrevivência da organização e desenvolvimento de novos produtos estratégicos, que afetam substancialmente a eficácia e a competitividade, são algumas dessas situações. O executivo principal poderá ter que desempenhar o papel de gerente de projeto e/ou *sponsor* se:

- O projeto é importante demais para correr riscos ou sofrer interrupções causadas por dificuldades internas.
- O executivo está mais familiarizado com a ideia do projeto, tem interesse em seu sucesso e conhece melhor as ferramentas da gestão do que outras pessoas.
- O envolvimento do executivo é necessário para assegurar a integração dos recursos organizacionais e promover os interesses do projeto.
- *Stakeholders* importantes, como acionistas, clientes ou a equipe técnica, exigem o envolvimento do executivo principal por sua competência ou carisma.

10.6 Não Gerentes como Gerentes de Projetos

Técnicos, profissionais de nível superior sem posição gerencial, como engenheiros, pesquisadores, professores e outros, por vezes desempenham o papel de administrar projetos ou segmentos de projetos, ou, pelo menos, participar de equipes que têm autonomia para tomar decisões.

Por exemplo:

- Um jovem recém-admitido em grande empresa do setor automobilístico, ocupando a posição de *trainee*, é escolhido para organizar a participação no Salão do Automóvel.
- Um professor deve coordenar um grupo de colegas para fazer e implantar a revisão do currículo na escola.
- Um técnico é indicado para conduzir um experimento no laboratório, prestando contas diretamente ao diretor da empresa.

As principais vantagens de trabalhar com especialistas são:

- Criar um ambiente de laboratório gerencial que permite testar e desenvolver competências.
- Dar a oportunidade a muitas pessoas de testar não apenas suas competências, mas também suas motivações.
- Criar um ambiente de administração participativa, com muitas pessoas preparadas para participar de processos decisórios e ajudar a organização a resolver problemas.

Em caso de risco de insucesso, sempre é possível trazer uma pessoa experiente para socorrer um novato em apuros.

10.7 Papéis Gerenciais

O êxito de um projeto depende do desempenho eficaz de papéis pela equipe e outros participantes dos processos decisórios. Sete papéis agrupam as responsabilidades e competências mais importantes para todos os tipos de gestores – gerentes, *sponsors*, membros de comitês etc. (Figura 10.2).

- **Planejador.** A principal tarefa de um gestor é assegurar a preparação do projeto, com qualidade garantida do produto, recursos aprovados e apoio dos *stakeholders* relevantes. Ao começar o projeto, o gestor deve ter uma ideia bem clara de como vai terminá-lo e o que acontecerá no caminho.
- **Organizador.** O gestor de projetos deve prever e mobilizar os meios, especialmente as pessoas, para realizar o projeto. Neste papel, o gestor está, essencialmente, trabalhando na montagem da equipe e na definição da estrutura organizacional do projeto.
- **Administrador de pessoas.** O gestor de projetos lida com as competências, corações e mentes da equipe. Neste papel, ele é o diretor de equipe, trabalhando na dimensão humana e comportamental, com as pessoas como pessoas e não como recursos do projeto.
- **Administrador de interfaces.** Administrar interfaces e articular acordos são tarefas predominantes em qualquer ambiente de projetos, na maioria dos casos, constituem soluções organizacionais e coletivas. A administração eficaz de interfaces é uma das maneiras de elevar a probabilidade de êxito do projeto. Grande parte da qualidade do planejamento, organização e outras funções do projeto depende muito mais da articulação de acordos do que das técnicas.
- **Administrador de tecnologia.** A administração da tecnologia envolve as tarefas, responsabilidades e decisões do gestor dentro do domínio técnico do projeto. O nível do envolvimento na dimensão técnica depende de diversos fatores, como a maturidade da equipe, a competência técnica do gestor e o tamanho do projeto.
- **Implementador.** Como implementador, o gestor "faz o projeto acontecer". Predominam neste papel as funções e tarefas de executar e corrigir os planos, cuidar do suprimento de recursos, fornecer informações, avaliar o desempenho e cobrar providências. Embora seja o papel mais exigido na execução, também é necessário desempenhá-lo nas fases de preparação e estruturação, quando o gestor deve "correr atrás das coisas" para assegurar a disponibilização dos recursos e do consenso necessários para a eficácia do empreendimento.
- **Formulador de métodos.** É o papel que se relaciona com a avaliação, seleção e aplicação de metodologias, procedimentos, estruturas e sistemas de gestão de projetos. Este papel envolve conhecer as diferentes famílias de métodos de gestão e escolher as ferramentas apropriadas para cada tipo de projeto. Ainda neste domínio, o gestor deve ser capaz de ajudar a organização a formular suas próprias abordagens de gestão de projetos.

Figura 10.2 Papéis do gerente de projetos.

10.8 Cenas dos Próximos Capítulos

Você já sabe que o fator humano é o mais importante na gestão de projetos. Não tratamos aqui de estilo de liderança ou características pessoais do indivíduo que ocupa o cargo de gerente de projeto. Em qualquer projeto, essa é a pessoa mais importante, que organiza a equipe e interage com todos os *stakeholders* a fim de viabilizar o projeto.

Uma das tarefas básicas do gerente de projetos é preparar o plano do projeto, junto com a equipe que ele organizou.

No próximo capítulo, estudaremos como preparar um plano de projeto.

RESUMO

- Neste capítulo, estudamos o gerente de projetos segundo a concepção clássica da abordagem preditiva.

- O gerente de projetos não é uma figura singular. O cargo comporta diversas configurações, que dependem principalmente do tamanho do projeto.

- Seja qual for a configuração, o gerente compartilha seu trabalho com diversos participantes do processo gerencial – *sponsors*, usuários, fornecedores, executivos etc.

- A gerência de projetos é papel que pode ser desempenhado por qualquer pessoa, em qualquer nível hierárquico de uma organização.

- O gerente de projetos desempenha diversos papéis, que agregam responsabilidades e competências. Planejador, organizador e administrador de pessoas são alguns desses.

Acesse o **ambiente virtual de aprendizagem** para aprofundar seu conhecimento por meio de exercícios, casos, mapas mentais e outras atividades.

11 PREPARANDO O PLANO DO PROJETO

APRESENTAÇÃO

Neste capítulo, vamos estudar como integrar as áreas do conhecimento para preparar um **plano de projeto**, usando os princípios dos **métodos preditivos**.

Ao completar o estudo deste capítulo, você deverá ser capaz de entender, explicar e utilizar as seguintes ideias e/ou ferramentas:

- Planejamento integrado de projetos.
- Plano de projeto.
- Plano de projeto em uma página.

11.1 Preparação do Plano do Projeto

Chegando ao Capítulo 11, você está equipado para preparar um **plano de projeto**. Você conta com as ideias e ferramentas retratadas no Box 11.1. Vamos usá-las para isso.

ÁREAS DO CONHECIMENTO/ IDEIAS	FERRAMENTAS
1. Escopo	• Estrutura analítica do projeto (EAP)
2. Tempo	• Cronograma do projeto, diagrama de rede com caminho crítico
3. Custos	• Orçamento e *cost baseline*
4. Riscos	• Análise de riscos e planejamento de respostas
5. Qualidade	• Plano de gestão da qualidade
6. Gerente e equipe	• Estrutura organizacional, matriz RACI

Box 11.1 Ideias e ferramentas para o plano do projeto preditivo

11.2 Iniciação do Projeto

A primeira etapa na preparação de um plano de projeto é escrever um documento sucinto que se chama **ideia de projeto, proposta básica** ou **preliminar**, *project charter*, **termos de referência, termo de abertura, ata de constituição, carta de missão do projeto** ou qualquer outra designação que indique tratar-se de uma proposta inicial para avaliação. Sendo a proposta aprovada, o plano do projeto evolui para tornar-se um documento detalhado.

A partir deste ponto, usaremos a designação **termo de abertura** (como tradução de *project charter*), que já é um documento mais robusto do que uma simples ideia de projeto.

O *charter*, elaborado com base em requisitos definidos pelos *stakeholders*, principalmente os *sponsors*, contém:

- Título do projeto.
- Resultados esperados e/ou justificativas do projeto (*business case*).
- Origem da ideia.
- Entregáveis: descrição sucinta do escopo do projeto.
- Estimativas de cronograma e orçamento.
- Premissas: condições necessárias para o êxito do projeto.
- Restrições: limites internos ou externos às decisões sobre o projeto.

A Figura 11.1 mostra um exemplo de termo de abertura. Deste ponto em diante, o texto usa alternativamente as designações "termo de abertura" e "*project charter*" ou "*charter*".

PROJETO: TESTE E VALIDAÇÃO DO *CHIP* SAMPA	
• Objetivo (declaração de escopo)	Testar e validar o *chip* que será utilizado no experimento ALICE do acelerador de partículas LHC
• Resultados esperados	– funcionalidade do *chip* testada – especificações validadas – ambiente de teste montado – metodologia de teste validada
• Gerente de projeto	Dionísio de Carvalho
• Padrinho do projeto	Fapesp
• Duração estimada	4 meses
• Custo estimado	R$ 300.000,00
• Responsáveis pelo projeto	Diego / Iramar / Manoela / Matheus / Raphael

Figura 11.1 Exemplo de *project charter*.[1]

---

[1] O exemplo foi adaptado de um projeto elaborado por um grupo de alunos do autor, identificados apenas pelo nome no documento.

11.3 Completando o Projeto

O *charter* – ou qualquer ideia de projeto – pode ou não passar por uma avaliação inicial para determinar a continuação ou o cancelamento do projeto. Sendo o *charter* avaliado e aprovado, a elaboração do plano do projeto prossegue para incluir as demais áreas do conhecimento (Figura 11.2).

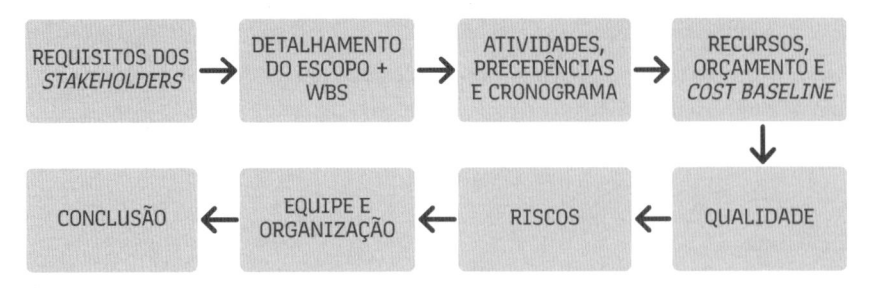

Figura 11.2 Estrutura de um plano de projeto.

11.4 Plano de Projeto em Uma Página

O plano de um projeto pode ser compactado em uma página e precisa ser assim em algumas situações. O método do **marco lógico** (*logical framework*) consiste em preencher uma matriz 4 × 4 (mais uma linha e uma coluna para os títulos), que resume todas as informações essenciais sobre o projeto. O adjetivo "lógico" indica que a matriz estabelece encadeamentos entre as 16 células, em uma relação de causa e efeito que precisa ser prevista pela equipe do projeto.

A Figura 11.3 mostra uma matriz preenchida, para o projeto **Um Litro de Luz** – o nome de uma ONG que instala iluminação em comunidades carentes usando lâmpadas dentro de garrafas PET, alimentadas por placas solares.

PROJETO: UM LITRO DE LUZ

- Um Litro de Luz é uma ONG que resolve problemas de serviços básicos de iluminação em comunidades sem acesso à energia elétrica ou que não podem arcar com seus custos.
- Um Litro de Luz ajuda as comunidades a instalar lâmpadas alimentadas por placas solares, embutidas em garrafas de plástico.
- O objetivo do projeto é instalar de 10 postes de luz solar na Comunidade Spama, para beneficiar 400 famílias que moram na região.

(continua)

(continuação)

	RESUMO NARRATIVO	INDICADORES	MEIOS DE VERIFICAÇÃO	PRESSUPOSTOS
FIM/IMPACTO (OBJETIVO FINAL DO PROJETO)	• Facilitar o convívio entre os moradores. • Reduzir as oportunidades de violência. • Melhorar a qualidade de vida dos moradores.	• Ocorrências de violência reduzidas. • Atividades sociais e produtivas incrementadas.	• Estatísticas oficiais. • Pesquisa qualitativa com moradores.	• Aceitação do projeto. • Comunidade disposta a fazer manutenção das instalações. • Continuidade da assistência da equipe do projeto.
PROPÓSITO (UTILIDADE DO ENTREGÁVEL)	• Fornecer meios acessíveis e seguros de iluminação pública. • Fornecer aos moradores a opção de realizar atividades dentro do ambiente doméstico, em condições de segurança e boa iluminação.	• Iluminação fornecida para os moradores da comunidade, com custos mais baixos do que a solução convencional.	• Relatórios de comparações com situações similares com soluções convencionais.	• Moradores dispostos a aproveitar os benefícios da instalação.
PRODUTOS E SERVIÇOS (ENTREGÁVEIS)	• Instalação de postes com lâmpadas elétricas dentro de garrafas plásticas.	• 10 postes instalados.	• Observação.	• Doações fornecem os insumos necessários.

(continua)

(continuação)

	RESUMO NARRATIVO	INDICADORES	MEIOS DE VERIFICAÇÃO	PRESSUPOSTOS
INPUTS E ATIVIDADES	• Organização de força-tarefa de moradores e voluntários. • Coleta de materiais para a fabricação das lâmpadas. • Fabricação das lâmpadas e postes.	• Cano de PVC, bateria, placa solar, circuito, LED, materiais de construção, ferramentas e demais acessórios disponíveis para o projeto. • Equipe de 15 pessoas estruturada. • Plano da instalação definido.	• Proposta do projeto.	• Comunidade disposta a participar. • Voluntários disponíveis.

Figura 11.3 Exemplo de projeto em uma página: Um Litro de Luz.[2]

11.5 Plano do Projeto Detalhado

Em seguida, este capítulo apresenta um roteiro para você escrever um plano de projeto (Box 11.2). Você pode usar apenas alguns de seus elementos para elaborar um plano sucinto ou detalhar todos os elementos propostos, usando-o para delinear um plano detalhado. Esse roteiro tem sido utilizado como base de trabalhos de conclusão de cursos sobre gerenciamento de projetos, com bons resultados. Use-o fazendo as adaptações aos requisitos de seus projetos.

Você pode usar os itens propostos na ordem em que quiser – desde que seja lógica.

ITEM Nº.	ITEM
0	PLANO DE PROJETO
0.1	Nome do projeto
0.2	Problema ou oportunidade (justificativas do projeto) Problema a ser resolvido, ou necessidades a serem atendidas, ou oportunidade a ser aproveitada ou objetivo a ser atingido. Por exemplo, o aprimoramento da competitividade da empresa, por meio do lançamento de um novo produto ou o aumento da capacidade produtiva, por meio da ampliação das instalações. Ou a mudança no paradigma da mobilidade, substituindo os motores a combustão pelos elétricos.

---

2 Elaborado por Victor Aued Pimentel e colegas, alunos da FEA-USP.

ITEM Nº.	ITEM
0	**PLANO DE PROJETO**
0.3	Objetivo Identificação do produto que o projeto fornecerá. Por exemplo: o projeto consiste em ampliar e modernizar a linha de produção da empresa; o projeto consiste em construir um protótipo da rodovia solar, com 30 km de extensão.
0.4	Descrição do produto Descrição do produto, com especificações básicas de desempenho (o que o produto será capaz de fazer). Comparação com produtos alternativos, similares ou concorrentes. Esta parte da preparação presume que você tenha realizado atividades anteriores que consomem tempo e recursos. A descrição do produto pode exigir levantamentos, elaboração de desenhos, construção de modelos ou exemplares para estudos e realização de testes, caracterizando um miniprojeto dentro de outro.
0.5	Custo estimado Estimativa dos custos.
0.6	Prazo estimado Estimativa da duração do projeto.
0.7	Benefícios esperados Vantagens que serão alcançadas com a realização do projeto.
1.	**PREMISSAS E RESTRIÇÕES**
1.1	Descrição das principais premissas Hipóteses que sustentam o projeto ou condições que o facilitam. Por exemplo: o sucesso do projeto está condicionado ao entendimento das especificações definidas pelo cliente; ou à disponibilidade de tecnologia; ou ao apoio dos *stakeholders*.
1.2	Descrição das principais restrições Principais limitações que o projeto enfrentará. Por exemplo: número limitado de vacinas para imunizar a população; necessidade de esperar o desenvolvimento de um produto; escassez de fornecedores ou materiais para realizar o projeto.
2.	**ANÁLISE DOS *STAKEHOLDERS* (OU PARTES INTERESSADAS)**
2.1	Principais partes interessadas Pessoas ou organizações que participarão do projeto ou serão por ele afetadas.
2.2	Natureza do interesse De que forma essas pessoas ou organizações participarão ou serão afetadas pelo projeto?

ITEM Nº.	ITEM
0	**PLANO DE PROJETO**
2.3	Posição favorável ou desfavorável Posição de cada parte interessada: a favor, contra ou neutra em relação ao projeto.
3.	**CICLO DE VIDA E ESTRATÉGIA DE IMPLANTAÇÃO**
3.1	Principais fases do projeto e resultados esperados em cada uma Fases principais do projeto e resultado(s) em cada uma.
3.2	Como o projeto será colocado em prática? Estratégia para fazer o projeto funcionar – por onde você pretende começar, com quem pretende contar, que recursos pretende mobilizar e assim por diante.
4.	**VIABILIDADE E IMPACTOS**
4.1	Viabilidade de mercado (1) Há mercado para o produto/serviço do projeto? (2) Identificação da concorrência. (3) Competitividade do produto em comparação com os da concorrência. (4) Previsão de vendas ou de utilização do produto/serviço. (5) Potencial de geração de receitas. (6) Retorno potencial do investimento.
4.2	Viabilidade técnica (1) Disponibilidade de fontes de fornecimento dos recursos materiais necessários para realizar o projeto e fornecer o produto/serviço. (2) Garantia quanto ao fornecimento dos recursos materiais necessários, dentro dos prazos programados e do orçamento. (3) Necessidade de construções. (4) Necessidade de modificações nos processos produtivos.
4.3	Viabilidade social e ambiental e governança (1) Impactos sobre o ambiente. (2) Impactos sobre as pessoas – saúde, segurança, bem-estar. (3) Impactos sobre a sociedade – patrimônio cultural. (4) Necessidade de estratégias de compensação dos impactos. (5) Previsão no escopo para lidar com esses impactos. (6) Disponibilidade de fundos para fazer os estudos de impactos e lidar com eles.

ITEM Nº.	ITEM
0	**PLANO DE PROJETO**
4.4	Viabilidade de recursos humanos (1) Disponibilidade de mão de obra. (2) Planejamento de processos de recrutamento, seleção, treinamento etc. da mão de obra. (3) Disponibilidade de fundos para tratar das questões relativas à viabilidade de recursos humanos.
5.	**ESCOPO**
5.1	Declaração de escopo do projeto (Linha 0.3).
5.2	Detalhamento do escopo Estrutura analítica detalhando os produtos fornecidos pelo projeto.
5.3	Plano de gerenciamento do escopo Como serão administradas as mudanças que ocorrerem ao longo do projeto? Por exemplo: se o cliente desejar uma mudança no escopo, como será administrado o impacto sobre o orçamento? Quem pode autorizar as mudanças? Que documentos devem ser providenciados e assinados para que a mudança possa ser realizada?
6.	**PRAZO**
6.1	Lista das atividades Lista das atividades necessárias para realizar os produtos, com base na EAP.
6.2	Duração das atividades Definição do começo e do término das atividades, para calcular a duração do projeto.
6.3	Precedências Ordem em que as atividades serão realizadas, bem como as interdependências entre elas.
6.4	Cronograma Cronograma do projeto.
7.	**CUSTOS**
7.1	Previsão dos recursos Recursos necessários para realizar o projeto, tomando por base a estrutura analítica e o cronograma (1) Mão de obra por categoria profissional (2) Instalações (3) Equipamentos (4) Material de consumo (5) Serviços de terceiros (6) Outras despesas

ITEM Nº.	ITEM
0	PLANO DE PROJETO
7.2	Estimativa dos custos Custo unitário e o custo total de cada recurso.
7.3	Orçamento global Por período do projeto.
7.4	Curva de custos Custos acumulados ao longo do tempo total do projeto.
8.	PESSOAS
8.1	Organograma Organograma do projeto e sua alocação dentro da estrutura da empresa.
8.2	Matriz de responsabilidades Organograma linear, especificando as responsabilidades e a autoridade dentro da equipe do projeto.
8.3	Recrutamento Competências necessárias para os membros da equipe do projeto. Identificação das pessoas que têm essas competências e onde estão alocadas.
8.4	Plano de gerenciamento da equipe Forma de gerenciamento da equipe: qual será a relação com os chefes funcionais, quais serão o modelo e os horários de trabalho, e assim por diante.
9.	RISCOS
9.1	Identificação dos riscos Principais problemas e eventos desfavoráveis que possam comprometer o andamento do projeto e a realização de seus objetivos.
9.2	Estimativa de impacto e probabilidade Probabilidade de os riscos acontecerem e impacto sobre o projeto. Classificação dos riscos de acordo com esses dois critérios.
9.3	Plano de gerenciamento dos riscos Estratégias de resposta aos riscos.
10.	QUALIDADE
10.1	Especificações funcionais do produto Expectativas e "voz do cliente", que definem as especificações funcionais do produto.
10.2	Indicadores de sucesso do projeto (o projeto será bem-sucedido se...) Como o sucesso do projeto poderá ser medido?

ITEM Nº.	ITEM
0	**PLANO DE PROJETO**
10.3	Procedimentos e métodos para garantir a qualidade do produto e do projeto Plano de garantia e gestão da qualidade, para assegurar que as especificações funcionais e os indicadores de sucesso serão atendidos.
10.4	Controle da qualidade Definição dos procedimentos, técnicas e momentos de controle da qualidade.
11.	**COMUNICAÇÃO**
11.1	Documentos a serem gerados ao longo do projeto Lista dos documentos necessários para o gerenciamento do projeto: plano do projeto, lista dos nomes e endereços dos membros da equipe, orçamento, contratos, plantas e documentação técnica de produtos, notas fiscais, calendário de reuniões etc.
11.2	Necessidades de comunicação a serem atendidas Lista das pessoas e organizações envolvidas no projeto e suas necessidades de informação: quem e quais são, de que tipo de informação necessitam e em que momentos.
11.3	Plano de distribuição de informações Plano de distribuição da informação para as partes interessadas: quem receberá quais informações em que momento, e em que formato.
11.4	Programação de reuniões Calendário de reuniões com a equipe, fornecedores e outros envolvidos.
12.	**FORNECEDORES**
12.1	Lista de recursos Lista dos recursos a serem adquiridos para a execução do projeto: materiais, serviços de terceiros, máquinas e equipamentos, instalações etc.
12.2	Fornecedores potenciais Potenciais fornecedores desses recursos.
12.3	Plano de aquisições Plano de aquisição dos recursos: de quem e quando serão comprados, por qual modalidade de contratação, como será feito o controle das entregas e da qualidade dos materiais e serviços etc.
13.	**OUTROS ELEMENTOS**
13.1	Acrescente em seu plano de projeto outros elementos que julgar necessários.

Box 11.2 Roteiro do plano do projeto

11.6 Avaliação da Proposta

Alguns indicadores frequentemente usados na avaliação de propostas de projetos são apresentados no Box 11.3. Nem todos os indicadores aplicam-se a todas as propostas, assim como não há necessidade de seguir a ordem dos números no processo de avaliar uma proposta.

Use o Box 11.3 como um roteiro de autoavaliação. Quanto mais alta a nota, melhor a avaliação.

CRITÉRIOS DE AVALIAÇÃO DE PROPOSTAS DE PROJETOS	
ESCOPO	
(1) O projeto tem um produto claramente definido.	1 2 3 4 5
(2) A lista de entregáveis está claramente definida.	1 2 3 4 5
(3) A proposta indica claramente a necessidade a ser atendida ou problema a ser resolvido pela realização do projeto.	1 2 3 4 5
(4) O produto do projeto é coerente com a necessidade/problema.	1 2 3 4 5
PRAZO – CRONOGRAMA	
(5) As atividades a serem realizadas estão claramente definidas.	1 2 3 4 5
(6) As atividades estão associadas a prazos.	1 2 3 4 5
(7) As atividades são necessárias para a realização dos produtos.	1 2 3 4 5
(8) O sequenciamento das atividades tem lógica.	1 2 3 4 5
RECURSOS – ORÇAMENTO E *COST BASELINE*	
(9) Os recursos necessários à realização do projeto estão claramente definidos.	1 2 3 4 5
(10) Os recursos previstos estão corretamente dimensionados e são necessários para a realização do projeto.	1 2 3 4 5
(11) Se os recursos previstos forem aplicados, as atividades poderão ser realizadas e os objetivos serão atingidos.	1 2 3 4 5
(12) A obtenção de recursos é viável.	1 2 3 4 5
(13) As pessoas previstas para a equipe estão identificadas.	1 2 3 4 5
CONTROLE	
(14) A proposta indica como o desempenho do projeto será avaliado.	1 2 3 4 5

CRITÉRIOS DE AVALIAÇÃO DE PROPOSTAS DE PROJETOS	
ESCOPO	
(15) A proposta indica como deverão ser tomadas medidas corretivas para assegurar o andamento do projeto.	1 2 3 4 5
AVALIAÇÃO DA EQUIPE	
(16) Quem elaborou a proposta?	1 2 3 4 5
(17) Qual a experiência anterior dessas pessoas? Em quais projetos estiveram envolvidas?	1 2 3 4 5
(18) Quais os resultados?	1 2 3 4 5
ASPECTO GERAL	
(19) Qual a impressão geral causada pela proposta?	1 2 3 4 5
(20) Qual o nível de qualidade da linguagem?	1 2 3 4 5
(21) Qual o nível global de qualidade das proposições e de sua lógica interna?	1 2 3 4 5

Box 11.3 Pronto! Agora você tem as ferramentas para elaborar e avaliar um plano de projeto

11.7 Cenas do Próximo Capítulo

Um plano de projeto cuidadosamente preparado evidencia competência do gerente de projetos. Neste capítulo, estudamos as técnicas essenciais para elaborar um plano esquemático. A quantidade e a profundidade das informações que vão no plano dependem da natureza, do porte e de outras variáveis do projeto.

O plano, seja qual for sua dimensão, não é um documento definitivo. Planejar um projeto é um processo contínuo, que começa com detalhes nas fases iniciais. Os detalhes são acrescentados conforme o projeto prossegue e o plano precisa ser aprimorado. "Os planos não são nada; o planejamento é tudo." Eis uma ideia que indica a importância do processo de planejar em relação à formalidade do plano.

Com esse princípio em mente, vamos colocar o plano em execução e controlar seu andamento.

RESUMO

- O plano do projeto é o documento essencial para orientar a gestão do projeto. Em qualquer modelo de gestão de projeto.

- Não há receita ou formato padronizado para o plano do projeto. Alguns planos são enxutos; outros, detalhados. Tudo depende do tamanho, da complexidade, das exigências dos *stakeholders* e de outras variáveis do projeto.

- Alguns planos não chegam a ser escritos e constam apenas de acordos entre os envolvidos. Outros são escritos "em guardanapos", quando a equipe está em um restaurante.

- Em qualquer formato, o plano define os elementos principais do projeto: as justificativas (necessidades), o objetivo (resultado esperado), a duração, os recursos envolvidos e o custo.

- No modelo preditivo, o plano do projeto começa com um termo de abertura ou *project charter*, que apresenta esses elementos em forma resumida.

Acesse o **ambiente virtual de aprendizagem** para aprofundar seu conhecimento por meio de exercícios, casos, mapas mentais e outras atividades.

12
MÃOS À OBRA

APRESENTAÇÃO

Neste capítulo, analisaremos como executar o projeto e controlar seu andamento.

Ao completar o estudo deste capítulo, você deverá ser capaz de entender, explicar e utilizar as seguintes ideias e/ou ferramentas:

- Conexão entre planejamento, execução e controle.
- Ferramentas de execução e controle.
- Encerramento do projeto.
- Critérios para avaliar o desempenho do projeto.

12.1 Execução e Controle do Projeto

O processo de execução consiste em realizar o trabalho planejado, desenvolvendo progressivamente os resultados esperados do projeto.

O processo de controle é a contrapartida dos processos de planejamento e execução. Controlar consiste em acompanhar a execução do projeto e compará-la com o que foi planejado. O processo de controle produz informações sobre todas as variáveis do desempenho do projeto: escopo, prazos, custos, riscos, recursos humanos etc.

A ferramenta para o controle de todas as variáveis do desempenho do projeto é a **análise do valor realizado** (*earned value analysis* – EVA), que é parte da **gestão do valor realizado** (*earned value management* – EVM).

12.2 *Earned Value Management*

A **gestão do valor realizado** (EVM) converte tempo em dinheiro. Ou: interpreta em termos financeiros o trabalho realizado ao longo do cronograma do projeto. Em cada data de controle, determina-se quanto vale o trabalho realizado até aquele momento. "**Quanto vale**" significa "**em quanto foi orçado o trabalho entregue**". Por esse motivo, as primeiras versões da EVM chamavam o **valor** realizado de "**custo orçado do trabalho realizado**" (*budgeted cost of work performed* – BCWP). Essa designação foi substituída por **valor realizado** (*earned value* – EV).

12.2.1 Indicadores de EVM

Vamos a um exemplo. Você contratou a pintura de quatro paredes, ao custo de $ 100,00 cada uma, com o prazo de um dia para cada. Veja o que aconteceu no Figura 12.1. Estamos, hoje, no **dia 2** do projeto – esta é a **data de controle**.

	PLANEJADO		REALIZADO
PRAZO	VALOR PLANEJADO = CUSTO PREVISTO	CUSTO REAL	% DE ACABAMENTO DO VALOR PLANEJADO
Datas do cronograma	PV = *planned value*	AC = *actual cost*	EV = *earned value* = valor realizado
Dia 1	$ 100,00 (25%)	150,00	20% = 80,00
Dia 2 → data de controle	200,00 (50%)	300,00	40% = 160,00
Dia 3	300,00 (75%)	–	–
Dia 4	400,00 (100%)	–	–

Figura 12.1 Situação do projeto no segundo dia: custando mais (300,00 em vez dos 200,00 planejados) e entregando menos (160,00 em vez de 200) que o planejado.

O projeto está atrasado e tem custo maior que o previsto para a data de hoje. Veja essa situação em forma de gráfico na Figura 12.2

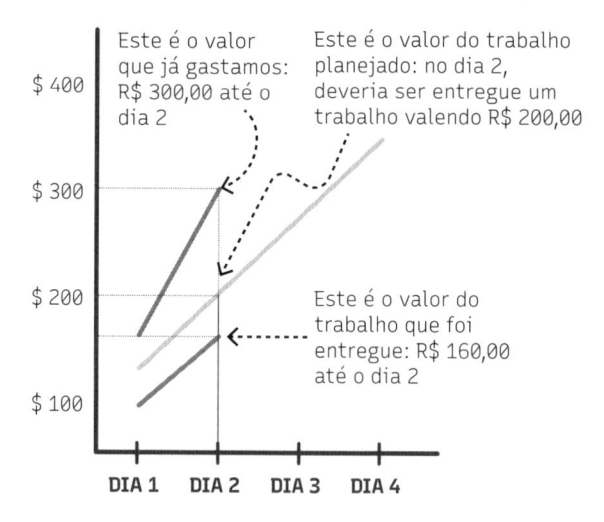

Figura 12.2 Situação do projeto no segundo dia em forma gráfica.

No segundo dia, o trabalho entregue vale $ 160,00, em vez dos $ 200,00 planejados. Portanto, $ 160,00 é o **valor realizado** ou valor entregue (ou valor recebido pelo cliente do projeto).

A **análise do valor realizado** é feita por meio de três indicadores principais.

- **PV** → *planned value* **(valor orçado ou planejado).** No exemplo, hoje – segundo dia do projeto – deveriam ter sido entregues produtos no valor de $ 200,00, equivalentes a 50% do orçamento.
- **EV** → *earned value* **(valor efetivamente entregue).** *Valor previsto* para o trabalho efetivamente entregue hoje. No exemplo, hoje, foram entregues produtos que valem 40% do orçamento do projeto, ou $ 160,00.
- **AC** → *actual cost* **(custo real).** *Quanto pagamos* de fato pelo trabalho entregue hoje? No exemplo, pagamos $ 300,00 por um trabalho previsto para custar $ 200,00.

Com base nesses indicadores, calculam-se os seguintes índices (Figura 12.3):

	ÍNDICES DE VARIAÇÃO
CV = EV – AC	CV (*cost variance* = variação do custo). A variação do custo é igual a valor realizado menos o custo real. Valor negativo = projeto acima do custo. Valor positivo = projeto abaixo do custo.
SV = EV – PV	SV (*schedule variance* = variação do cronograma). A variação do cronograma é igual a valor realizado menos valor planejado. Valor negativo = projeto atrasado. Valor positivo = projeto adiantado.
	ÍNDICES DE DESEMPENHO
CPI = EV / AC	CPI (*cost performance index* = índice de variação do custo). CPI < 1 ou CPI > 1 = Estou executando $ ___ para cada $ 1,00 que gastei.
SPI = EV / PV	SVI (*schedule performance index* = índice de variação do cronograma). SPI < 1 ou SPI > 1 = Estou progredindo a ___% da taxa planejada.

Figura 12.3 Índices de variação e desempenho de projetos.

No exemplo da pintura das quatro paredes, hoje, dia em que apuramos 40% de conclusão do projeto e um custo real 50% acima do orçado:

- CV = 160,00 – 300,00 = –140,00 → valor negativo = projeto acima do custo.
- SV = 160,00 – 200,00 = –40,00 → valor negativo = projeto atrasado.
- CPI = 160,00 / 300,00 = 0,53 → Para cada 1,00 que gasto, realizo apenas 0,53.
- SPI = 160,00 / 200,00 = 0,80 → Estou progredindo a 80% do planejado.

E agora, em qual quadrante da Figura 12.4 o projeto se situa?

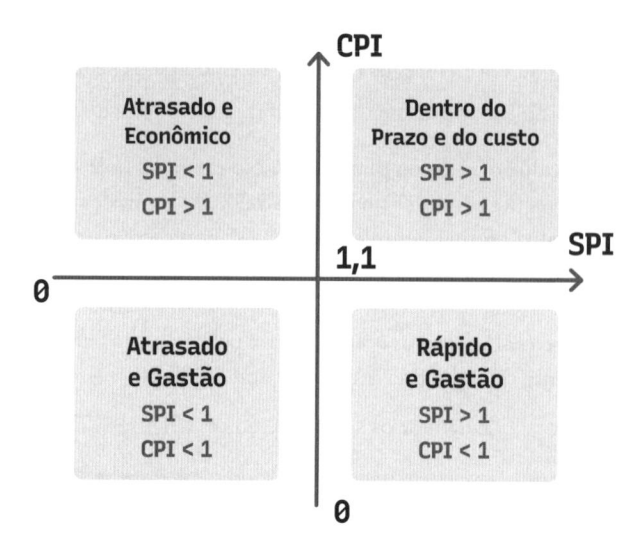

```
                        CPI
                         ↑
    ┌─────────────┐   │   ┌─────────────┐
    │ Atrasado e  │   │   │  Dentro do  │
    │  Econômico  │   │   │Prazo e do custo│
    │   SPI < 1   │   │   │   SPI > 1   │
    │   CPI > 1   │   │   │   CPI > 1   │
    └─────────────┘   │   └─────────────┘
                     1,1                     SPI
  ──0──────────────────────────────────────→
                      │
    ┌─────────────┐   │   ┌─────────────┐
    │  Atrasado   │   │   │   Rápido    │
    │  e Gastão   │   │   │  e Gastão   │
    │   SPI < 1   │   │   │   SPI > 1   │
    │   CPI < 1   │   │   │   CPI < 1   │
    └─────────────┘   │   └─────────────┘
                      0
```

Figura 12.4 Qual a situação do projeto?

12.2.2 Previsão com base na EVA

Além de mostrar a situação do projeto a cada momento, a EVA também permite responder a perguntas sobre o futuro do projeto, como:

- Qual será o custo final do projeto?
- Na situação em que estamos hoje, quanto tempo falta para terminar? De quanto dinheiro precisaremos ainda?

Os indicadores usados para previsões são os seguintes:

- **ETC** → *estimate to complete* (estimativa para concluir o projeto) = estimativa do custo para completar o restante do projeto ou parte dele.
- **EAC** → *estimate at completion* (estimativa do custo total na conclusão do projeto).
- **VAC** → *variation at completion* (variação projetada do custo na conclusão do projeto).

Vejamos agora como usar essas ideias e as fórmulas para cada uma delas:

ETC com índice de desempenho constante

Ao usar o indicador ETC, você quer saber quanto dinheiro falta para concluir o projeto, a partir da data de controle. Isso depende da variação e do respectivo índice que você esteja usando. A fórmula genérica é:

$$ETC = \frac{BAC - EV}{\text{ÍNDICE DE DESEMPENHO DO PROJETO}}$$

O EV (valor realizado) até a data de controle é subtraído do *budget at completion* (BAC), ou orçamento na data da conclusão, e o resultado é dividido por um dos índices de desempenho. O valor do ETC que se obtém com essa fórmula é quanto falta, em dinheiro, para completar o projeto.

- Suponha um cenário otimista, no qual ou não há variação em relação ao PV (valor planejado), ou um desvio não representa uma tendência de mau desempenho. O restante do trabalho será executado de acordo com o PV. Nesse caso, o índice da fórmula é igual a 1. Por exemplo, o BAC está planejado em $ 1.200,00 e o EV, na data de controle, é $ 240,00. BAC − EV = $ 960,00. O orçamento é X, você já gastou Y, ainda precisa de X − Y. Ou:

$$ETC = 960,00 = \frac{1.200,00 - 240,00 = 960,00}{1}$$

ETC com índice de desempenho de custos

Suponha agora que o restante do trabalho, a partir da data de controle, será influenciado pelo CPI (**índice de desempenho de custos**). A tendência positiva ou negativa do CPI será projetada nos custos finais do projeto. A fórmula é:

$$ETC = \frac{BAC - EV}{CPI}$$

Agora o ETC é igual a $ 1.103,44, para o mesmo projeto, com BAC = 1200,00, EV = 240,00 e CPI = 0,87 na data de controle.

$$ETC = 1.103,44 = \frac{1.200,00 - 240,00 = 960,00}{CPI = 0,87}$$

ETC com índice de desempenho de prazo

Suponha agora que o restante do trabalho, a partir da data de controle, será influenciado pelo SPI (**índice de desempenho do cronograma**). Da mesma forma, a tendência positiva ou negativa do SPI será projetada nos custos finais do projeto. Agora, o ETC é igual a $ 1.200,00. Esse é o valor adicional de que você precisa para completar o projeto, com base na fórmula:

$$ETC = \frac{BAC - EV}{SPI}$$

Na data de controle, BAC = 1.200,00, EV = 240,00 e SPI = 0,80. Portanto:

$$ETC = 1.200,00 = \frac{1.200,00 - 240,00 = 960,00}{SPI = 0,8}$$

O cálculo do ETC com base no SPI somente é aplicável nas fases iniciais do projeto. Próximo do fim do projeto, o SPI se aproxima de 1 (EV=PV). O índice de desempenho torna-se constante.

ETC com índice composto de prazo e custos

Sofrendo um atraso no projeto, é possível que você queira recuperar o tempo perdido investindo mais recursos. Essa tendência do comportamento reflete-se no uso de um índice composto, o SCI (*schedule cost index*, ou índice de prazo e custo). Você sabe que está atrasado e vai gastar mais dinheiro – é a estimativa pessimista.

$$ETC = \frac{BAC - EV}{SPI \times CPI}$$

O SCI reflete a premissa de que o trabalho que falta fazer será influenciado tanto pela projeção financeira determinada pelo CPI quanto pela projeção de prazos determinada pelo SPI. Para o mesmo projeto com BAC = 1.200,00, EV = 240, CPI = 0,87 e SPI = 0,8, o valor agora é o maior das três estimativas: $ 1.379,43:

$$ETC = 1.379,43 = \frac{1.200,00 - 240,00 = 960,00}{SPI \times CPI = 0,8 \times 0,87 = 0,696}$$

Veja na Figura 12.5 a representação gráfica dessa situação.

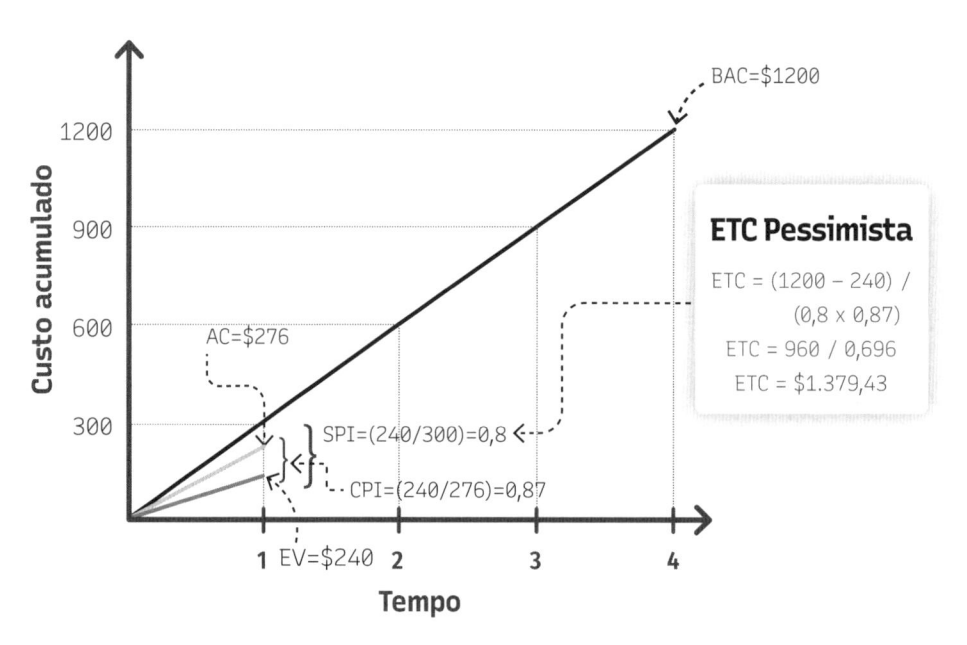

Figura 12.5 Gráfico do cálculo de ETC com índice composto de desempenho de custos e prazos.

Conhecendo o valor adicional necessário para completar o projeto, avance para o cálculo do custo total no término. É o dinheiro já gasto somado a esse valor adicional, que depende da estimativa que você tenha feito.

Ou:

- EAC → *estimate at completion* (custo estimado no final do projeto) = custo real (AC) mais estimativa para concluir (ETC) → EAC = AC + ETC.

Portanto:

- Com o índice de desempenho constante = EAC = AC (276,00) + ETC (960) = 1.236,00
- Com o índice de desempenho dos custos = EAC = AC (276,00) + ETC (1.103,44) = 1.379,44
- Com o índice de desempenho do tempo = EAC = AC (276,00) + ETC (1.200,00) = 1.476,00
- Com o índice de desempenho composto = EAC = AC (276,00) + ETC (1.379,43) = 1.655,43

12.3 Cenas do Próximo Capítulo

Com este capítulo, estamos encerrando a parte do livro que trata da abordagem ou método preditivo para a gestão de projetos. Em seguida, partiremos para a terra dos métodos ágeis.

Recapitulando, a família dos métodos preditivos pressupõe o planejamento exaustivo do projeto antes de executá-lo e uma entrega ao final. Em contraste, os métodos ágeis pressupõem o planejamento e a execução em ciclos curtos, com entregas constantes.

No entanto, as duas famílias de métodos não são mutuamente exclusivas nem implicam qualquer tipo de antagonismo conceitual e de ferramentas – do tipo "ou um ou outro".

Certos projetos são preditivos por natureza – como a produção de um filme – outros são ágeis – como o desenvolvimento de um sistema de informações com diversos componentes. Nada impede que os gestores de projetos usem um ou outro método de acordo com sua conveniência e não com o tipo de projeto.

A partir do próximo capítulo, vamos conhecer e praticar os métodos ágeis.

RESUMO

- A execução de um projeto consiste na colocação em prática do plano do projeto.

- A execução envolve o controle do projeto, para verificar o atingimento dos objetivos estabelecidos no plano.

- A análise do valor realizado (*earned value analysis* – EVA) determina o quando o projeto avançou, em data determinada, em relação ao previsto.

- A análise do valor realizado trabalha com três variáveis: o valor planejado, o custo real e o valor realizado ou entregue.

- Com base nessas variáveis, se montam índices de variação (em relação ao planejado) e de desempenho (proporção da variação).

- Os índices, retratando a situação em determinado momento, possibilitam avaliar o futuro do projeto a partir desse ponto: quando irá terminar, quanto irá gastar e qual será a variação em relação ao término planejado.

Acesse o **ambiente virtual de aprendizagem** para aprofundar seu conhecimento por meio de exercícios, casos, mapas mentais e outras atividades.

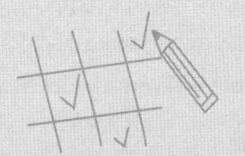

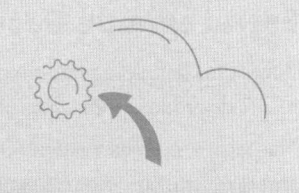

PARTE III
FERRAMENTAS DA GESTÃO ÁGIL

APRESENTAÇÃO

Você está agora começando a **PARTE III** do livro **GESTÃO DE PROJETOS: PREDITIVA, ÁGIL E ESTRATÉGICA**. Nesta parte, estudaremos as **ferramentas do mundo ágil**, com foco no *framework Scrum*.

Ao completar o estudo da Parte III, você deverá ser capaz de entender, explicar e utilizar as seguintes ideias e/ou ferramentas:

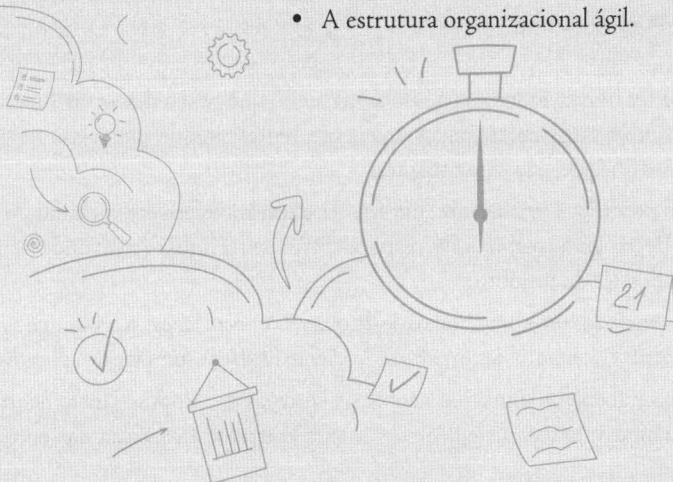

- Estratégia de desenvolvimento do produto.
- *Framework Scrum*.
- Processo, papéis e responsabilidades.
- Artefatos e eventos.
- A estrutura organizacional ágil.

Estratégia de Desenvolvimento do Produto

Existe uma definição importante para fazermos antes mesmo de falarmos sobre o processo de desenvolvimento de produto com o *framework Scrum*, que é a definição da estratégia de desenvolvimento do produto.

Na prática, o *product owner* (responsável pelo produto) deverá definir com o cliente a cadência das entregas, utilizando o *roadmap* do produto.

JANEIRO | Início do desenvolvimento

MARÇO | Funcionalidade de cadastro

ABRIL | Cálculo de corrida

JULHO | Compartilhar a viagem

FEVEREIRO | Navegação na telas do APP

MAIO | Solicitar uma viagem

Figura III.1 Representação do *roadmap* do desenvolvimento de um aplicativo de transporte individual/solicitação de viagens.

O *roadmap* do produto pode ser considerado uma bússola ou roteiro que guia o desenvolvimento do produto. Este roteiro tem como base as necessidades do cliente, representando uma visão na linha do tempo e as funcionalidades que poderão ser entregues.

Para construir o *roadmap* do produto, é importante que seja feito um *brainstorming*[1] incluindo o *product owner* e o cliente, onde, de maneira colaborativa, respondam "onde estamos?", "para onde iremos" e "qual o caminho" (funcionalidades do produto).

Com o *roadmap*, o cliente tem em mãos uma previsibilidade de quando poderá lançar o produto no mercado para tentar as funcionalidades e, então, obter o *feedback* do cliente final/consumidor do aplicativo.

Além da vantagem de fornecer ao cliente uma visão sobre as entregas do produto (incremento do produto), a linha do tempo ajudará a equipe ágil/*Scrum team* a entender a cadência das entregas,

---

1 *Brainstorming* é uma chuva de ideias, discussão aberta sem julgamento ou regras; o importante é que seja um processo colaborativo e criativo.

importante para se definir a meta e a duração das *sprints* (projetos com duração de uma a quatro semanas). Mais detalhes sobre *sprints* nos próximos capítulos.

A Figura III.2 representa como as *sprints* poderão ser distribuídas para entregar os marcos do *roadmap* do produto.

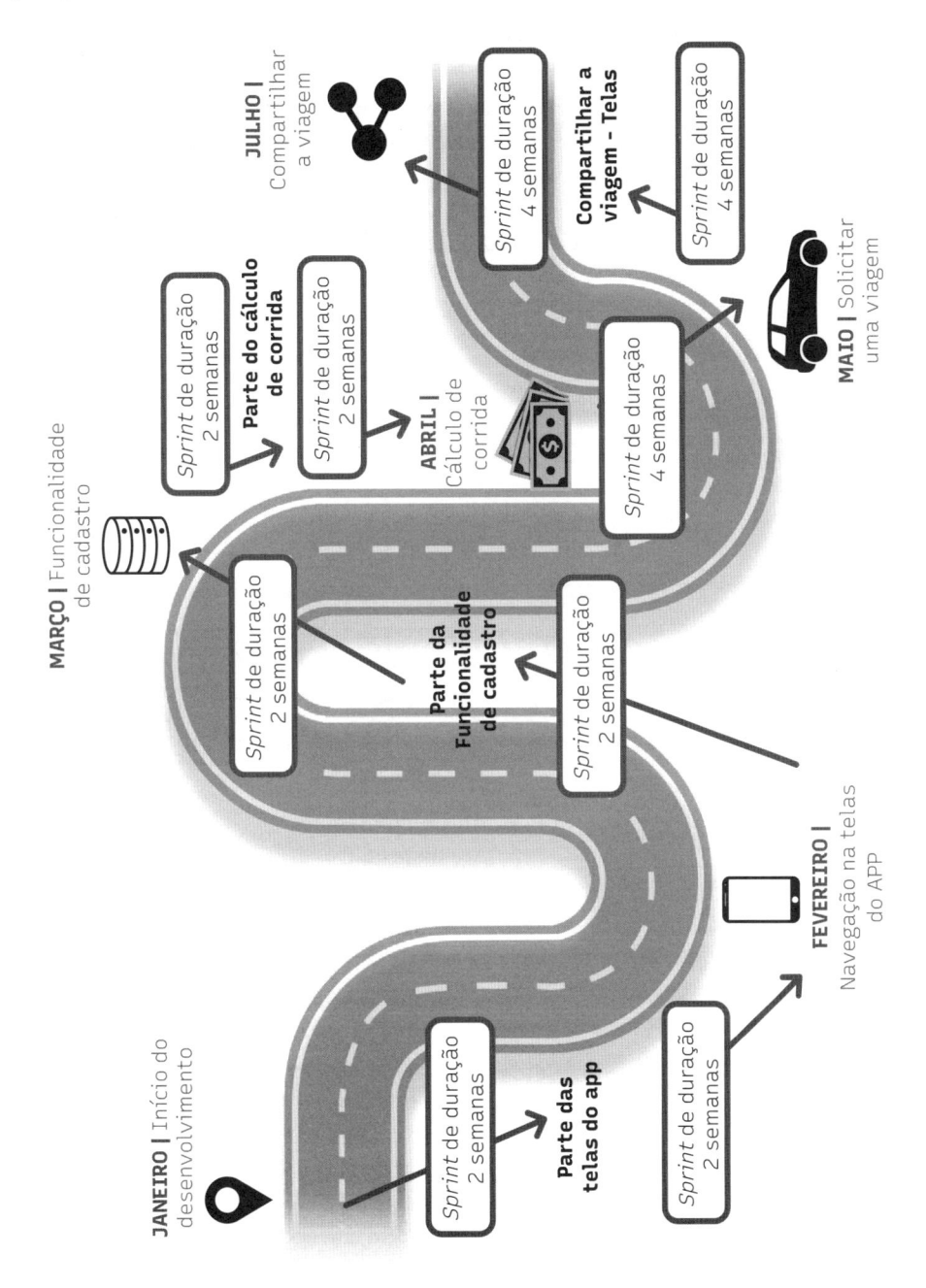

Figura III.2 Representação do *roadmap* do desenvolvimento de um aplicativo de transporte individual/solicitação de viagens com a distribuição das *sprints* (projetos curtos de uma até quatro semanas de duração).

Framework Scrum

O *Scrum* é um *framework* composto por eventos, papéis e artefatos.[2] A utilização desses três componentes sustenta o desenvolvimento de um produto complexo, para o qual é difícil prever todas as funcionalidades. Essa dificuldade torna interessante a ideia de desenvolver partes do produto, verificar as funcionalidades na prática e alterar ou continuar a desenvolvê-lo, aproveitando as vantagens do *feedback*.

Esse processo acontece de forma iterativa e incremental, em projetos curtos de uma até quatro semanas, conhecidos como *sprint*. Esses projetos ou *sprints* têm como objetivo entregar partes do produto que possam ser validadas pelo cliente, confirmando (ou não) se o produto está sendo desenvolvido conforme as expectativas do cliente ou do mercado. Esse fluxo de gestão de projeto, retratado na Figura III.3, é conhecido como **gerenciamento ágil de projetos**.

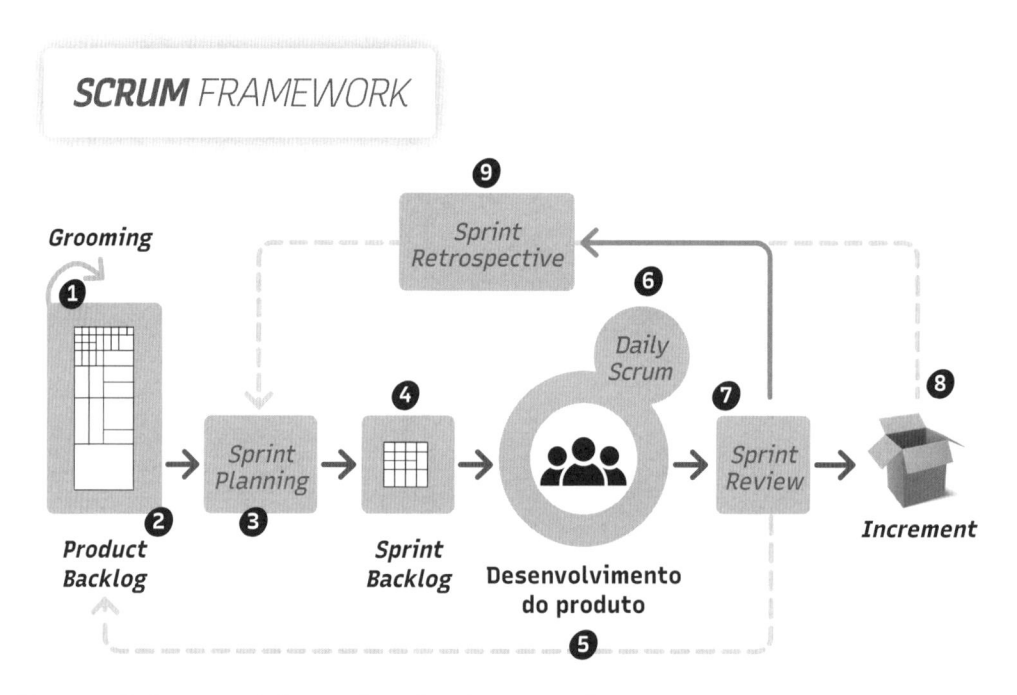

Figura III.3 *Framework Scrum* adaptado pelos autores.[3]

Planejamento

(1) **Grooming** é a atividade de refinamento, manutenção e evolução das especificações do produto. Essa atividade é realizada em um **artefato** chamado **product backlog**.

(2) O artefato **product backlog**, na prática, é um documento que lista todas as funcionalidades do produto, conhecidas até aquele momento, e que podem mudar com o tempo e com as experiências das *sprints*, ordenadas de cima para baixo, das mais prioritárias para os menos prioritárias.

---

2 *Framework* é uma estrutura de processos, técnicas e ferramentas que explicam e orientam a execução de tarefas.
3 Disponível em: https://www.scrum.org/. Acesso em: ago. 2021.

(3) **Sprint planning** é uma atividade que tem o nome de **evento** de planejamento dos itens que serão entregues na *sprint* (uma até quatro semanas de duração). Os itens são selecionados do **product backlog**. Lembra que este artefato tem as funcionalidades do produto? Então, no planejamento da *sprint*, são selecionados os itens prioritários que podem ser desenvolvidos no curto período da *sprint*, gerando uma nova lista, o **sprint backlog**.

(4) **Sprint backlog** é a lista de itens selecionados para desenvolver na *sprint*. Este é o segundo **artefato** do processo, que dá início à etapa de desenvolvimento (execução e monitoramento).

Execução e monitoramento

(5) **Desenvolvimento do produto** é a etapa de construção do produto. Aqui, os desenvolvedores desempenham as tarefas necessárias para entregar parte do produto ao final da *sprint*.

(6) **Daily** é o evento que acontece todos os dias com os membros da equipe durante 15 minutos, para alinhar sobre as tarefas que estão sendo desempenhadas e compartilhar possíveis impedimentos para o desenvolvimento do produto. A ideia é promover a colaboração e o trabalho em equipe.

(7) **Sprint review** é o evento ou evento de revisão do que foi produzido na *sprint*. Aqui, a equipe apresenta para o cliente a parte do produto que foi desenvolvida, com o intuito de coletar *feedbacks* e melhorar o produto. Este evento é o final da etapa de execução e monitoramento e início da etapa de encerramento.

(8) **Incremento ou parte do produto** que foi produzido na etapa de desenvolvimento do produto, apresentado na revisão da *sprint*.

Encerramento

(9) **Retrospectiva da *sprint*** é o evento da qual apenas a equipe ágil participa. A equipe ágil se reúne para discutir oportunidades de melhorias para a próxima *sprint*, definindo quais comportamentos ou processo pode ser melhorado.

De início, este ciclo pode parecer complicado, mas não se preocupe porque durante toda a Parte III deste livro descrevemos e detalhamos cada uma das etapas, eventos, artefatos, papéis do *Scrum* e as características da estrutura organizacional ágil.

É isto o que você vai estudar nesta parte do livro, em seis capítulos:

- Capítulo 13 – *Product Backlog*
- Capítulo 14 – *Timeboxing*
- Capítulo 15 – Eventos
- Capítulo 16 – Equipes de Projetos Ágeis
- Capítulo 17 – *Product Owner*
- Capítulo 18 – *Scrum Master*

13
PRODUCT BACKLOG

APRESENTAÇÃO

Neste capítulo, estudaremos a ferramenta **product backlog**, utilizada na gestão ágil de projetos. Essa ferramenta é uma das mais conhecidas do método *Scrum*, no qual é chamada de **artefato**.

Ao completar o estudo deste capítulo, você deverá ser capaz de entender, explicar e utilizar as seguintes ideias e/ou ferramentas:

- O que é e como funciona o *product backlog*.
- *Sprint backlog* ou *backlog da sprint*.
- Criação da estrutura do *backlog* com tema, épico e *user story*.

13.1 O que é *Product Backlog*

O *product backlog* ou **backlog do produto** é uma lista ordenada de funcionalidades ou requisitos desejados para um produto. Essas funcionalidades ou requisitos são definidos pelo *product owner*, por encomenda dos *stakeholders*. No **framework Scrum**, o *backlog* é considerado um **artefato**. Nessa lista, os itens são ordenados de cima para baixo por prioridade; dos mais importantes e de maior valor para os de menor valor. Quanto mais prioritário, ou seja, mais acima na lista, mais detalhado o item deve estar, para que o *Scrum team* consiga entender a necessidade e desenvolver o produto.

A Figura 13.1 representa uma visão simplificada e genérica do *backlog* do produto.

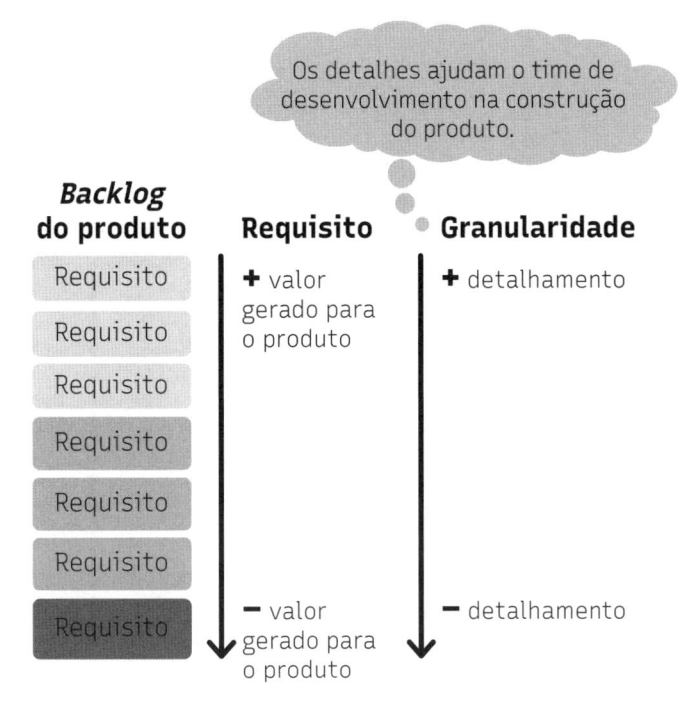

Figura 13.1 — Backlog do produto

Backlog do produto: Requisito, Requisito, Requisito, Requisito, Requisito, Requisito, Requisito

Requisito: + valor gerado para o produto ... − valor gerado para o produto

Granularidade: + detalhamento ... − detalhamento

Os detalhes ajudam o time de desenvolvimento na construção do produto.

Figura 13.1 *Backlog* do produto.

No *framework Scrum*, o *product backlog* é o "**ponta pé inicial**" para a construção do produto e o início do projeto.

- É utilizada em projetos iterativos e adaptativos.
- O *product backlog* não deve estar totalmente construído para iniciar o desenvolvimento do produto, diferentemente do escopo gerenciado em projetos preditivos, em que todo o escopo é definido antes do início do desenvolvimento do produto.
- O *product backlog* é dinâmico: a lista de funcionalidades é continuamente aprimorada.
- Os itens que estão no topo da lista devem estar descritos com mais detalhes para fornecer aos desenvolvedores condições para construir a parte prioritária do produto.

Box 13.1 Características importantes do *product backlog*

Após construído, o *product backlog* precisará ser mantido e desenvolvido. Uma das atividades que garantem essa manutenção e desenvolvimento contínuo do *backlog* é o *grooming*, ou **refinamento do *backlog***.

O *product owner* é o principal responsável pelo *grooming*, interagindo constantemente com o cliente, analisando o mercado, avaliando e priorizando os itens do *product backlog*. No Capítulo 17, veremos mais sobre o papel do *product owner*. A atividade de refinamento está representada na Figura 13.2, que mostra itens sendo reordenados, introduzidos ou retirados.

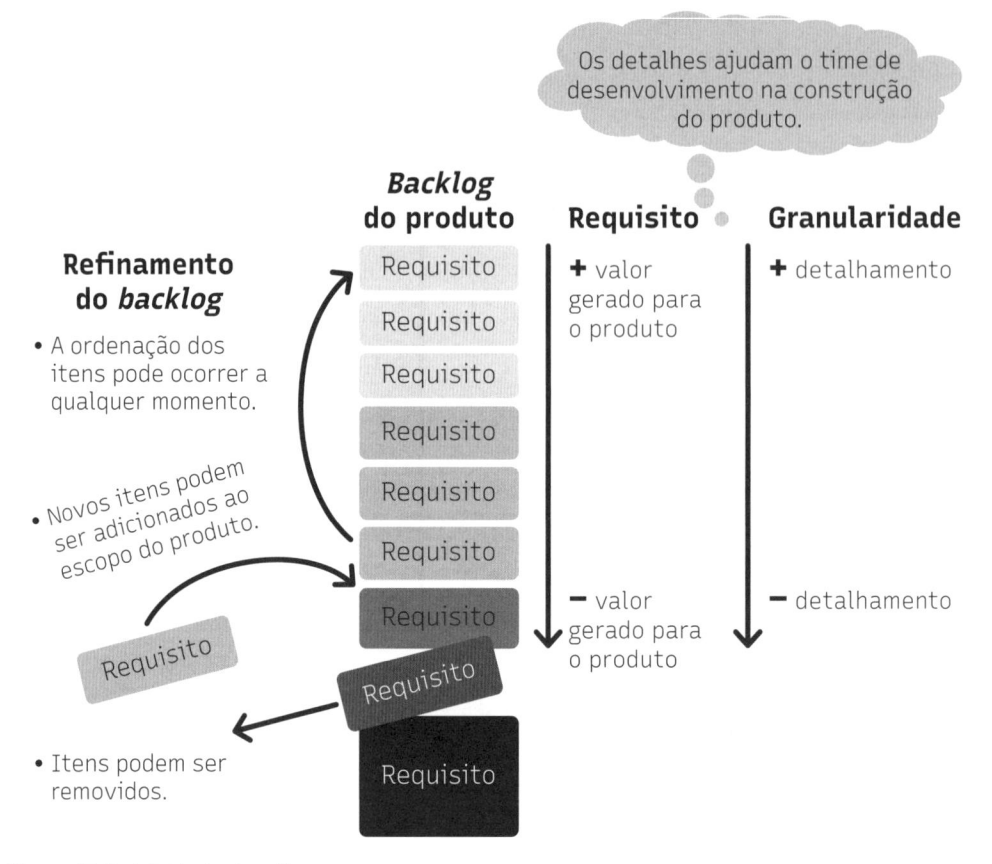

Figura 13.2 Atividade de refinamento.

Refinamento do backlog
- A ordenação dos itens pode ocorrer a qualquer momento.
- Novos itens podem ser adicionados ao escopo do produto.
- Itens podem ser removidos.

Backlog do produto: Requisito (vários)

Requisito: + valor gerado para o produto / − valor gerado para o produto

Granularidade: + detalhamento / − detalhamento

Os detalhes ajudam o time de desenvolvimento na construção do produto.

O *product backlog*, continuamente aprimorado, é utilizado para organizar os itens que serão desenvolvidos nas *sprints*, **os projetos de curta duração**. O primeiro evento de planejamento chama-se *sprint planning* e ocorre em uma reunião da equipe do projeto (que compreende: desenvolvedores do produto, *product owner* e *Scrum master*).

> A ***sprint*** é considerada **um projeto de curta duração** (uma até quatro semanas), composto por um conjunto de eventos, que ao final geram um produto ou incremento de produto.

Box 13.2 Definição de *sprint*

Nessa reunião – *sprint planning* – a equipe desdobra cada requisito do topo da lista em uma ou mais tarefas, a definição destas tarefas gera um segundo artefato, o *sprint backlog*, em outras palavras, a lista de tarefas do projeto.

O *sprint backlog* é composto pela relação de tarefas que deverão ser executadas para fornecer o entendimento comum sobre o que precisa ser feito e desenvolver o produto. Com as tarefas definidas, os membros da equipe podem colaborar entre si durante o processo de desenvolvimento.

A Figura 13.3 representa a equipe definindo o *sprint backlog* para duas semanas de desenvolvimento do produto, ou seja, a sprint vai durar duas semanas. Ao final do planejamento, a equipe terá o *backlog da sprint*, que são todas as tarefas que precisarão ser executadas para entregar os três primeiros e mais importantes requisitos do *backlog* do produto nessas duas semanas.

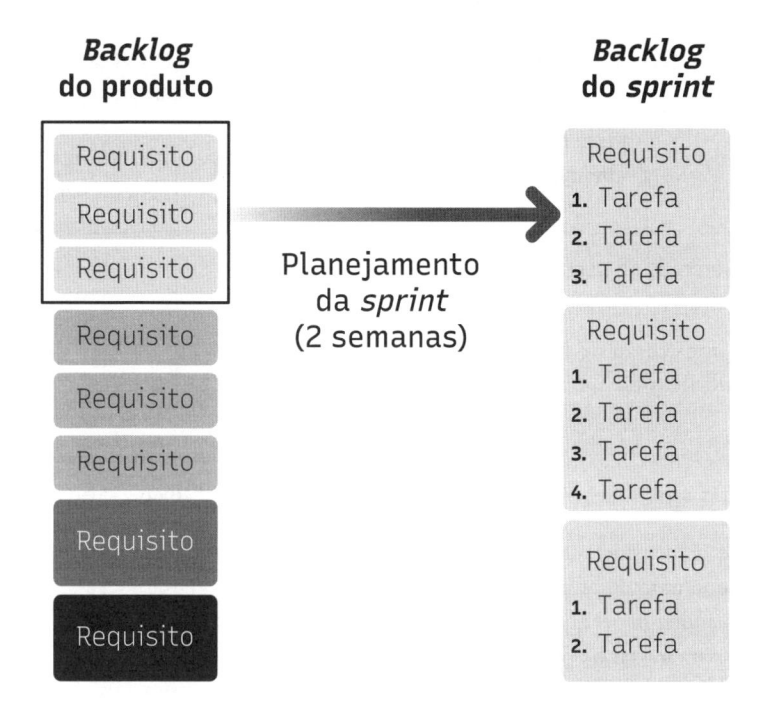

Figura 13.3 Desdobramento dos requisitos do *backlog do produto* em tarefas no *backlog da sprint*.

No momento zero, antes de iniciar a construção do produto, o *product backlog* estará composto basicamente por requisitos. Conforme o produto vai sendo desenvolvido e as *sprints* executadas, outros itens poderão entrar no *product backlog*, por exemplo:

- Alteração de funcionalidades existentes.
- Correção de *bugs*.
- Novos requisitos do produto.

O *backlog* é considerado artefato vivo, que passa por processo constante de refinamento e melhorias. Uma das maneiras de organizar o *backlog* é utilizando os conceitos de *user story*, temas e épicos. Entenderemos melhor estes conceitos no tópico a seguir.

13.2 User Story

A *user story* ou **história de usuário** tem formato específico para descrever os requisitos do produto, utilizando o padrão, "Eu, enquanto <quem>, quero <o quê> para que <por quê>". Veja os exemplos na Figura 13.4 sobre o desenvolvimento de um *e-commerce*:

QUEM?	O QUÊ?	POR QUÊ?
Enquanto cliente	quero visualizar todos os produtos disponíveis no *desktop* e no *mobile*	para que tenha uma experiência de usabilidade satisfatória independentemente do *display*
Enquanto gestor financeiro	quero visualizar no portal o total de contas a receber	para que consiga gerenciar eficientemente o fluxo de caixa
Como analista comercial	quero ter acesso a todos os dados dos clientes cadastrados, ordenados por data de cadastro	para que consiga abordá-los de maneira personalizada

Figura 13.4 Exemplos de *users stories*.

O objetivo da construção de *users stories* é descrever os requisitos do produto de forma padrão e abordar três informações: "Quem?", "O quê?" e "Por quê?".

13.2.1 Organização do *backlog* com uso das *users stories*

Para organizar as *users stories*, pode-se utilizar os conceitos: tema; épico; *user story*; e tarefa.

- **Tema:** pode ser considerado o agrupamento de *user stories* ou épicos que tratam do mesmo tema, por exemplo: o módulo financeiro do produto.
- **Épico:** são as *users stories* que representam itens aparentemente grandes demais ou sem detalhes o suficiente para iniciar o processo de desenvolvimento. Representa uma ideia que pode ser composta por vários *users stories*, por exemplo: "pagamentos de pessoa física".

No caso deste exemplo, não existe informação suficiente para realizar a *sprint planning* com o *Scrum team* para criar as tarefas e a construção do produto ou o incremento, sendo necessário decompor este item em vários *users stories*, utilizando o processo de refinamento do *backlog*. Lembrando que o responsável pelo processo é o *product owner*.

- ***User story*:** descrição de uma necessidade, por exemplo: "Enviar cupom fiscal por SMS" ou "Calcular desconto para pagamento à vista". Veja a descrição das necessidades com o uso do padrão na Figura 13.4.
  - "Como vendedor, quero ao finalizar a compra enviar o cupom fiscal por SMS, para que não seja necessário fazer a impressão";
  - "Como vendedor, quero que o sistema calcule automaticamente o desconto para pagamento à vista, para que o vendedor não tenha que interromper a venda para calcular."
- **Tarefa:** a criação das tarefas para o desenvolvimento da user story é realizada durante o planejamento da *sprint*. Ou seja, a *user story* é desdobrada em tarefas. Por exemplo:
  - *User story*: "Como vendedor, quero ao finalizar a compra enviar o cupom fiscal por SMS, para que não seja necessário fazer a impressão".
    - Tarefas:
      - Disponibilizar na tela o botão com a opção de envio do SMS ao finalizar a compra.
      - Criar integração para o envio do SMS.

A Figura 13.5 representa os desdobramentos do *backlog* em um exemplo. Você está achando que parece uma WBS? Sim, tem razão. De fato, é uma WBS, uma ferramenta do preditivo no mundo do ágil.

```
                            Backlog do
                              produto
                                │
                           ┌─────────┐
                           │E-commerce│
                           └─────────┘
                          ┌──────┴──────┐
                    ┌─────────┐   ┌─────────┐
         Tema       │ Módulo  │   │Módulo de│
                    │financeiro│   │ vendas  │
                    └─────────┘   └─────────┘
                    ┌────┴────┐        │
              ┌─────────┐┌─────────┐┌─────────┐
              │Pagamentos││Pagamentos││ Vendas  │
    Épico     │de pessoa ││de pessoa ││através do│
              │  física  ││ jurídica ││ mobile  │
              └─────────┘└─────────┘└─────────┘
```

	Eu, como vendedor, quero finalizar a compra e enviar cupom por SMS para que...	Eu, como vendedor, quero que o sistema calcule automaticamente o desconto para pagamento à vista, para ...
User stories		

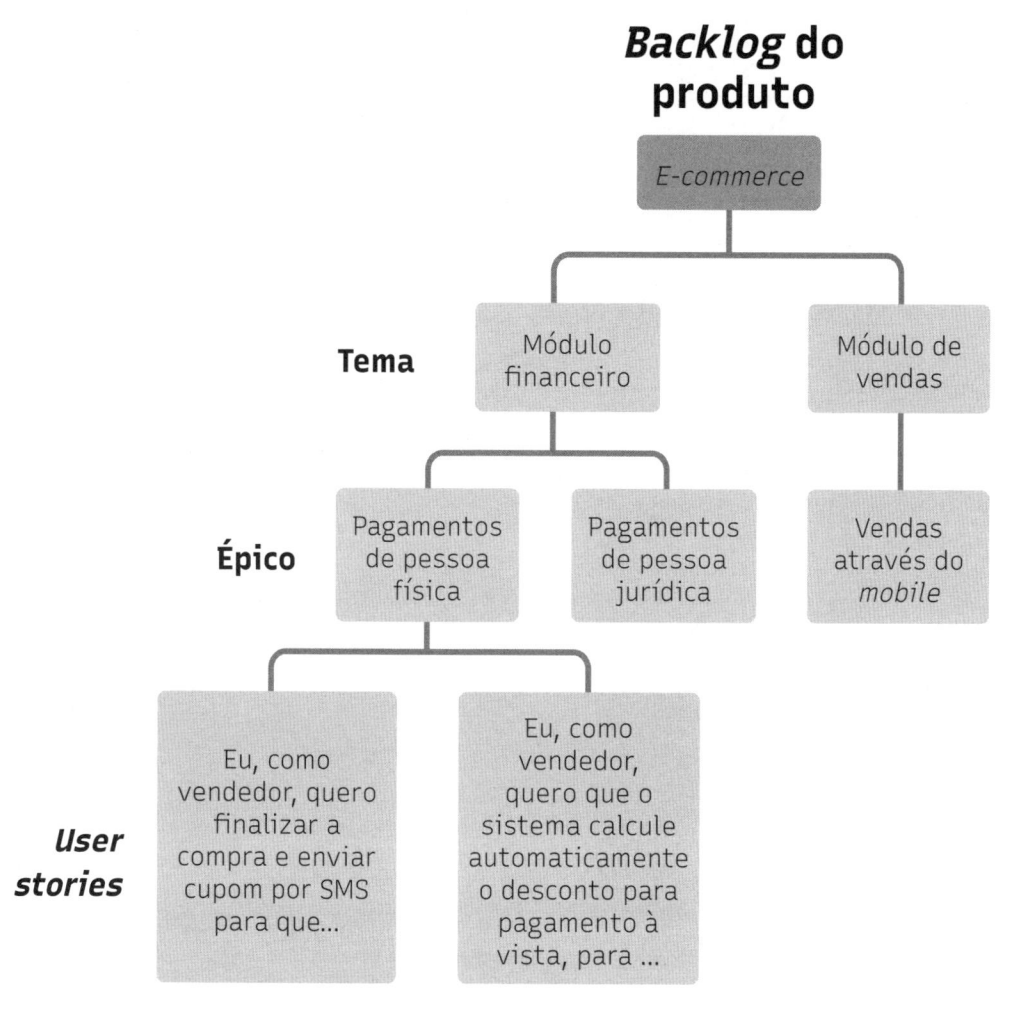

Figura 13.5 Estrutura do *backlog* organizado com os conceitos: tema, épico e *user story*.

A Figura 13.5 representa os níveis do *backlog* do produto, mas o formato mais comum é o de lista, como está representado na Figura 13.6. A imagem mostra duas listas, uma com o *backlog* do produto e a outra com o *backlog* da *sprint*, gerada após o evento de *sprint planning*, detalhando as tarefas para desenvolver as duas *user stories*, ou seja, convertê-las em tarefas.

Lembrando o exemplo de *user story* e tarefa que foram descritas anteriormente, temos: "como vendedor, quero finalizar a compra e enviar cupom por SMS, para que não seja necessário realizar a impressão da via". Desdobrando essa *user story* em tarefas, temos duas tarefas: "disponibilizar na tela o botão com a opção de envio do SMS" e "criar integração para realizar o envio do SMS". A Figura 13.6 ilustra o desdobramento.

Backlog do produto

User story	Eu, como vendedor, quero finalizar a compra e enviar cupom por SMS para que ...
User story	Eu, como vendedor, quero que o sistema calcule automaticamente o desconto para pagamento à vista, para ...
Épico	Pagamento de pessoa jurídica
Épico	Vendas através de *mobile*
User story	Eu, como analista comercial, quero que o sistema gere relatórios para ...
User story	Eu, como analista financeiro, quero que o sistema gere indicadores para que ...

Planejamento da *sprint* (2 semanas)

Backlog da *sprint*

Eu, como vendedor, quero finalizar a compra ...
1. Tarefa: Disponibilizar na tela o botão com a opção de envio do SMS
2. Tarefa: Criar integração para envio do SMS
3. Tarefa: ....

Eu, como vendedor, quero que o sistema calcule automaticamente
1. Tarefa: Desenvolver algoritmo para calculo pagamento à vista
2. Tarefa: Criar tabela para fazer associação do cálculo
3. Tarefa: ...

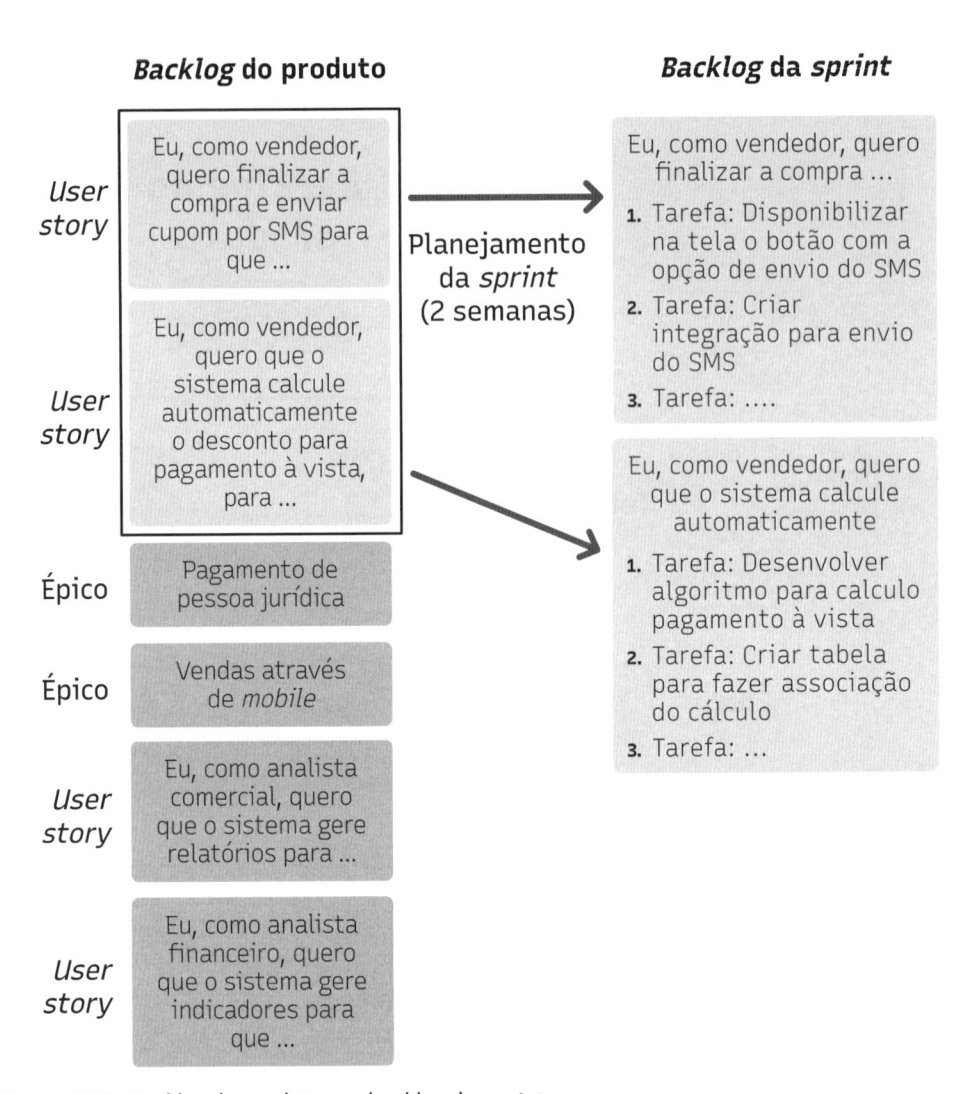

Figura 13.6 *Backlog* do produto e o *backlog* da *sprint*.

Neste caso, o *backlog* do produto está priorizado e o *product owner* deverá focar em desenvolver as *user stories* dos próximos itens priorizados, que são épicos e precisam ser detalhados em *user stories*, para que o próximo planejamento da *sprint* possa ser efetivo e os desenvolvedores do produto tenham informações suficientes para definir as tarefas do *backlog da sprint*.

> **Curiosidade**
>
> As tarefas do *backlog* da *sprint* poderiam ser transportadas para um quadro kanban. As tarefas poderiam ser acompanhadas por meio da gestão à vista proporcionada pelo quadro kanban.
>
> **Backlog da *sprint***
>
> Eu, como vendedor, quero finalizar a compra ...
> 1. Tarefa: Disponibilizar na tela o botão com a opção de envio do SMS
> 2. Tarefa: Criar integração para envio do SMS
> 3. Tarefa: ....
>
> Eu, como vendedor, quero que o sistema calcule automaticamente
> 1. Tarefa: Desenvolver algoritmo para calculo pagamento à vista
> 2. Tarefa: Criar tabela para fazer associação do cálculo
> 3. Tarefa: ...
>
> | A fazer | Fazendo | Feito |
> |---|---|---|
> | Disponibilizar na tela o botão ... | | |
> | Criar integração SMS | | |
> | Desenv. Algor. Calc. pgto | | |
> | Criar tabela associação de calc. | | |

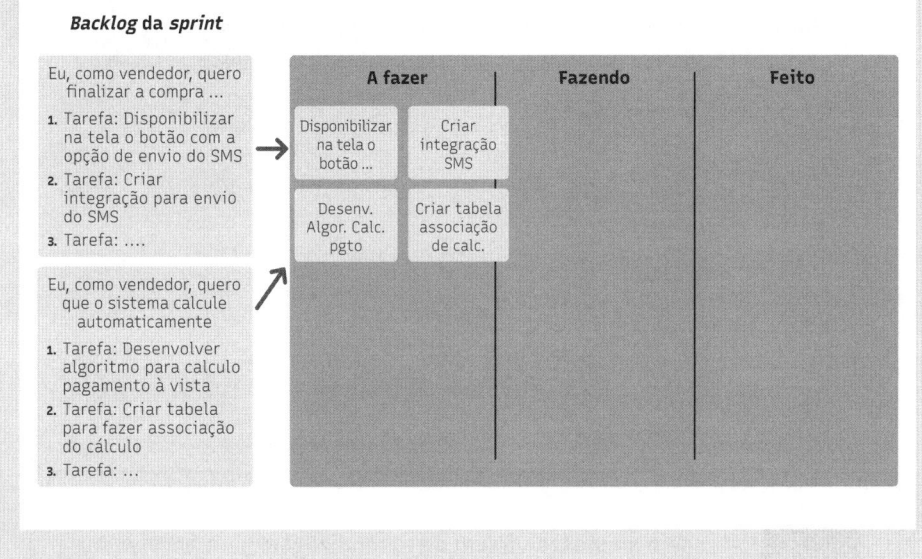

Figura 13.7 Transporte das tarefas do *backlog* da *sprint* para o quadro kanban.

13.3 Cenas dos Próximos Capítulos

O *backlog* do produto é uma das ferramentas mais conhecidas nos métodos ágeis e pode ser adaptada dependendo da equipe e organização que o detém. Mas, além do *product backlog*, existe outra ferramenta que faz com que todo o método ágil dite o ritmo da equipe e do projeto, o *timeboxing*. Conheceremos este tema no próximo capítulo.

RESUMO

- O *product backlog* pode ser considerado uma lista de desejos para determinado produto.

- Esta lista de desejo pode ser descrita no formato de *user story*.

- Quando esta lista de desejo, o *product backlog*, tiver os requisitos detalhados o suficiente para iniciar o desenvolvimento do produto, inicia-se a *sprint planning*.

- A *sprint* pode ser considerada um projeto curto (*sprint* = projeto).

- A *sprint planning*, também considerada planejamento do projeto, é o evento que inicia a *sprint*.

- A *sprint planning* ocorre na presença de toda a equipe, para descrever as tarefas que serão necessárias para desenvolver os itens do produto.

- A *sprint planning* transforma requisitos do produto em tarefas da *sprint* (do projeto).

Acesse o **ambiente virtual de aprendizagem** para aprofundar seu conhecimento por meio de exercícios, casos, mapas mentais e outras atividades.

14
TIMEBOXING

APRESENTAÇÃO

Neste capítulo, estudaremos a ferramenta **timeboxing**, para **gestão do tempo** nos projetos ágeis. Tradicionalmente utilizada no método *Scrum* – um dos mais praticados na gestão ágil de projetos – esta ferramenta pode ser aplicada em qualquer contexto da gestão.

Ao completar o estudo deste capítulo, você deverá ser capaz de entender, explicar e utilizar as seguintes ideias e/ou ferramentas:

- *Timeboxing*.
- Aplicação prática do *timeboxing*.
- O consenso definido para os eventos do *Scrum*.
- Vantagens e desvantagens.

14.1 Timeboxing

Timeboxing é a alocação de uma unidade fixa e máxima de tempo para determinada atividade. Por exemplo, definido um tempo máximo de duas semanas para uma *sprint* ou outro evento, esse tempo não poderá ser ultrapassado e, idealmente, não deve ser alterado. Essa alocação fixa de tempo para as atividades destina-se, entre outras finalidades, a permitir comparações da eficiência do desempenho.

No caso do *Scrum*, o *timeboxing* é aplicado aos eventos, atividades recorrentes no desenvolvimento de um produto. Um conjunto de eventos faz uma *sprint* (que pode ser considerado um **macroevento**). Na Figura 14.1 temos um exemplo dos *timeboxes* definidos para cada um dos eventos.

EVENTO	A *SPRINT* PODE TER DE 1 A 4 SEMANAS DE DURAÇÃO. PARA CADA UMA DAS DURAÇÕES DA *SPRINT*, INDICAM-SE AS DURAÇÕES DE CADA EVENTO.				% DO TEMPO DA *SPRINT* GASTO COM CADA EVENTO
	4 SEMANAS	3 SEMANAS	2 SEMANAS	1 SEMANA	
Planejamento da *sprint*	8 horas	6 horas	4 horas	2 horas	5%
Daily Scrum	4,5 horas (15 minutos por dia ao longo de quatro semanas)	3,25 horas	2 horas	0,75 hora	2,8%
Revisão da *sprint* – *sprint review*	4 horas	3 horas	2 horas	1 hora	2,5%
Retrospectiva da *sprint* – *sprint retrospective*	3 horas	2,25 horas	1,5 hora	0,75 hora	1,9%
Horas totais dos eventos *Scrum*	19,5	14,5	9,5	4,5	
Horas totais das *sprints* com diferentes durações	160 horas (4 semanas x 40 horas)	120	80	40	

Figura 14.1 Eventos do *Scrum* com os *timeboxes* e o percentual de dedicação nas semanas para *sprints* com duração de uma a quatro semanas.

O *timeboxing* alocado para cada um dos eventos acima varia conforme o tamanho da *sprint*. Por exemplo, para uma *sprint* de quatro semanas, o *timebox* do planejamento da *sprint* é de oito horas. A variação será estudada no Capítulo 15 – Eventos.

No *Scrum*, o *timeboxing* é o componente crítico de todos os cinco eventos da Figura 14.1. Essa ferramenta incentiva as equipes a começar a realizar o trabalho de maneira focada. A **teoria da motivação temporal** (*temporal motivation theory*)[1] enfatiza o tempo como fator motivacional crítico para a realização de um trabalho no prazo.

---

1 A teoria da motivação temporal pode ser aplicada para analisar o comportamento humano e a procrastinação. Esta teoria modela o poder motivador de se aproximar dos prazos. Os autores Piers Steel e Cornelius J. König argumentam que a utilidade ou valor de determinada atividade aumenta exponencialmente à medida que o prazo se aproxima.

14.2 Implementação

O objetivo é definir e limitar a quantidade de tempo alocada em uma atividade, evitando que se excedam os limites de tempo ou se perca tempo com discussões triviais. Esse processo de definição do *timeboxing* dos eventos do projeto deve passar por uma etapa de experimentação, lembrando que os métodos e práticas ágeis funcionam por meio de um processo empírico.[2]

Definição de **15 minutos** para a *daily meeting*

Durante as três primeiras semanas média de **20 minutos**

Redefinir *timeboxing* mais próximo da realidade

Definição de **17 minutos** para *daily meeting*

Figura 14.2 Ciclos de definição dos *timeboxes*.

A implementação dos *timeboxes* deve ser conduzida pelo líder da equipe. No caso do *framework Scrum*, poderemos ter o *Scrum master* à frente desta iniciativa. Utilizando o processo de implementação por experimentação, como representado na Figura 14.2, o líder e a equipe devem ir ajustando o *timebox* até que encontrem um "ponto de equilíbrio", a duração que seja adequada e eficiente para o processo de desenvolvimento e baseada na maturidade da equipe.

---

2 Empírico – baseado na experiência e na observação, é um processo praticado com a tentativa, erro e aprendizado.

Caso o *timebox* definido não seja atingido de maneira recorrente, a equipe ágil e o *Scrum master* deverão avaliar os motivos. Por exemplo: falta de experiência da equipe, desmotivação por parte dos membros etc. Neste caso, é importante entender e redefinir os *timeboxes* para não causar desânimo e frustração.

É importante que a equipe entenda que os *timeboxes* podem ser vistos como metas que a equipe deve buscar alcançar, manter ou até superar, tornando os eventos mais eficazes.

14.3 Vantagens e Desvantagens

O *timeboxing* mantém as equipes focadas em realizar as tarefas, fornecendo um consenso entre todos os membros da equipe sobre a duração e teor das atividades. Essa ferramenta possui vantagens e dificuldades que merecem ser destacadas. Veja as Figuras 14.3 e 14.4.

Figura 14.3 Vantagens no uso do *timeboxing*.

Vantagens

- **Senso de urgência:** desenvolvimento do senso de urgência da equipe.
- **Ritmo:** a definição de prazo ditará o ritmo da equipe e do projeto.
- **Foco na entrega de valor:** a frase "o bom é inimigo do ótimo" pode fazer sentido, mas, com o *timebox* ajustado para a execução da atividade, pode fazer a equipe se lembrar que "o bom é inimigo do ótimo, mas o ótimo pode ser inimigo da entrega".
    - **Vale a reflexão:** por vezes, é melhor entregar algo bom, do que tentar o ótimo e atrasar a entrega do produto.
    - Evita-se o perfeccionismo limitando o tempo que pode ser despendido com atividades de baixo valor.
- **Prioridade:** obriga a priorização, o tempo definido para a reunião ou para a *sprint*, faz com que a equipe priorize os itens mais importantes para a produção ou discussão, por exemplo:

- **No caso da produção:** a equipe precisará focar no que é prioridade para o produto, pois haverá um *timebox* fixo para o período de desenvolvimento.
- **No caso das discussões:** na reunião de pé, a *daily meeting*, são 15 minutos para que a equipe fique alinhada sobre as atividades, não há margem para assuntos fora do contexto, a equipe precisa priorizar e focar.

Figura 14.4 Dificuldades encontradas com o uso do *timeboxing*.

Desvantagens

- **Discussões inacabadas:** os assuntos ou discussões podem não ser concluídos durante os eventos, em razão do *timebox*.
- **Produtos semiacabados:** nem todo o trabalho pode ser concluído dentro do *timebox* da *sprint*.
- **Difícil implementação:** esta ferramenta é difícil de ser implementada. Imaginemos um caso extremo: uma equipe que nunca realizou nenhum evento com *timebox* é exposta ao desafio de realizar uma reunião de alinhamento, chamada de *daily meeting*, que acontece com todos os membros de pé e com a duração máximo de 15 minutos, sendo que todos os membros têm que falar sobre as tarefas que foram e serão executadas. Um desafio e tanto não?

O *timeboxing* exige disciplina e auto-organização da equipe e uma forte liderança para conseguir executá-lo, caso contrário pode gerar frustração e falta de engajamento dos membros da equipe em participar dos eventos, ou até mesmo da *sprint*.

14.4 Cenas dos Próximos Capítulos

Aparentemente, o *product backlog* e o *timeboxing* não têm relação até então, mas no próximo capítulo veremos a relação destas duas ferramentas com os tão conhecidos eventos do *Scrum*, que podem ser implementados em qualquer tipo de organização para resolver problemas de gestão de projetos. Veremos mais detalhes no próximo capítulo.

RESUMO

- *Timeboxing* é a alocação de uma unidade fixa e máxima de tempo para determinada atividade.

- *Timeboxing* = duração dos eventos *Scrum*.

- Os *timeboxes* definidos para os eventos são metas que a equipe deve buscar alcançar, manter ou até superar.

- O líder da equipe deverá apoiar a implementação dos *timeboxes*, orientar e engajar a equipe para se adequar às durações definidas.

- Os *timeboxes* definidos para os eventos podem ser vistos como metas que a equipe deve buscar alcançar, manter ou até superar, tornando os eventos mais eficazes.

Acesse o **ambiente virtual de aprendizagem** para aprofundar seu conhecimento por meio de exercícios, casos, mapas mentais e outras atividades.

15
EVENTOS

APRESENTAÇÃO

Neste capítulo, estudaremos os eventos do *Scrum*, que fazem o processo funcionar e melhorar continuamente.

Ao completar o estudo deste capítulo, você deverá ser capaz de entender, explicar e utilizar as seguintes ideias e/ou ferramentas:

- O que são os eventos.
- Os quatro eventos do *Scrum*.

15.1 Eventos

Os **eventos do *Scrum*** são as reuniões que ocorrem antes, durante e após o desenvolvimento do produto ou incremento. Essas reuniões são programadas e fixas em um projeto ágil do *framework Scrum*. Têm diversos propósitos e garantem que o processo de desenvolvimento ágil funcione de maneira eficiente.

O *framework Scrum* tem, basicamente, quatro eventos: (1) planejamento da *sprint*, (2) *daily Scrum* ou *standup meeting*, (3) revisão da *sprint* e (4) retrospectiva da *sprint*. Para continuar, primeiro vamos fixar alguns elementos do *framework*. Esses quatro eventos compõem um macroevento chamado *sprint*. O resultado da *sprint* é o desenvolvimento do produto ou incremento – uma parte do produto.

(1) **Artefatos**: *product backlog* e *sprint backlog*.
- **Backlog do produto** (ou *product backlog*): contém a lista de requisitos ou funcionalidades do produto, que podem ou não estarem em formato de *user story*.
- **Sprint backlog**: contém a lista de tarefas necessárias para construção do produto.
- **Bugs**: o *bug* é um erro que surge durante o processo de desenvolvimento do produto, por exemplo: no caso de um sistema, uma falha no código que provoca mau funcionamento de parte do produto ou, no caso de uma campanha de marketing, um anúncio mal produzido em uma campanha. É uma não conformidade que, quando detectada, pode ser corrigida durante o desenvolvimento. Se a correção durante a *sprint* **não for possível**, o *bug* volta para o *product backlog*. Priorizar os *bugs* é uma tarefa do PO. A correção dos erros é uma tarefa da equipe, como veremos nos Capítulos 16 e 17.

(2) **Papéis:** *product owner; Scrum master* e equipe de desenvolvimento do produto, esses papéis serão detalhados em seus respectivos capítulos.

(3) **Sprint:** cada *sprint* pode ser considerada um projeto com duração de uma a quatro semanas. É o nome dado no *Scrum* para caracterizar todo o processo, desde o planejamento da *sprint* até o encerramento do ciclo, que ocorre com a reunião de retrospectiva. Não há um número padronizado de *sprints* nas quais o produto deva ser dividido.

> **Atenção:** Lembre-se de consultar os *timeboxes* dos eventos no capítulo anterior.

Agora que fizemos uma rápida revisão dos conceitos vistos até então, veremos os quatro eventos do *Scrum* que formam um ciclo, conforme se observa na Figura 15.1.

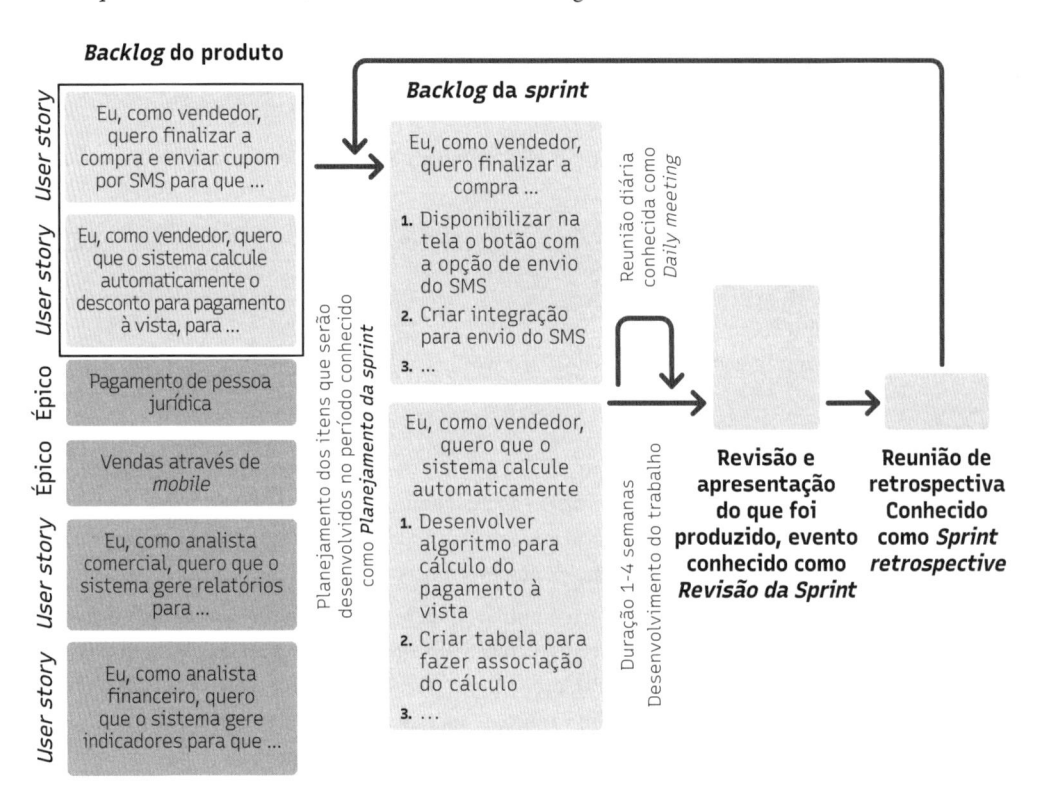

Figura 15.1 Eventos no ciclo do *Scrum* – em destaque – a *sprint* é o caminho ou projeto de curta duração que vai do planejamento até a reunião de retrospectiva, que é o final, e volta ao início do ciclo, o planejamento.

Complementar à Figura 15.1, a Figura 15.2 ilustra uma visão do ciclo do *Scrum* em um formato de calendário, para uma *sprint* de quatro semanas de duração.

EVENTOS   133

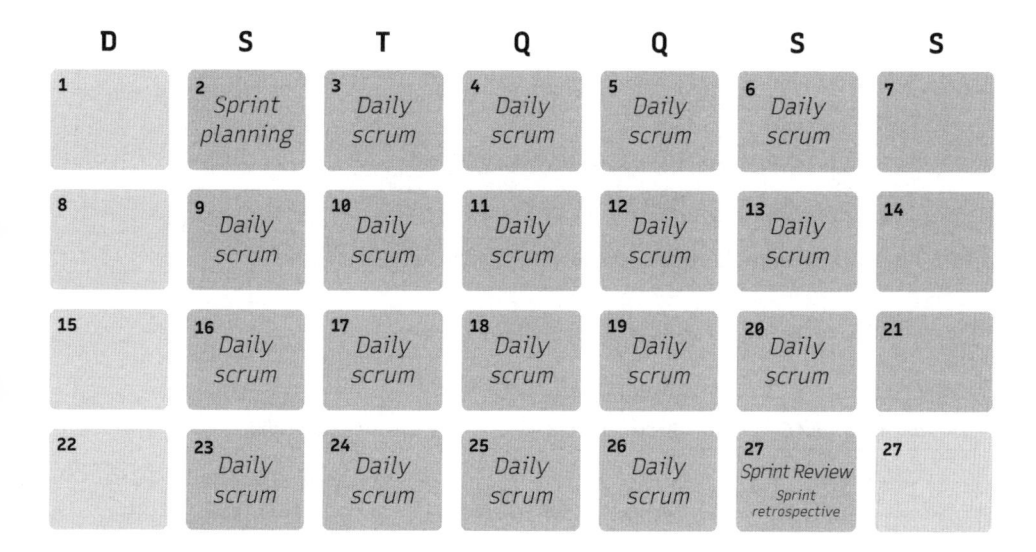

D	S	T	Q	Q	S	S
1	2 Sprint planning	3 Daily scrum	4 Daily scrum	5 Daily scrum	6 Daily scrum	7
8	9 Daily scrum	10 Daily scrum	11 Daily scrum	12 Daily scrum	13 Daily scrum	14
15	16 Daily scrum	17 Daily scrum	18 Daily scrum	19 Daily scrum	20 Daily scrum	21
22	23 Daily scrum	24 Daily scrum	25 Daily scrum	26 Daily scrum	27 Sprint Review Sprint retrospective	27

Figura 15.2 Ciclo do *Scrum* para uma *sprint* de quatro semanas de duração.

Examinemos cada uma delas nos próximos tópicos.

15.1.1 Planejamento da *sprint* (*sprint planning*)

A *sprint planning* é o evento inicial da *sprint*. A partir desse ponto, a equipe se organiza e se alinha com os requisitos do produto e com a meta da *sprint*. A **meta** é a entrega que deve ser feita. Por exemplo: "a *sprint* vai durar duas semanas; daqui a duas semanas, que resultado devo esperar?".

Objetivos deste evento: (1) definir a meta da *sprint* e (2) construir o *backlog* da *sprint* (lista de tarefas do projeto).

(1) **Pré-requisito:** o *product owner* deve ter em mãos os itens do *backlog* do produto com os critérios de aceitação e as *user stories* priorizadas e detalhadas o suficiente para a equipe entender e descrever as tarefas do *backlog* da *sprint*.
(2) **Participantes:** *product owner*, *Scrum master*, equipe de desenvolvimento do produto.

Dinâmica

- O *product owner* apresenta para os participantes as *users stories* do *backlog* do produto que são prioridade para o cliente e explica com detalhes os itens e os critérios de aceitação.
- Os participantes fazem perguntas para entender melhor as *users stories*/requisitos e, então, definir:
  ○ As tarefas e a estimativa de tempo necessária para desenvolver as *users stories*/requisitos. Essas tarefas irão compor o *backlog* da *sprint*.
  ○ A meta da *sprint* e as *user stories* que serão desenvolvidas.

> A estimativa de tempo tende a se tornar mais assertiva com o passar do tempo:
> - A equipe de desenvolvimento e o *Scrum master* passam a entender melhor suas capacidades produtivas por *sprint*.
> - O *product owner* começa a entender o nível de detalhe satisfatório de um requisito ou de uma *user story*, e dos critérios de aceitação.

Box 15.1 Amadurecimento da equipe ágil na assertividade das estimativas

Na Figura 15.3, podemos ver a *sprint planning* em forma de processo.

ENTRADA
Backlog do produto

- User story: Eu, como vendedor, quero finalizar a compra e enviar cupom por SMS para que ...
- User story: Eu, como vendedor, quero que o sistema calcule automaticamente o desconto para pagamento à vista, para ...
- Épico: Pagamento de pessoa jurídica
- Épico: Vendas através de mobile
- User story: Eu, como analista comercial, quero que o sistema gere relatórios para ...
- User story: Eu, como analista financeiro, quero que o sistema gere indicadores para que ...

TRANSFORMAÇÃO
Participantes: *Product owner*, Equipe de Desenvolvimento, *Scrum master*

Planejamento da *sprint* (projeto de curta duração)

SAÍDA

❶ *Backlog* da *sprint*

Eu, como vendedor, quero finalizar a compra ...
1. Disponibilizar na tela o botão com a opção de envio do SMS
2. Criar integração para envio do SMS
3. ...

Eu, como vendedor, quero que o sistema calcule automaticamente
1. Desenvolver algoritmo para calculo pagamento à vista
2. Criar tabela para fazer associação do cálculo
3. ...

❷ Meta da *sprint*

Melhorar a eficiência do módulo financeiro, a etapa de pagamento.

❸ Quadro de tarefas (kanban)

A FAZER	FAZENDO	FEITO

Itens da *backlog* da *sprint*

ENTRADA para o próximo evento

Figura 15.3 Planejamento da *sprint* em uma visão de processo.

A seguir, veremos mais detalhes da próxima etapa após o planejamento da *sprint*, o dia a dia da equipe.

15.1.2 *Daily Scrum* ou *standup meeting*

A ***daily Scrum***, conhecida também como **reunião em pé** ou simplesmente ***daily***, é um evento com o *timebox* de 15 minutos, que deve ocorrer todos os dias, no mesmo horário e local. A ideia é que todos os membros participem da reunião em pé, com o intuito de ser curta e objetiva.

Esse evento é uma oportunidade para a equipe inspecionar e verificar o progresso da equipe em direção à meta da *sprint*, além de planejar as atividades das próximas 24 horas. Uma das técnicas utilizadas para a inspeção é que todos os participantes respondam a três perguntas:[1]

---

1 SUTHERLAND, Jeff. SCHWABER, Ken. *The Scrum Guide*. Disponível em: https://www.scrum.org/resources/scrum-guide. Acesso em: ago. 2021.

- O que fiz ontem que ajudou a equipe de desenvolvimento a atingir a meta da *sprint*?
- O que farei hoje para ajudar a equipe de desenvolvimento a atingir a meta da *sprint*?
- Vejo algum impedimento que impeça a mim ou à equipe de desenvolvimento a atender a meta da *sprint*?

Neste evento, o *Scrum master* deve facilitar e ensinar a equipe de desenvolvimento a manter as regras preestabelecidas, por exemplo, as respostas das três perguntas e o *timebox* de 15 minutos. A Figura 15.4 representa o evento da *daily* em forma de processo.

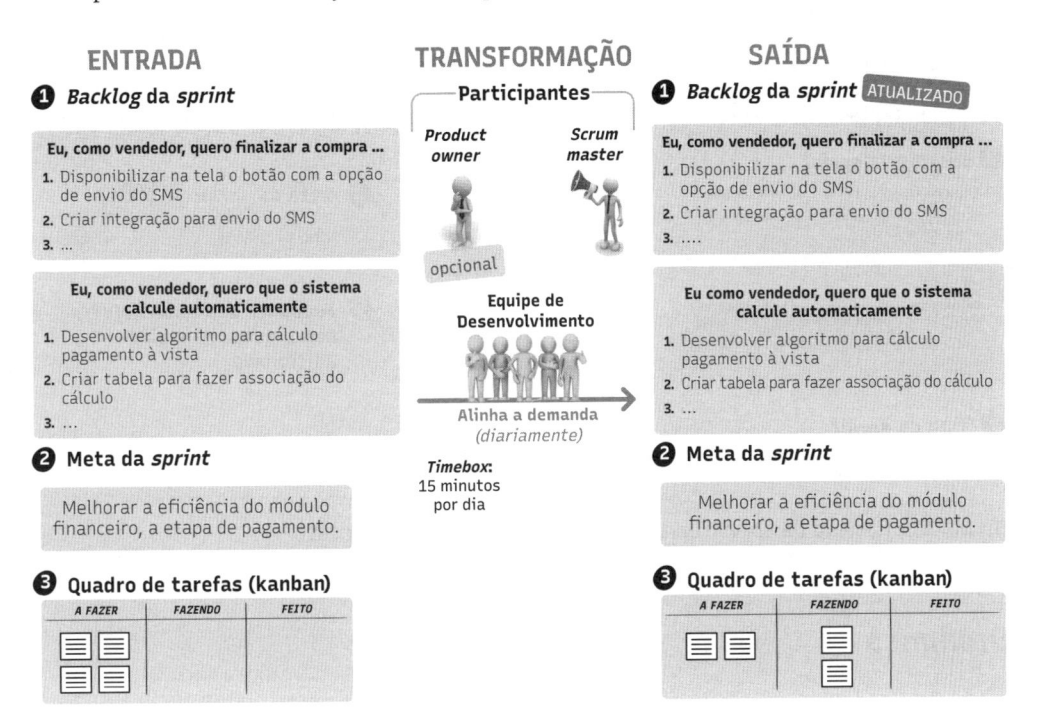

Figura 15.4 *Daily Scrum* representado em forma de processo.

15.1.3 Revisão da *sprint* (*sprint review*)

Esse evento e o próximo acontecem ao final da *sprint*, no último dia. Nesse evento, a equipe de desenvolvimento, o *Scrum master*, o *product owner* e as partes interessadas se reúnem para ver (inspecionar) na prática o incremento do produto gerado pela *sprint*. Esse evento tem como objetivo receber *feedback* das partes interessadas sobre a(s) funcionalidade(s) do produto que foi construído na *sprint*.

> **Conceito de melhoria contínua do produto**
>
> O evento de revisão tem relação com o conceito de melhoria contínua. A equipe discute sobre os aspectos que podem melhorar no **produto** para o próximo ciclo, e isso se repete em todos os ciclos, de modo a tornar o produto cada vez melhor.

Box 15.2 Conceito de melhoria contínua aplicada ao produto

A Figura 15.5 representa o evento de revisão da *sprint* no formato de processo.

Figura 15.5 Revisão da *sprint* representado em uma visão de processo.

Dinâmica

- O *product owner* e a equipe de desenvolvimento falam com os *stakeholders* sobre a meta da *sprint*.
- A equipe de desenvolvimento demonstra o que foi concluído e responde às perguntas dos participantes.
- O *feedback* dos participantes deve ser utilizado para atualização do *product backlog* e para melhorar o entendimento da equipe sobre o produto.

15.1.4 Reunião de retrospectiva (*sprint retrospective*)

Esse evento ocorre logo após a revisão da *sprint*, porém com propósito e público diferentes. Reúnem-se os membros da equipe de desenvolvimento, o *product owner* e o *Scrum master*. O objetivo da reunião é obter *feedback* dos participantes sobre a experiência durante o processo de desenvolvimento do produto e identificar oportunidades de melhorias no processo.

> ### Conceito de melhoria contínua do processo de desenvolvimento
>
> O evento de retrospectiva também tem relação com o conceito de melhoria contínua, só que do processo. A equipe discute sobre os aspectos que podem melhorar no processo de desenvolvimento do produto para o próximo ciclo, e isso se repete em todos os ciclos, de modo a tornar o processo cada vez melhor.

Box 15.3 Conceito de melhoria contínua aplicada ao processo de desenvolvimento do produto

Regras importantes, compartilhadas com os participantes para que a retrospectiva tenha bons resultados, são:

- Focalizar oportunidades de melhoria e não procurar culpados.
- Ouvir as exposições de mente aberta. Todos os *feedbacks* são positivos.
- Avaliar a perspectiva cronológica, procurando determinar se a situação ocorre desde as primeiras *sprints* ou ocorreu apenas na última *sprint*.

Após compartilhar as regras com os participantes, uma das dinâmicas utilizadas para obter bons resultados na retrospectiva é a técnica parar, continuar e começar.

A Figura 15.6 representa o evento de retrospectiva da *sprint* no formato de processo.

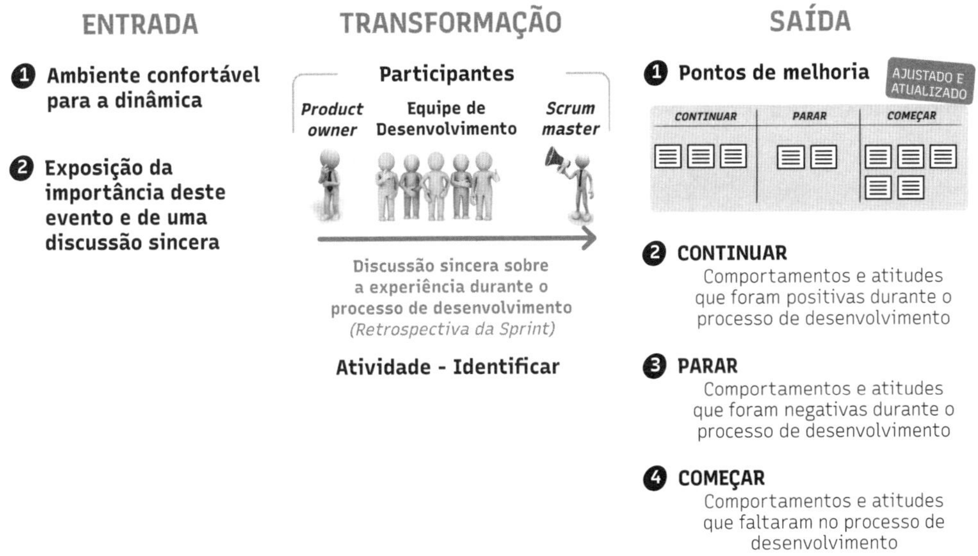

ENTRADA

❶ Ambiente confortável para a dinâmica

❷ Exposição da importância deste evento e de uma discussão sincera

TRANSFORMAÇÃO

Participantes
Product owner — Equipe de Desenvolvimento — Scrum master

Discussão sincera sobre a experiência durante o processo de desenvolvimento
(Retrospectiva da Sprint)

Atividade - Identificar

SAÍDA

❶ Pontos de melhoria *AJUSTADO E ATUALIZADO*

CONTINUAR | PARAR | COMEÇAR

❷ **CONTINUAR**
Comportamentos e atitudes que foram positivas durante o processo de desenvolvimento

❸ **PARAR**
Comportamentos e atitudes que foram negativas durante o processo de desenvolvimento

❹ **COMEÇAR**
Comportamentos e atitudes que faltaram no processo de desenvolvimento

Figura 15.6 Retrospectiva da *sprint*.

Dinâmica

- O facilitador da reunião, que pode ser o *Scrum master*, escreve em um quadro branco ou em três *post-its* as palavras CONTINUAR, PARAR e COMEÇAR, e cola na parede ou quadro.
- Cada um dos participantes deverá escrever em *post-its* de forma anônima, conforme a seguinte orientação:
    - CONTINUAR – Escrever algo que viu a equipe fazer durante a *sprint*, foi positivo e que a equipe deveria continuar fazendo.
    - PARAR – Escrever algo que viu acontecer durante a *sprint* que acha que não deveria se repetir na próxima, pois prejudicou o desempenho do processo de desenvolvimento.
    - COMEÇAR – Escrever algo que não viu a equipe fazer durante a *sprint* que precisa começar a ser a partir da próxima.
- Assim que todos terminarem, devem colar os *post-its* abaixo das colunas.
- O facilitador vai à frente e promove uma discussão sobre as anotações. Identificando oportunidades de melhoria, constrói junto com a equipe as ações de correção.
- Essas ações são compartilhadas e direcionadas para responsáveis, e passam a fazer parte das tarefas da próxima *sprint*.
- Na próxima retrospectiva, a equipe repete a dinâmica e inspeciona se as ações foram realizadas.

Esse evento é o último da *sprint*. Ao ser concluído, o ciclo deve recomeçar a partir do planejamento da *sprint*.

15.2 Cenas dos Próximos Capítulos

Neste capítulo, conhecemos os eventos do *framework Scrum*. O evento é um processo, com entrada – que pode ser um artefato do *Scrum* – e saída, que pode ser a constituição de um novo artefato. Por exemplo, o planejamento da *sprint* tem como entrada o *product backlog* e no final do planejamento a equipe sai com o *sprint backlog*. No próximo capítulo, conheceremos a equipe que opera o projeto ágil.

RESUMO

- Os eventos são reuniões programadas e fixas em um projeto ágil do *framework Scrum*.

- Sequência dos eventos do *Scrum* – *sprint planning, daily/standup meeting, sprint review, sprint retrospective*.

- *Sprint planning* – inicia-se com o *backlog* do produto e tem como saída a meta e o *backlog* da *sprint* (lista de tarefas do projeto).

- *Daily/standup meeting* – é um evento com o *timebox* de 15 minutos, que deve ocorrer todos os dias, no mesmo horário e local. A ideia é que todos os membros participem da reunião em pé com o intuito de ser curta e objetiva.

- *Sprint review* – Este evento tem como objetivo receber *feedback* das partes interessadas sobre a(s) funcionalidade(s) do produto que foi construído na *sprint*.

- *Sprint retrospective* – O objetivo da reunião é obter *feedback* dos participantes sobre a experiência durante o processo de desenvolvimento do produto e identificar oportunidades de melhorias no processo.

- Os eventos de revisão e retrospectiva da *sprint* são igualmente importantes e focalizam o conceito de melhoria contínua; o evento de revisão, a melhoria contínua no produto e a retrospectiva no processo.

Acesse o **ambiente virtual de aprendizagem** para aprofundar seu conhecimento por meio de exercícios, casos, mapas mentais e outras atividades.

16
EQUIPES DE PROJETOS ÁGEIS

APRESENTAÇÃO

Neste capítulo, estudaremos a **organização das equipes de projetos ágeis**. Definiremos os papéis que as compõem e as competências importantes para seus integrantes.

Ao completar o estudo deste capítulo, você deverá ser capaz de entender, explicar e utilizar as seguintes ideias e/ou ferramentas:

- O que é uma equipe de projeto ágil.
- Papéis na estrutura ágil.
- Como montar uma estrutura ágil.
- Exemplo de configurações das estruturas ágeis: *squad*, *chapter* e guildas.

16.1 Equipe Ágil

Como outras equipes de projeto, a equipe de um projeto ágil é uma organização temporária alojada dentro de uma estrutura permanente – como uma empresa. Na equipe ágil, todos são pares – não há distinções hierárquicas.

A equipe ágil tem identidade própria, que a diferencia das equipes dos projetos preditivos.

(1) A equipe ágil é a "antítese" da equipe do projeto tradicional.
- **Tradicional** (também chamado *waterfall* ou **cascata**) é um **modelo linear** de desenvolvimento de *software* no qual o produto passa por uma sequência de etapas, cada uma podendo ser executada por uma equipe diferente, para ser entregue aos usuários no final. Esse modelo é amplamente usado em projetos de todos os tipos, cujo escopo seja organizado segundo o critério do processo ou ciclo de vida do desenvolvimento do produto.[1] Você pode recapitular esse modelo no Capítulo 4. A Figura 16.1 representa o modelo sequencial para os projetos de desenvolvimento de *software*.

---

1 Winston W. Royce, que divulgou o modelo em 1970, no contexto do desenvolvimento de *software*, não usou o termo *waterfall* em seu *paper* original e, mais que isso, criticou a sequência de mão única, advogando as iterações para introduzir aprimoramentos no produto. Iterações não apenas de uma etapa para outra, mas também das mais adiantadas para as mais remotas. Ver http://www-scf.usc.edu/~csci201/lectures/Lecture11/royce1970.pdf.

REQUISITOS → DESIGN → DESENVOLVIMENTO → TESTE E GARANTIA DA QUALIDADE → OPERAÇÃO E MANUTENÇÃO

Figura 16.1 Organização do projeto tradicional.

- No mundo do desenvolvimento do *software*, o método tradicional pressupõe uma entrega única, processada por equipes distintas, interligadas no mesmo processo.
- A equipe ágil, por outro lado, integra todos os participantes da sequência tradicional em uma única equipe, que trabalha sob a orientação de um *Scrum master* e um *product owner*. Todos os especialistas que trabalhariam em equipes distintas, em um projeto tradicional, juntam-se em uma equipe singular.

(2) A equipe ágil é multifuncional.

- A equipe ágil, integrando os especialistas das diversas fases do desenvolvimento do produto, tem a configuração de uma equipe multidisciplinar autônoma.
- As equipes multifuncionais contêm todas as habilidades e conhecimentos necessários para desenvolver as funcionalidades do produto de ponta a ponta, desde o desenho até a entrega, não dependendo de outras equipes para desenvolver o projeto ou tomar decisão.
- Algumas equipes multifuncionais integram o representante ou o cliente na equipe. Isso tende a acelerar a tomada de decisões e as iterações.

(3) A equipe ágil trabalha para transformar requisitos em produtos.

- Diferentemente das equipes de projetos preditivos, que trabalham para desenvolver um produto definido de início, a equipe ágil começa com requisitos, ordenados em um *backlog*, e os transforma em produtos ao longo do projeto.
- O *backlog* do produto não contém todos os requisitos do produto para iniciar o desenvolvimento. O contexto é de incerteza e complexidade, que exigem flexibilidade e capacidade de se adaptar a mudanças frequentes de escopo.

(4) A equipe ágil é auto-organizada e autônoma.

As equipes ágeis têm responsabilidade e autonomia para criar uma estrutura interna para desenvolver o produto, podendo substituir, requisitar treinamento ou reorganizar os membros da equipe quando necessário.

A autogestão não apenas facilita o processo decisório, mas também exerce o efeito motivacional próprio dos grupos empoderados.

16.2 Papéis na Estrutura Ágil

A estrutura ágil, segundo a metodologia *Scrum*, é construída com três papéis principais: *product owner*, *Scrum master* e desenvolvedores do produto – e esses três papéis compõem o *Scrum team*, a equipe propriamente dita (Figura 16.2). É a **equipe nuclear**, ao redor da qual gravitam os papéis acessórios.

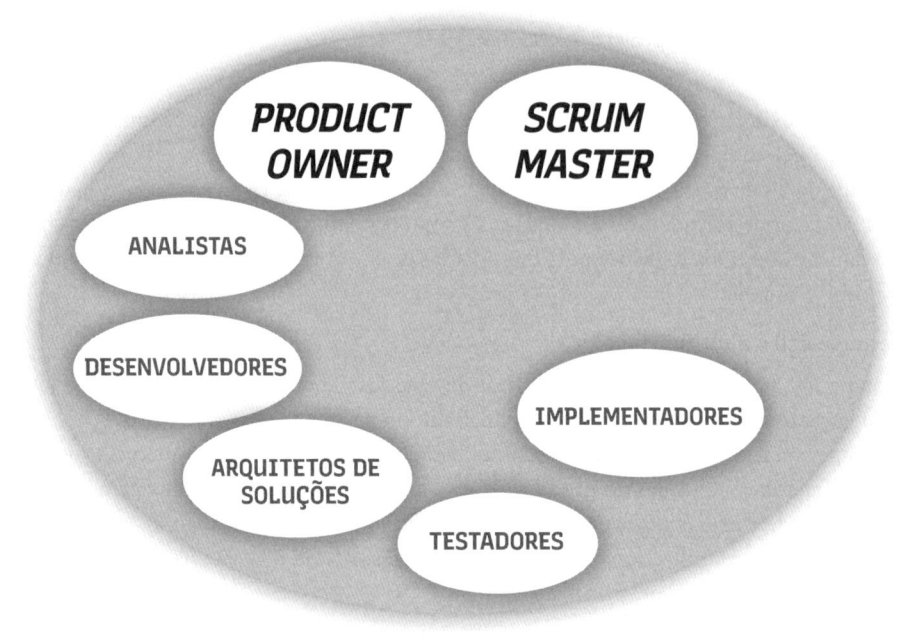

Figura 16.2 *Scrum team* ou equipe ágil.

(1) **Product owner (PO)** – É o **principal responsável** pelo produto que está sendo desenvolvido no projeto. Suas tarefas mais importantes envolvem entender, definir e priorizar os requisitos de negócios e garantir que sejam entregues os de maior valor para o cliente e de maneira antecipada, nas primeiras iterações do ciclo de desenvolvimento. O PO representa a **voz do cliente** no projeto.

(2) ***Scrum master*** – É o líder do time, em uma função de **líder servidor**. É o facilitador do trabalho da equipe, trabalhando para remover os impedimentos do projeto e garantir o fluxo de trabalho. O *Scrum master* é o *expert* que ensina a metodologia *Scrum* aos membros do time. É o orientador, diferentemente do gerente de projetos preditivos, que lidera e comanda. Qualquer pessoa da equipe que tenha habilidades de liderança, conheça a metodologia ágil e saiba ensiná-la pode ser o *Scrum master*.

(3) **Desenvolvedores do produto** – São os membros da equipe que desenvolvem o produto e garantem que, ao final da iteração, um produto ou incremento seja entregue. Os desenvolvedores podem ser: analistas de TI, engenheiros de *software*, analistas de marketing, desenvolvedores de *software*, testadores, arquitetos de soluções, implementadores. Em suma, os desenvolvedores de produto criam e entregam o produto.

Veremos mais detalhes sobre os papéis do *product owner* e do *Scrum master* nos próximos dois capítulos.

16.3 Papéis Acessórios[2]

Os papéis acessórios estão envolvidos indiretamente na equipe *Scrum*, nem sempre em tempo integral, mas com impacto sobre o projeto. Coletivamente, são chamados **stakeholders**. Os mais importantes são: clientes, usuários e *sponsors*.

(1) **Clientes** – São os indivíduos ou organizações que compram o produto do projeto. Podem ser internos ou externos, dependendo do modelo de negócios.

(2) **Usuários** – São pessoas ou organizações que usam diretamente o produto do projeto. Assim como os clientes, podem ser internos ou externos.

(3) **Sponsor** – É o indivíduo ou organização que fornece recursos e apoio para o projeto. No final das contas, todos os participantes prestam contas ao *sponsor*.

Veja na Figura 16.3 a visão de conjunto da equipe nuclear e os papéis acessórios.

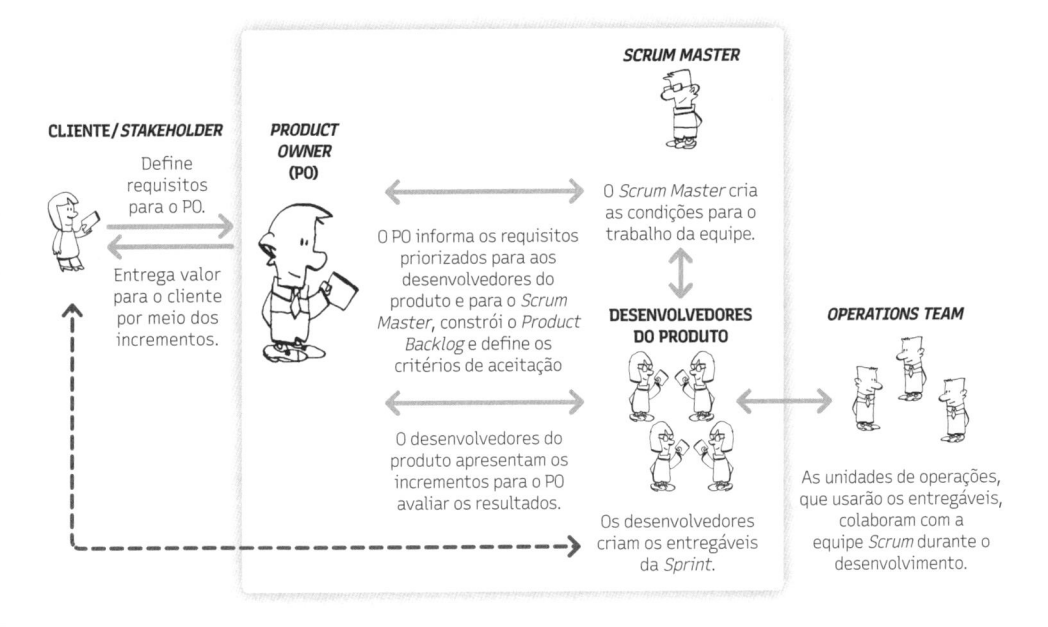

Figura 16.3 Equipe nuclear e papéis acessórios.

16.4 Estruturas Ágeis

O *Scrum team* é a menor unidade de trabalho no projeto ágil, também conhecida como *squad*. As *squads* se combinam de diferentes maneiras para desenvolver produtos em escala na organização.

Quando é necessário ganhar escala para a produção de um produto, organizações buscam e testam configurações específicas. Imagine que existam dez diferentes *Scrum teams* produzindo partes específicas do mesmo produto, com autonomia para tomar decisões e desenvolver parte deste produto

---

[2] SUTHERLAND, Jeff. SCHWABER, Ken. *The Scrum Guide*. Disponível em: https://www.scrum.org/resources/scrum-guide. Acesso em: ago. 2021.

ponta a ponta. Concorda que poderiam acontecer diferentes tipos de problemas durante esse processo? Por exemplo, falta de padronização, alinhamento e estratégia.

Por esse motivo, as organizações utilizam modelos de configurações para garantir o alinhamento entre as equipes. Um modelo que se tornou uma referência global foi a da empresa Spotify. A ideia não é copiar o modelo de configuração adotado por essa empresa, e sim fornecer *insights* que possam ajudá-los a construir modelos apropriados para problemas organizacionais específicos. Abordaremos alguns aspectos dessa configuração nos próximos capítulos.

16.4.1 Tribos e capítulos

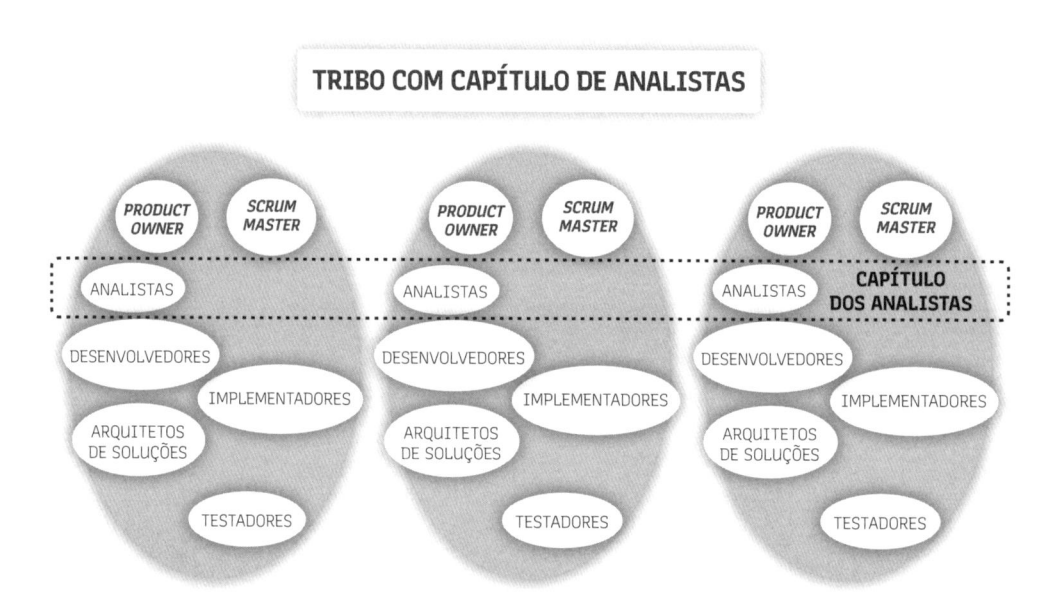

Figura 16.4 Tribo é um conjunto de *squads* e capítulo é um grupo de pessoas com a mesma especialidade.

Tribos são **grupos de *squads*** focadas em um produto ou área específica do negócio. Por exemplo, o desenvolvimento de funcionalidades de um aplicativo móvel que a empresa oferece ao mercado, ou uma tribo focada na parte visual do aplicativo e outra tribo na eficiência do código.

Além das tribos, existem os **capítulos** ou **seções**, formados por especialistas com a mesma ocupação, que compartilham experiências e conhecimentos. Por exemplo, um capítulo pode ser formado pelos especialistas em teste e garantia da qualidade de todas as *squads*.

A justificativa para essa configuração é que especialistas que trabalhem em diferentes *squads* possam se reunir esporadicamente para trocar informações sobre soluções técnicas.

As tribos também têm um líder, responsável por fornecer o ambiente adequado para todos os *squads* nela contidos.

16.4.2 Guildas

Guilda é um grupo de pessoas que compartilham um interesse, sobre o qual trocam informações, ideias e experiências.

> **Insight**
> Esse modelo de configuração organizacional é uma sugestão, dentre diversas maneiras que existem, para gerar integração entre os colaboradores de uma empresa, além de promover inovação com discussões de pessoas com diferentes especialidades que possuem assuntos em comum.

Box 16.1 Motivação para o uso deste modelo de configuração organizacional

A guilda é composta de pessoas de diferentes especialidades, ao contrário do capítulo, que é monodisciplinar. Os integrantes da guilda comunicam-se por meio de fóruns, eventos/*workshops*, listas de *e-mail*, grupos de WhatsApp etc.

Um dos objetivos da guilda é o desenvolvimento de conhecimentos sobre o tema de interesse, especialmente quando se trata de uma inovação ou transformação na empresa. Por exemplo, as pessoas na guilda podem querer aprender sobre *blockchain* ou servitização.

A Figura 16.5 representa uma guilda.

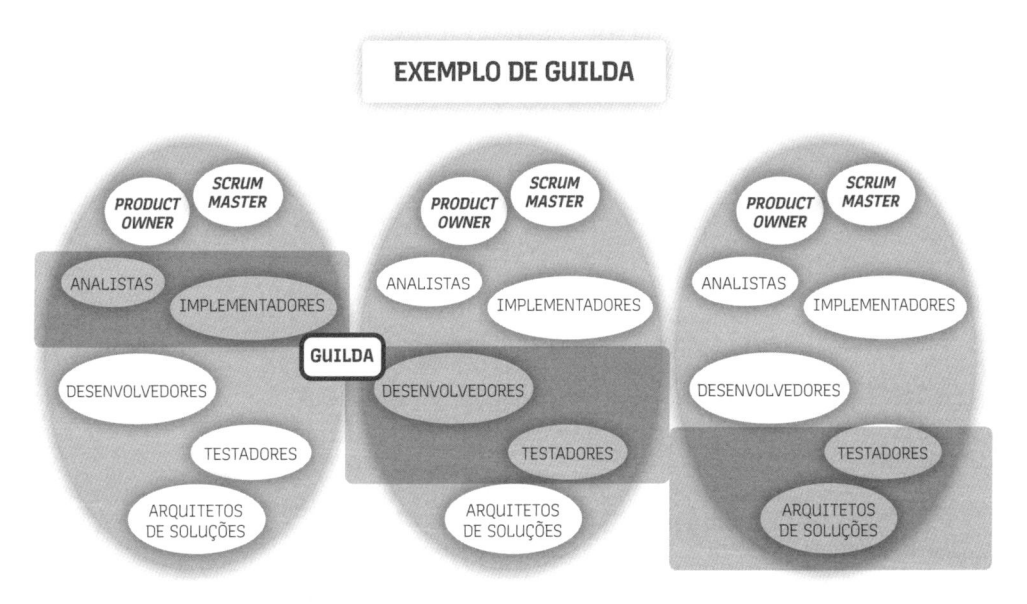

Figura 16.5 Exemplo de guilda.

16.4.3 Projetos ágeis de grande porte

Projetos ágeis de grande porte, que envolvem muitos *Scrum teams*, exigem um **chief product owner** e um **chief Scrum master**. Essas nomenclaturas variam, dependendo da metodologia e *framework*, mas o papel e valores são equivalentes.

- **Chief product owner** – O CPO coordena o trabalho dos diversos PO, que o ajudam a preparar e manter o *backlog global* priorizado do projeto de grande porte. O CPO é responsável pela entrega do resultado final, enquanto o PO de cada equipe é responsável apenas pelos componentes e requisitos em desenvolvimento dentro de sua equipe. O CPO também deve priorizar demandas concorrentes apresentadas pelos PO com base em suas interações com os *stakeholders*. Cabe ao CPO, ainda, desenvolver a lista dos componentes e recursos comuns a todas as equipes, em colaboração com os PO e o *chief Scrum master*.

- **Chief Scrum master** – O CSM trabalha para que a informação de cada equipe seja comunicada a todas as outras, promove a colaboração e resolve conflitos entre as equipes, e também ajuda o CPO, os *Scrum masters* e os PO a desenvolver a lista de componentes e recursos comuns às equipes.

16.4.4 Portfólio ágil

O portfólio ágil abrange todos os produtos de um mesmo tipo, ou que tenham o mesmo objetivo, ou que pertençam à mesma unidade de negócios, ou à totalidade dos projetos ágeis da organização. O *backlog* priorizado do portfólio compreende os *backlogs* de todos os produtos do portfólio. Aos portfólios estão associados o PO do portfólio e o *Scrum master* do portfólio. Seu papel é similar àqueles que estão no nível da equipe, mas alcança todos os produtos e projetos de uma unidade de negócios ou da organização.

16.5 Cenas dos Próximos Capítulos

Na estrutura organizacional ágil, temos papéis importantes, como *Scrum master* e *product owner*, que diferem dos papéis dos projetos preditivos. Veremos mais sobre eles nos próximos capítulos.

RESUMO

- A equipe ágil é "antítese" da equipe do projeto tradicional, é multifuncional e trabalha para transformar requisitos em produtos.

- A equipe ágil é auto-organizada e autônoma.

- Os papéis de uma equipe ágil são: o *Scrum master*, o *product owner* e os desenvolvedores do produto.

- Os papéis acessórios são: clientes, usuários e *sponsor*.

- A equipe ágil pode ser chamada de *Scrum team* ou *squad*.

- As estruturas ágeis são diferentes tipos de configuração organizacional utilizada para suportar a produção escalada de um produto.

- Três configurações conhecidas são: tribos, capítulos ou seções, e guildas.

- Nos projetos ágeis de grande porte, temos os papéis de *chief product owner* e *chief Scrum master*. Essas nomenclaturas variam, dependendo da metodologia e *framework*, mas o papel e valores são equivalentes.

Acesse o **ambiente virtual de aprendizagem** para aprofundar seu conhecimento por meio de exercícios, casos, mapas mentais e outras atividades.

17
PRODUCT OWNER

APRESENTAÇÃO

Neste capítulo, estudaremos um dos principais papéis praticados dentro da estrutura organizacional ágil, o *product owner*. Veremos as responsabilidades, competências e posicionamento que esse papel assume em um projeto.

Ao completar o estudo deste capítulo, você deverá ser capaz de entender, explicar e utilizar as seguintes ideias e/ou ferramentas:

- Papel do *product owner*.
- Atividade de *grooming*.
- Principais competências.

17.1 Product Owner

Product owner (PO) é um papel que pode ser desempenhado por um integrante do time, em qualquer tipo de projeto que demande o esforço direcionado para determinado produto.

A pessoa que desempenha esse papel precisa conhecer a fundo as necessidades do cliente, interno ou externo, e deve obrigatoriamente saber priorizar e negociar as demandas com o cliente e a equipe ágil. As principais funções do PO são:

- Construir a visão do produto.
- Construir e gerenciar o *backlog* do produto e o relacionamento com as partes interessadas.
- Garantir a comunicação entre o cliente e a equipe.
- Orientar a equipe sobre o que é prioritário e o que deve ser construído.
- Tomar decisões sobre o produto.
- Definir os critérios de aceite do requisito.

O PO terá que construir junto ao cliente a visão do produto e disseminá-la entre todos os envolvidos. A visão ajuda o *product owner* na comunicação, priorização e ordenação do *product backlog*. Em algumas organizações, no caso de o PO não ter disponibilidade de tempo para ajudar nas atividades de desenvolvimento do produto, ele pode nomear um colaborador da organização para realizar o papel de PO intermediário.

> **PO Proxy** – Um colaborador que intermedeia a relação entre a equipe e o PO, quando este é muito ocupado.

Box 17.1 Exemplo de PO intermediário

17.2 *Grooming* ou Refinamento

Grooming ou refinamento é o processo de aprimorar o *backlog*. A atividade de *grooming* envolve:

- Identificação, priorização e ordenação de novos itens do *backlog*.
- Descrição das **user stories** e fracionamento das grandes histórias (épicos) em histórias menores.
- Exigir relacionamento direto com os *stakeholders* e com a equipe ágil:
  - com os *stakeholders*, para entender as necessidades do produto e avaliar quais têm maior ou menor valor, priorizando a lista;
  - com a equipe, para definir a meta da *sprint*, dos *user stories* que serão desenvolvidos e para apoiar a equipe no entendimento da demanda.
- A atividade de *grooming* é realizada constantemente pelo PO, que pode definir uma cadência para reunir outros participantes para ajudá-lo no refinamento.

A relação entre o **valor das histórias** e o **esforço necessário para realizá-las** é o que ajuda o *product owner* na ordenação do *product backlog*.

> Quanto menor o esforço exigido e maior o valor que o item agrega para o produto, mais prioritário ele se torna no *backlog*, ou seja, mais acima na lista.

Box 17.2 Regra para a priorização

Construir essa relação é uma tarefa que exige **habilidade de relacionamento** por parte do PO. O grande desafio é saber dizer "**não**" para algumas das solicitações dos *stakeholders*. O *product owner* conhece a capacidade produtiva da equipe ágil. Sabe, portanto, que aceitar a inclusão de todos requisitos solicitados pelos *stakeholders* pode ser um dos principais motivos de insucesso no desenvolvimento do produto, como vemos na Figura 17.1.

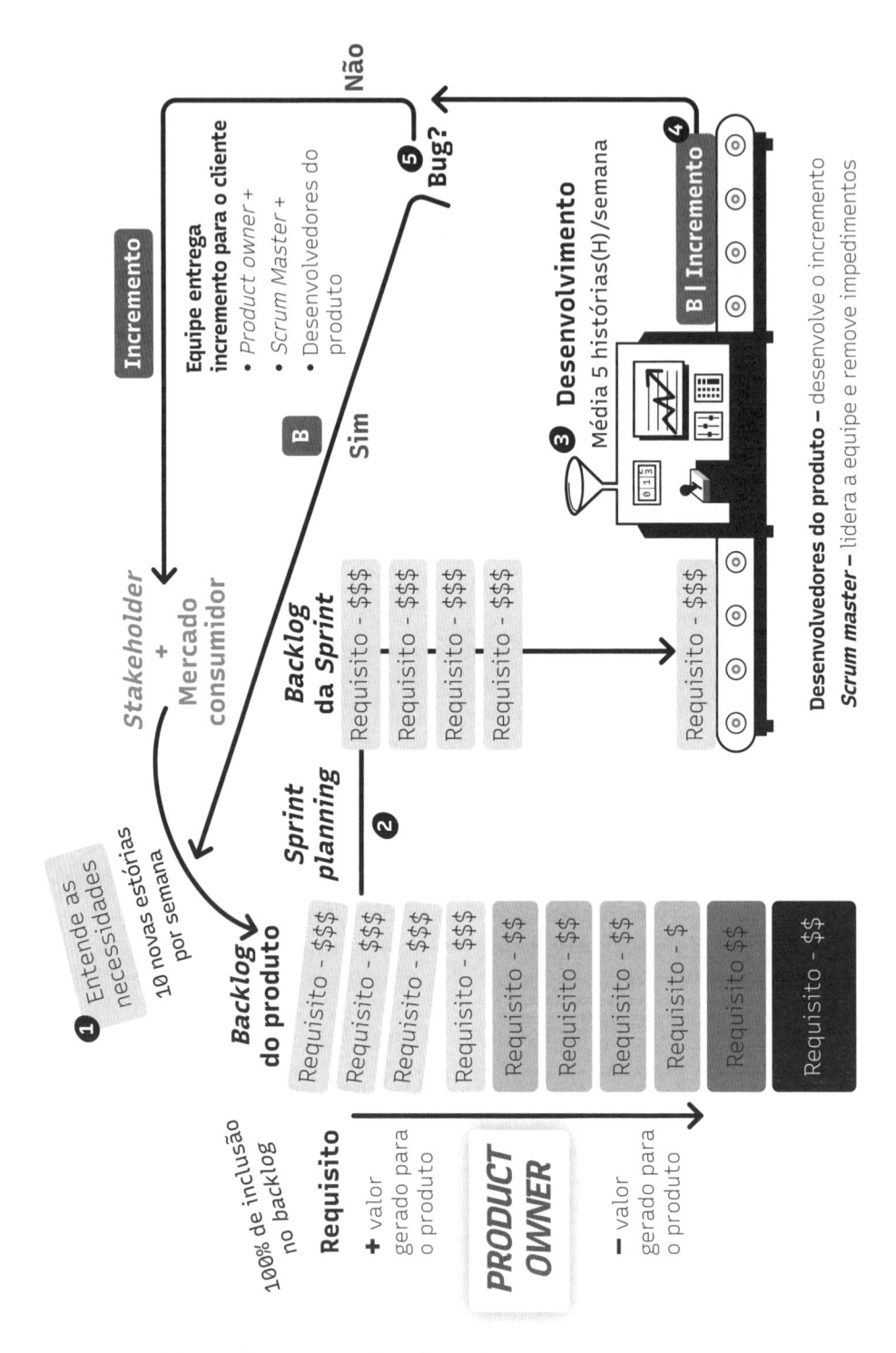

Figura 17.1 Papel do *product owner* realizando o refinamento.

A Figura 17.1 pode ser explicada a partir da seguinte sequência:

❶ o *product owner* entende a necessidade dos *stakeholders*, identifica e avalia todos os requisitos e, então, define os critérios de aceitação;

❷ na *sprint planning*, negocia com a equipe os requisitos que serão produzidos e, com base na experiência de outras *sprints*, sabe que a produtividade da equipe é de cinco requisitos por semana de desenvolvimento do produto;

❸ durante o desenvolvimento do produto, são produzidos quatro requisitos, e, durante a produção do quinto requisito, a equipe identifica um *bug* (problema) no produto, ou seja, nesta semana a equipe produziu quatro requisitos e um *bug* que vai direto para o *backlog* do produto;

❹ ao final da semana foi produzido um incremento e um *bug* foi identificado;

❺ o *bug* vai para o *backlog* do produto, a equipe e o *product owner* discutirão as opções, e o *product owner* deverá decidir a prioridade para a resolução e ordená-lo no *backlog* do produto.

Vejamos uma simulação do que acontece com o *backlog* do produto caso o *product owner* passe a aceitar todas as solicitações dos *stakeholders* (Figura 17.2):

- A equipe é capaz de produzir cinco requisitos por semana, a partir de um *backlog* inicial de 15 itens.
- Toda semana entram dez itens novos no *backlog*.

GESTÃO DO *BACKLOG* DO PRODUTO

BACKLOG INICIAL	PRODUÇÃO POR SEMANA		
15	5 = capacidade da equipe		

	(*BACKLOG* DO PRODUTO − PRODUÇÃO)	ENTRADA	*BACKLOG* DO PRODUTO
1ª SEMANA	15 iniciais − 5 = 10 itens	+10	20 itens acumulados
2ª SEMANA	15 = 20 itens da semana anterior − 5 itens	+10	Agora há 25 itens acumulados

(continua)

(continuação)

	GESTÃO DO *BACKLOG* DO PRODUTO			
	(*BACKLOG* DO PRODUTO – PRODUÇÃO)	ENTRADA	*BACKLOG* DO PRODUTO	
3ª SEMANA	20 = 25 da semana anterior – 5 itens	+10	Agora há 30 itens acumulados	
	(*BACKLOG* DO PRODUTO – PRODUÇÃO)	ENTRADA	*BACKLOG* DO PRODUTO	
4ª SEMANA	25 = 30 da semana anterior – 5 itens	+10	Agora há 35 itens acumulados	

Figura 17.2 Simulação dos itens do *backlog* durante quatro semanas com o *product owner* aceitando todas as solicitações dos *stakeholders*.

Nessa situação, o *backlog* do produto só tende a crescer. Isso, pressupondo que não ocorram *bugs*, que podem entrar como itens do *backlog*, ou aprimoramento do desempenho da equipe, fazendo a produção dos requisitos aumentar progressivamente.

A simulação mostra a importância de o *product owner* atuar como avaliador crítico das solicitações para inclusão de requisitos no *backlog* do produto.

17.3 Principais Habilidades

O desempenho do papel de *product owner* envolve competências que examinaremos nesta seção do capítulo.

17.3.1 Pensamento analítico

O *product owner* deve ser capaz de decompor grandes necessidades em partes menores de maneira simples e detalhada. Uma nova solicitação pode entrar no *backlog* do produto com descrição voltada para o negócio, fornecendo uma visão clara ao *stakeholder* do que está sendo solicitado. O *product owner* terá o trabalho de analisar e decompor essa necessidade em granularidade menor e elaborar os critérios de aceitação do requisito/*user story*.

Conversa do PO com o cliente para desenho macro do produto

Conversa do PO com o cliente para desenho detalhado das necessidades

Necessidade macro

Competência analítica

Detalhar necessidade

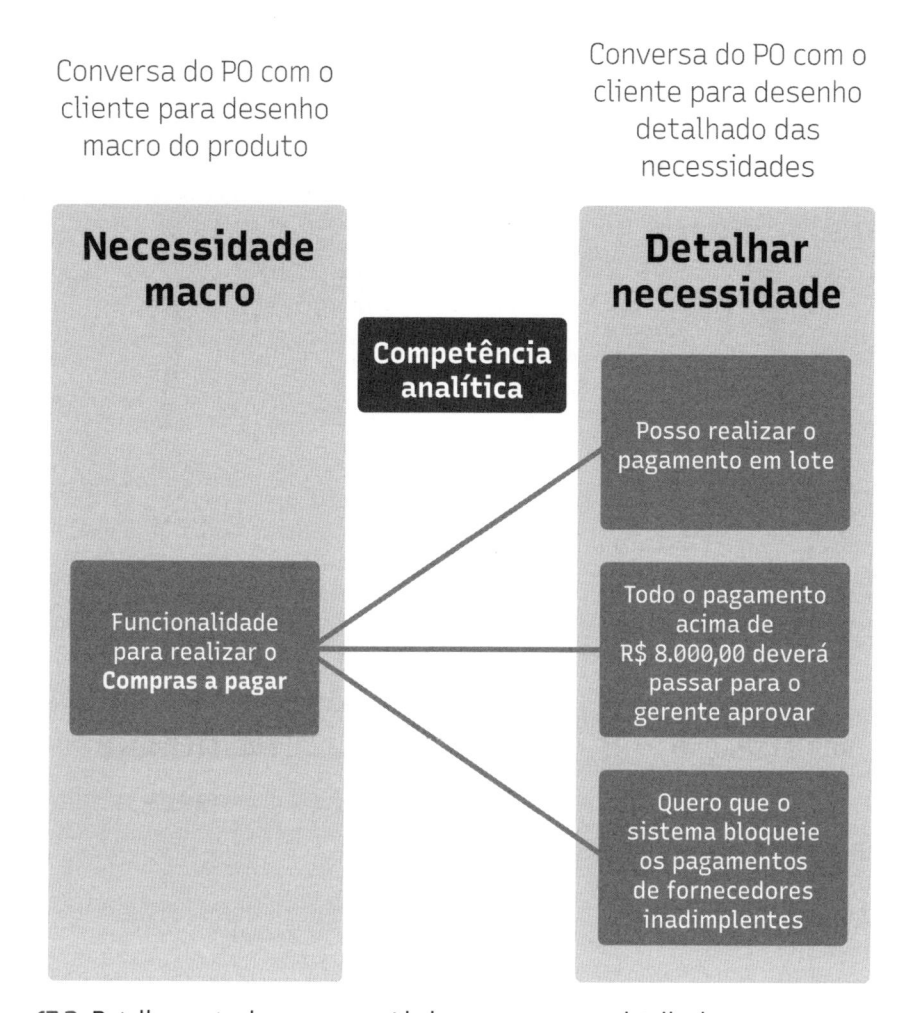

Posso realizar o pagamento em lote

Funcionalidade para realizar o **Compras a pagar**

Todo o pagamento acima de R$ 8.000,00 deverá passar para o gerente aprovar

Quero que o sistema bloqueie os pagamentos de fornecedores inadimplentes

Figura 17.3 Detalhamento de uma necessidade macro para ser detalhada.

17.3.2 Negociação

O PO precisa saber negociar com o cliente e com o time do projeto os itens que serão desenvolvidos em cada iteração e renegociar, quando necessário, a maneira como o produto será entregue.

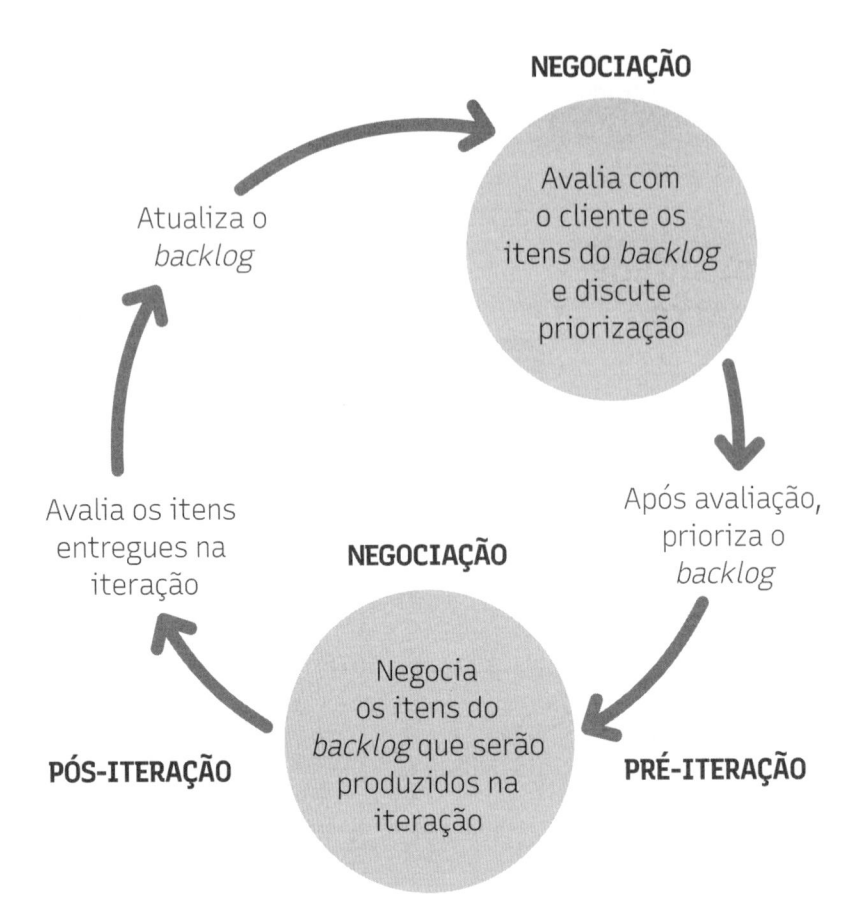

Figura 17.4 Ciclo de negociação.

NEGOCIAÇÃO
- Avalia com o cliente os itens do *backlog* e discute priorização
- Atualiza o *backlog*
- Após avaliação, prioriza o *backlog*

NEGOCIAÇÃO
- Negocia os itens do *backlog* que serão produzidos na iteração
- Avalia os itens entregues na iteração

PÓS-ITERAÇÃO — **PRÉ-ITERAÇÃO**

17.3.3 Comunicação

O PO deve ser um excelente comunicador, para compartilhar com facilidade a visão do produto da maneira mais clara possível para diferentes públicos. Essa capacidade abrange a excelência no domínio oral quanto no escrito. Além disso, o PO deve ser um ouvinte ativo, evitando os monólogos.

17.4 Cenas dos Próximos Capítulos

Neste capítulo, vimos o papel do responsável pelo produto e por organizar e priorizar os requisitos que serão desenvolvidos. No próximo capítulo, veremos o papel do responsável pelo processo de desenvolvimento do produto e liderança da equipe – o *Scrum master*.

RESUMO

- O *product owner*/dono do produto é o responsável pelo produto, é o que constrói a visão do produto.

- Ele também é responsável por construir o *backlog* do produto e fazer o refinamento/*grooming* do *backlog* do produto.

- O *product backlog* pode ser considerado uma lista de desejos para determinado produto.

- Refinamento ou *grooming* é o processo de aprimorar o *backlog*: ordenar os requisitos dos mais prioritários para os menos prioritários e detalhá-los para que a equipe ágil tenha condições de realizar a *sprint planning*.

- O PO se relaciona diretamente com o cliente interno e/ou externo e define as prioridades do *backlog* do produto.

- Principais habilidades: pensamento analítico, capacidade de negociar e se comunicar.

Acesse o **ambiente virtual de aprendizagem** para aprofundar seu conhecimento por meio de exercícios, casos, mapas mentais e outras atividades.

18
SCRUM MASTER

APRESENTAÇÃO

Neste capítulo, estudaremos um dos principais papéis praticados na gestão ágil de projetos, o ***Scrum master***. Focalizaremos nas responsabilidades e habilidades exigidas deste papel.

Ao completar o estudo deste capítulo, você deverá ser capaz de entender, explicar e utilizar as seguintes ideias e/ou ferramentas:

- O líder da equipe.
- Principais atividades.
- O agente de mudança.

18.1 Scrum Master

Scrum master é papel que pode ser exercido por alguém da equipe ágil que tenha habilidades de liderança, comunicação, resolução de problemas e tomada de decisão. É o **mestre**, responsável pelo funcionamento do processo *Scrum* e seus três elementos fundamentais: papéis, eventos e artefatos.

> O *Scrum master* é o responsável pelo processo de desenvolvimento do produto e o líder da equipe ágil, enquanto o *product owner* é o responsável pelo produto.

Box 18.1 Diferença entre os papéis do *Scrum master* e *product owner*

O ocupante do papel de *Scrum master* se relaciona diretamente com três entidades do projeto ágil: *product owner*, desenvolvedores do produto e organização. A Figura 18.1 ilustra os relacionamentos e as atividades que precisam ser executadas para este papel cumprir sua missão.

Entre suas funções mais importantes, o *Scrum master*:

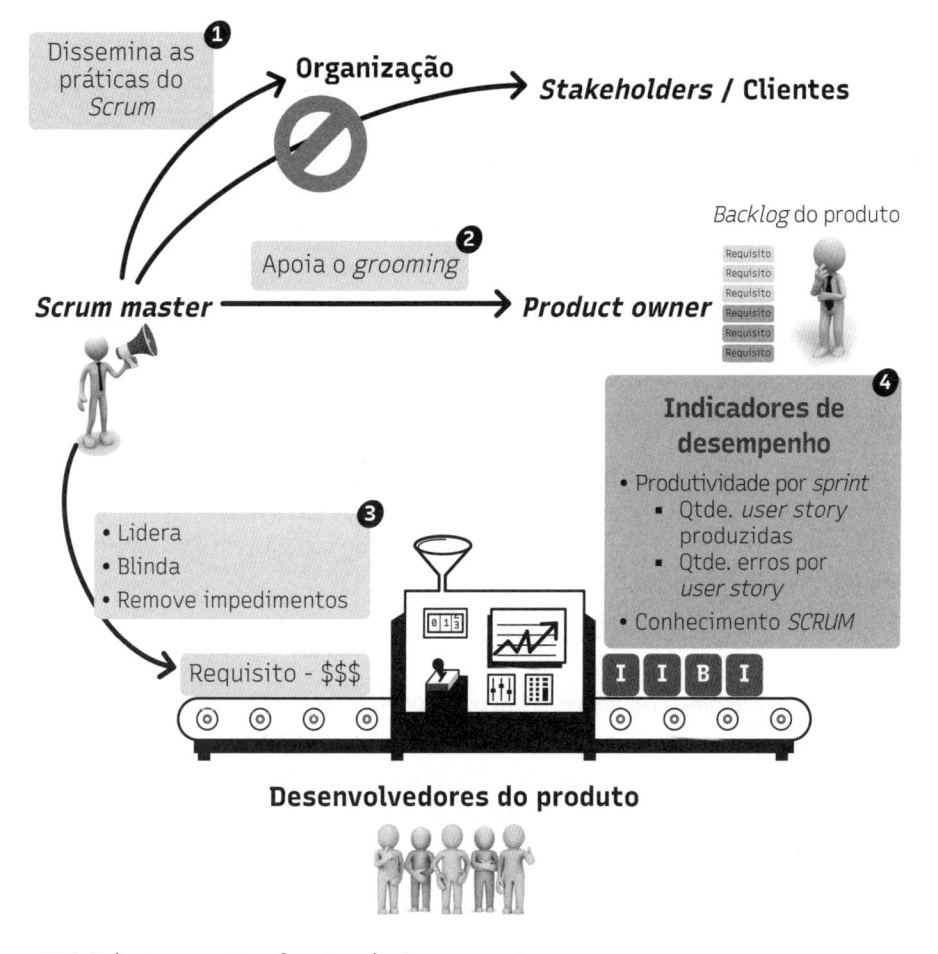

Figura 18.1 Relacionamento e funções do *Scrum master*.

(1) Dissemina as práticas do *Scrum* e os valores do ágil para a equipe e organização.
(2) Apoia o *grooming*/refinamento do produto.
(3) Lidera, blinda e remove os impedimentos da equipe ágil.
(4) Gera e acompanha junto com a equipe os indicadores de desempenho do processo de desenvolvimento do produto.

18.1.1 Dissemina as práticas do *Scrum* na organização

O *Scrum Master* estabelece junto com a equipe os aprimoramentos e correções no processo de desenvolvimento de produtos e na aplicação do *Scrum*. Disseminar o *framework*, mostrando a importância dos conceitos e ferramentas, envolve, por exemplo:

- ensinar e reforçar o manifesto ágil para a equipe e na organização;
- ser o mentor da equipe para os eventos, papéis e responsabilidades e o processo *Scrum*;
- desenvolver a capacidade de solução de problemas da equipe, para que alguns dos impedimentos não sejam recorrentes ou que até mesmo não ocorram.

18.1.2 Apoia o *grooming*

O *Scrum master* pode apoiar o *product owner* no processo de refinamento do *backlog* do produto. O *Scrum master* ajuda o PO com recomendações sobre a organização do *backlog* do produto, já que conhece muito bem a capacidade produtiva da equipe.

18.1.3 Líder servidor, blinda a equipe e remove impedimentos

Uma das maneiras de melhorar o processo de desenvolvimento consiste em realizar o acompanhamento individual, observando e liderando os membros da equipe, atuando como mentor dos desenvolvedores.

O *Scrum master* facilita por meio da liderança e trabalha para que os impedimentos do projeto não atrapalhem as metas estabelecidas. Por exemplo:

(1) O cliente está ansioso e quer saber como está o desenvolvimento do produto e para isso deseja consultar algum membro do time, solicitando reuniões ou fazendo abordagens informais. Nessa situação, o *Scrum master* blinda a equipe, interrompendo a abordagem do cliente e orientando-o sobre as práticas *Scrum*.

(2) A equipe precisa de uma informação de outra área que está demorando para responder. Neste caso, o *Scrum master*:
- verifica se o membro da equipe tem condições de resolver este impedimento e o orienta (mentoria);
- caso não tenha condições, realiza ações, por exemplo, contatando a área envolvida ou gestor da área. Quando o impedimento está associado a relacionamento dentro da organização, é o *Scrum master* quem deverá gerenciar a situação.

(3) O cliente quer incluir requisitos no *backlog* da *sprint* durante sua execução; o *Scrum master* deverá orientá-lo que existe um evento específico para discutirem sobre o produto ou que o cliente deve buscar pelo *product owner*. Portanto, o *Scrum master* corrige e garante o fluxo de informação.

Em resumo, o *Scrum master* promove um tipo de blindagem contra interferências externas que possam atrapalhar o desempenho da *sprint*. Ele empodera e motiva a equipe, acompanhando os eventos para garantir que aconteçam da maneira correta.

18.2 Indicadores de Desempenho

Há indicadores de desempenho que podem ser acompanhados pelo próprio *Scrum master* para avaliar a qualidade do trabalho da equipe. Tratando-se de estrutura organizacional ágil, predomina o conceito de auto-organização. Assim, os indicadores são publicados e geridos pelos próprios envolvidos no processo *Scrum*.

Destacamos aqui dois que são suficientes para direcionar e melhorar os resultados do processo:

(1) Produtividade por *sprint*
- quantidade de *user stories*/requisitos produzidos;
- quantidade de *user stories*/requisitos planejados e não produzidos;
- quantidade de *bugs* por *sprint*.

(2) Conhecimento *Scrum* da equipe

Para medir o indicador de **produtividade por** *sprint*, basta quantificar e tabular em uma linha do tempo para identificar tendências. No caso do segundo indicador, o *Scrum master* pode avaliar a equipe por meio de um questionário, como mostrado no exemplo a seguir.

QUESTIONÁRIO

Conhecimentos no *framework Scrum*

Você realizará uma avaliação da sua equipe para identificar quais aspectos poderá desenvolver:

Artefatos

1. Sobre o *backlog* do produto, podemos afirmar que:
   a. É responsabilidade dos desenvolvedores do produto mantê-lo e desenvolvê-lo.
   b. O *Scrum Master* é um dos principais responsáveis.
   c. O *backlog* do produto é responsabilidade do gerente de projetos.
   d. O *backlog* do produto é de responsabilidade do *product owner* e tem apoio dos desenvolvedores do produto e do *Scrum master*.

Eventos

2. Sobre o evento de retrospectiva, a resposta mais correta é:
   a. É uma reunião opcional.
   b. É como se fosse uma reunião de encerramento, que irá acontecer ao final do projeto, mas não é tão importante.
   c. Acho que é uma reunião que em teoria é importante para avaliarmos o que poderíamos melhorar para a próxima *sprint*, mas não vejo utilidade prática.
   d. A reunião de retrospectiva ocorre ao final da *sprint* para avaliar o que poderia ser melhor para a próxima *sprint*, é o momento de "lavar a roupa suja".

Papéis e responsabilidades

3. Sobre o papel dos desenvolvedores do produto, podemos afirmar que:
   a. É responsável por desenvolver o produto e é gerenciado pelo *Scrum master*.
   b. É responsável por desenvolver o produto e é gerenciado pelo *product owner* ou gerente de projetos.
   c. É responsável por desenvolver o produto e pode interagir com o *product owner* para tirar dúvidas sobre as *user stories*.
   d. É responsável por desenvolver o produto e é auto-organizada. Tem o *Scrum master* como líder servidor e tem liberdade de interagir com o *product owner*.

Nesse exemplo, a avaliação vai da pontuação mínima 1, que é primeira resposta e incorreta, até a pontuação máxima 4, que é a melhor resposta para as questões. As respostas estão em ordem crescente de conhecimento. Essa avaliação pode ser personalizada, dependendo da maturidade da equipe ágil e da organização na qual está inserida.

Com a finalidade de exercitar esse assunto, vamos supor que a avaliação tenha sido respondida por 7 membros da equipe. Tabulando os resultados, podemos ter os seguintes gráficos e dados:

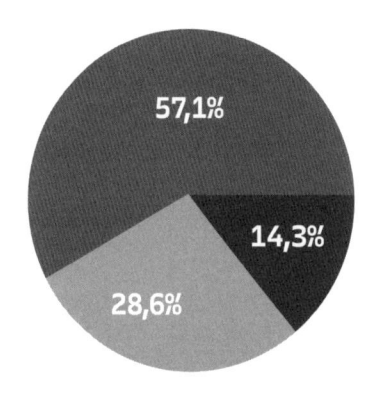

Sobre o *backlog* do produto, podemos afirmar que:

- 57,1% — É responsabilidade dos desenvolvedores do produto mantê-lo e desenvolvê-lo.
- O *Scrum master* é um dos principais responsáveis.
- 14,3% — O *backlog* do produto é responsabilidade do gerente de projetos.
- 28,6% — O *backlog* do produto é responsabilidade do *product owner* etc...

Sobre o evento de retrospectiva, podemos afirmar que:

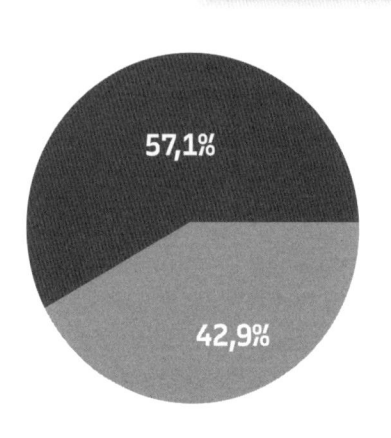

- É uma reunião opcional.
- 57,1% — É como se fosse uma reunião de encerramento, que irá acontecer ao final do projeto...
- Acho que é uma reunião que em teoria é importante para avaliarmos o que poderíamos melhorar para próxima...
- 42,9% — A reunião de retrospectativa ocorre ao final da *sprint* para avaliar o que poderia ser melhor para a próxima *sprint*, é o...

Sobre o papel dos desenvolvedores do produto, podemos afirmar que:

- 28,6% — É responsável por desenvolver o produto e é gerenciado pelo *Scrum master*.
- 71,4% — É responsável por desenvoler o produto e é gerenciado pelo *product owner* ou gerente de projetos.
- É responsável por desenvolver o produto e pode interagir com o *product owner*...
- É responsável por desenvolver o produto e é auto-organizada...

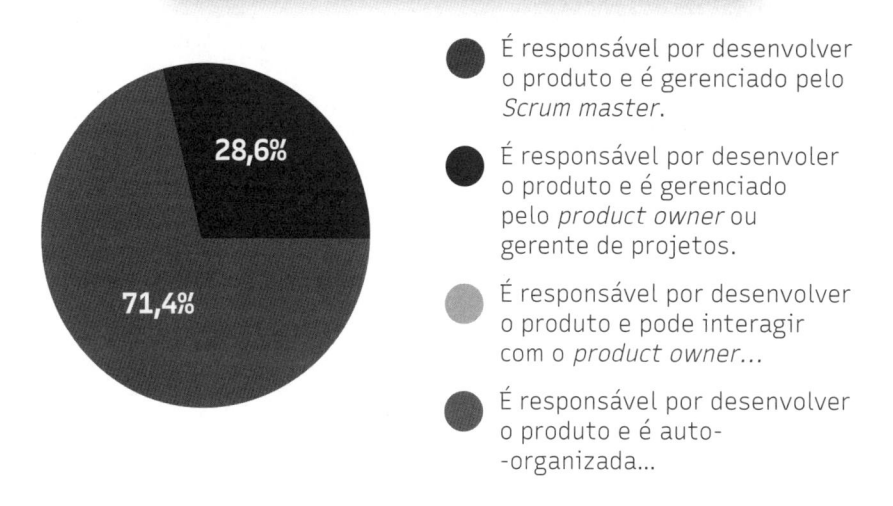

Figura 18.2 Gráfico das respostas dos membros da equipe.

Esses gráficos podem fornecer alguns *insights* importantes para o *Scrum master*:

- *Backlog* do produto: um dos sete membros acha que é responsabilidade dos desenvolvedores do produto manter o *backlog*, e, para dois membros, este artefato é de responsabilidade do gerente do projeto.
- Retrospectiva: três membros da equipe acham que este evento não é útil.
- Desenvolvedores do produto: dois dos sete membros acreditam que a equipe é gerenciada pelo *product owner* ou gerente de projetos.

O resultado desta avaliação ajuda o *Scrum master* a entender as dificuldades da equipe e a direcionar suas ações individualizadas e coletivas com a equipe. Se dois ou mais membros pontuarem baixo em uma das questões, o *Scrum master* pode realizar um *workshop*, treinamento ou até mesmo abordagens informais para desenvolver os conhecimentos.

18.3 Agente de Mudanças

O *Scrum master* é o **agente de mudanças** que implementa o *Scrum* na organização. Nesse aspecto, há duas perspectivas importantes: (1) mudança cultural e a implementação do *Scrum* e (2) as mudanças no processo de desenvolvimento para aumentar a produtividade da equipe.

(1) Para a mudança cultural e a implementação do *Scrum*, o papel de agente de mudanças foca em dois objetivos: (a) garantir a adoção do *Scrum* e (b) envolver e engajar as pessoas. Para alcançar essas duas metas, o *Scrum master* deve:

- Liderar e treinar a organização na adoção do *Scrum*.
- Conhecer bem cada uma das pessoas da equipe, entender os desejos, anseios e o que os move.

- Implementar uma estrutura organizacional de colaboração para envolver de uma maneira profunda os colaboradores interessados. Um exemplo é a guilda ou capítulo/seção, abordados no Capítulo 16.
- Promover fóruns, *workshops* e outras comunicações para aumentar a consciência e o interesse da organização nos valores da agilidade.
- Se apoiar em metodologias e técnicas de gestão de mudanças, por exemplo a metodologia da Prosci e o modelo ADKAR.

Formar *champions* da mudança para promover e replicar os conhecimentos do *framework*.

(2) O *Scrum master* identifica oportunidades e propõe oportunidades de melhoria no processo de desenvolvimento e no engajamento da equipe. Em seguida, acompanha suas recomendações, para que sejam aplicadas e sustentadas com o tempo.

Para ambas as situações, o *Scrum master* é considerado um patrocinador da mudança e precisa ter presença ativa e visível, comunicando e influenciando a mudança, para que seja efetiva.

18.4 Principais Habilidades

Para desempenhar as atividades exigidas do papel de *Scrum master*, são importantes as competências analisadas a seguir.

18.4.1 Pensamento e comportamento críticos

Passividade não pode ser atitude de quem quer melhorar continuamente os resultados da equipe. O papel de *Scrum master* precisa ser desempenhado por alguém que questione e desafie a equipe, incentivando as pessoas a saírem da zona de conforto e a se esforçarem para entregar mais e melhor.

18.4.2 Liderança servidora

O líder servidor está a serviço da equipe. Ele é a principal referência da equipe quando aparece um problema. Sua liderança deve concentrar-se em remover impedimentos e desenvolver os integrantes da equipe, para que sejam cada vez mais capazes de resolver os problemas do dia a dia.

18.4.3 Organização

Para realizar tarefas simultâneas e lidar com as diversas articulações para liderar uma equipe multidisciplinar, o ocupante desse papel deve ser organizado e disciplinado.

18.5 Cenas dos Próximos Capítulos

Neste capítulo, vimos as funções e os relacionamentos do líder da equipe ágil/*Scrum team*, inclusive sua atuação como agente de mudanças.

Com este capítulo, encerramos a visão operacional da gestão ágil de projetos. Em seguida, passaremos para a parte final do livro, que trata da nova gestão de projetos e gestão organizacional de projetos.

RESUMO

- O *Scrum master* é responsável pelo processo de desenvolvimento do produto e o líder da equipe ágil/*Scrum team*.

- Dissemina as práticas do *Scrum* e os valores do ágil.

- Apoia o *product owner* no processo de *grooming*.

- Lidera, blinda e remove os impedimentos da equipe.

- Acompanha os indicadores de desempenho do processo de desenvolvimento do produto.

- Atua como agente de mudanças.

- Para engajar a equipe na mudança, o *Scrum master* deve conhecer as pessoas da equipe, entender os desejos, anseios e o que os move.

Acesse o **ambiente virtual de aprendizagem** para aprofundar seu conhecimento por meio de exercícios, casos, mapas mentais e outras atividades.

PARTE IV
GESTÃO ESTRATÉGICA

APRESENTAÇÃO

Você está agora começando a **PARTE IV** do livro **GESTÃO DE PROJETOS: PREDITIVA, ÁGIL E ESTRATÉGICA**. Nesta parte, estudaremos ideias e ferramentas sobre o **nível estratégico da gestão de projetos**.

Ao completar o estudo da Parte IV, você deverá ser capaz de entender, explicar e utilizar as seguintes ideias e/ou ferramentas:

- Nova geração.
- Estratégia e gestão estratégica de projetos.
- Fatores críticos do sucesso de projetos.

Nova Geração

Nova geração, título do Capítulo 19, é como os autores designam a possibilidade de usar qualquer conjunto de ferramentas, de qualquer método, para a gestão de qualquer tipo de projeto.

- Projetos tradicionais ou preditivos podem se beneficiar das ferramentas do ágil.
- Projetos ágeis podem se beneficiar das ferramentas tradicionais.

Na prática, a nova gestão de projetos alcançou outros domínios do mundo das organizações. O *product owner*, por exemplo, é um conceito usado com frequência em situações que não são projetos, assim como o **kanban**.

- No Capítulo 19 do livro, fazemos proposições para o entendimento e utilização dos conceitos e ferramentas combinadas do preditivo e do ágil, que chamaremos **nova geração da gestão de projetos**.

Provavelmente, em alguns anos, a nova geração terá assumido identidade própria e não será mais necessário designá-la assim.

Estratégia e Gestão Estratégica de Projetos

Estratégia – eis outra palavra antiga, talvez mais antiga que projeto. Está na moda, há 2500 anos... Segundo Aristóteles, na *Ética a Nicômaco*, o objetivo da estratégia é a vitória.

Toda organização tem estratégia, **implícita ou explícita**, e **meios** de implementá-la, para garantir a vitória – representada pela sobrevivência, pela competitividade sustentada e pelos resultados positivos para os *stakeholders*.

Entre os meios para implementação da estratégia, estão os projetos. Escolher projetos para implementar e executar objetivos estratégicos é a essência da **gestão estratégica de projetos**. Esse princípio se aplica a projetos de qualquer fonte interna ou externa à organização.

A escolha sempre tem caráter de gestão estratégica, em contraste com a **gestão operacional** das áreas do conhecimento (ou domínios do desempenho). Para escolher corretamente, são necessários critérios e métodos de avaliação.

- Estratégia e gestão estratégica de projetos são o assunto do Capítulo 20 do livro.

Fatores Críticos de Sucesso

A escolha correta é um dos determinantes do sucesso de um projeto. Há cerca de dez outros fatores bem conhecidos que contribuem para o sucesso do projeto – o apoio da alta administração, as qualificações da equipe, a participação do cliente etc.

- No Capítulo 21, encerrando o livro, trataremos dos fatores críticos para o sucesso de projetos.

19
NOVA GERAÇÃO

APRESENTAÇÃO

Neste capítulo, estudaremos uma estratégia para gerenciar projetos que potencializa os processos e ferramentas dos métodos tradicionais e dos valores e métodos ágeis. Vamos chamá-la de **nova gestão de projetos**.

Ao completar o estudo deste capítulo, você deverá ser capaz de entender, explicar e utilizar as seguintes ideias e/ou ferramentas:

- Visão geral da nova gestão de projetos.
- Utilização de ferramentas do preditivo em projetos ágeis.
- Utilização de ferramentas do ágil em projetos preditivos.

19.1 A Nova Geração

As estratégias ou abordagens para gerenciar projetos evoluem constantemente, sempre em função do surgimento de novas áreas de aplicação. No limiar do século XXI, a tecnologia da informação fez surgirem os métodos ágeis. Os princípios ágeis logo foram adotados para o desenvolvimento de outros tipos de produtos. Os métodos tradicionais não foram extintos. As duas abordagens passaram a conviver. Mas as dúvidas começam com a decisão de qual método adotar, sabendo-se que:

- Os **métodos preditivos** ou **tradicionais** enfatizam a gestão do ciclo de vida do projeto como um todo, feito de um entregável principal e diversos entregáveis acessórios.
- Os **métodos ágeis** enfatizam a gestão do ciclo de vida do desenvolvimento do produto, que pode ser decomposto em partes independentes, entregues sucessivamente.

Os critérios para tomar a decisão dependem das características do produto e do nível de previsibilidade, como indicado no Capítulo 3.

- As **características do produto** abrangem a quantidade de itens encomendados. Há produtos singulares, que devem ser entregues de uma só vez (por exemplo, uma residência), e produtos que podem ser decompostos em partes menores, entregues de forma independente, especialmente sistemas de informação.

- O **nível de previsibilidade** abrange o grau de conhecimento sobre o produto final. Construir uma casa é previsível nesse sentido. Desenvolver um sistema de informação é uma jornada para o desconhecido e para a experimentação.

A Figura 19.1 procura retratar como esses dois critérios principais afetam a escolha entre os dois métodos de gestão. Isso acontece na etapa inicial da construção de um projeto. Feita a escolha do modelo de gestão, podemos prosseguir para estudar a **nova gestão de projetos**.

Características do produto

"Os requisitos não são bem definidos"
"Produto com muitas mudanças previstas"
"Produto complexo"
"Produto baseado/direcionado a experimentação"

→ **Ágil** →

Ferramentas

Product backlog
Timeboxing
Eventos
Estrutura organizacional
Papéis

→ **Incremento**

"O produto tem a especificação clara e bem definida"
"Produto com poucas mudanças previstas"
"O ciclo de construção do produto é claro do início ao fim"

→ **Preditivo** →

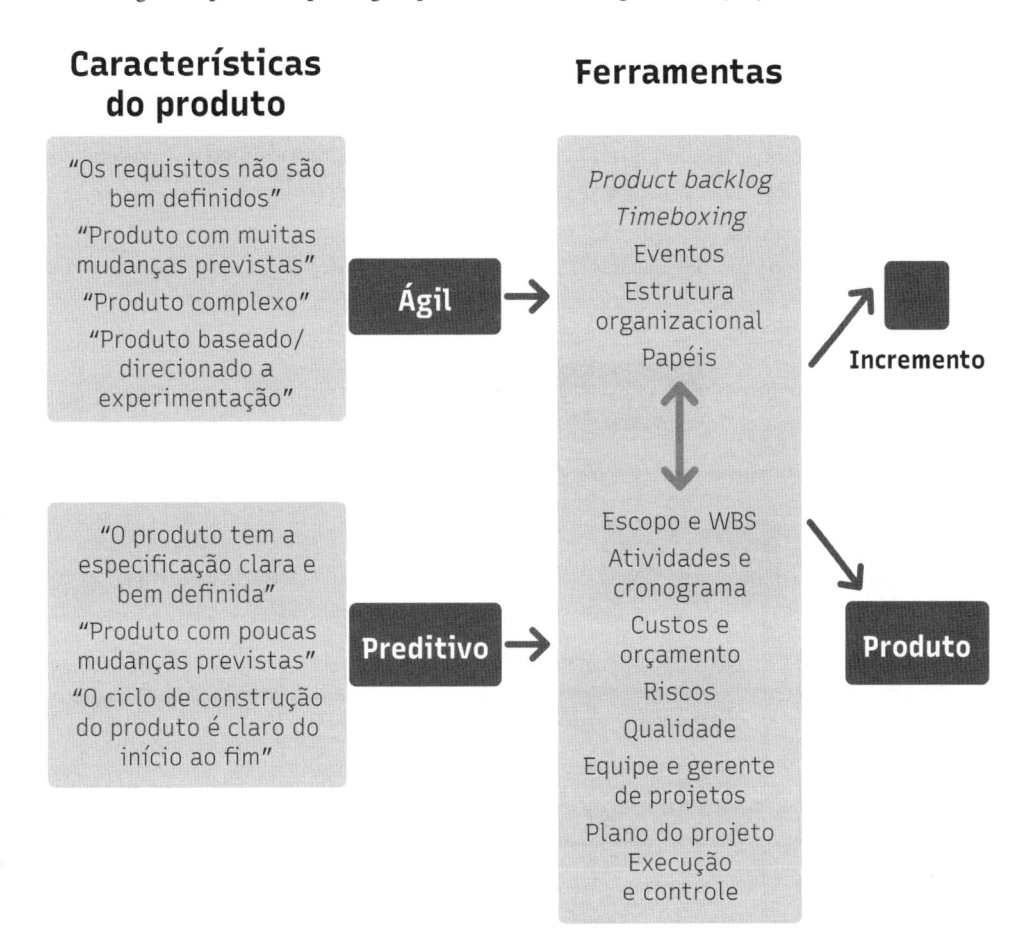

Escopo e WBS
Atividades e cronograma
Custos e orçamento
Riscos
Qualidade
Equipe e gerente de projetos
Plano do projeto
Execução e controle

→ **Produto**

Figura 19.1 Caminhos que levam ao preditivo e ao ágil.

Um projeto pode começar e terminar pelo caminho preditivo, desenvolvido com os processos e ferramentas do modelo **cascata** ou do **Guia do PMBOK©** – ou de qualquer outro guia de gestão de projetos. O mesmo pode acontecer com um projeto ágil: iniciar ágil e ir até o final das entregas com a mesma abordagem.

168 GESTÃO DE PROJETOS | Preditiva, ágil e estratégica

> **Atenção:** temos duas caixas de ferramentas. Por que não as combinar e aproveitar as vantagens de ambas? Em essência, responder SIM é a nova gestão de projetos.

Box 19.1 A essência da nova geração

Há casos em que um projeto começa preditivo e pode se beneficiar de ferramentas e processos do ágil. O inverso também pode ocorrer, o projeto começar ágil e incorporar ferramentas da abordagem preditiva.

19.2 Estratégias para Escolha do Método do Ciclo de Vida

Assim como explicado no início do capítulo, as características do produto e o nível de previsibilidade são critérios importantes na decisão de qual ciclo de vida do projeto escolher.

Para exercitarmos a maneira com que esta avaliação pode ser realizada, utilizaremos a ferramenta EAP. Ao avaliarmos cada um dos pacotes de trabalho, entregáveis do projeto, podemos fazer uma reflexão à respeito dos critérios (características do produto e previsibilidade).

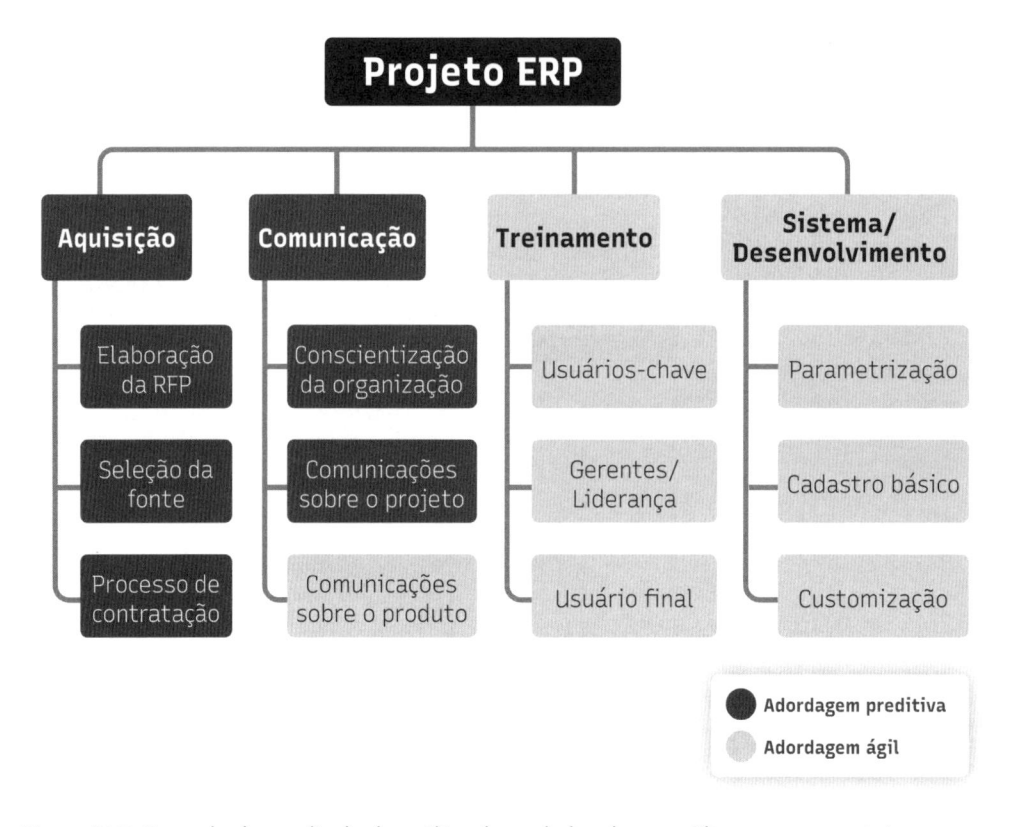

Figura 19.2 Exemplo do resultado da análise de qual abordagem utilizar em um projeto.

Agora o passo a passo de como chegamos ao resultado da Figura 19.2:

- **Pacotes de trabalho da área de aquisições:** O processo de aquisição tem uma sequência clara de atividades que devem ser desempenhadas durante o projeto, por exemplo, a definição da compra de novos equipamentos e a elaboração da requisição de proposta, a etapa de seleção de fonte e o processo de contratação do serviço (processo de compras).
- **Pacotes de trabalho da área de comunicação:** As comunicações referentes ao projeto e a conscientização de sua importância irão seguir uma linha preditiva, pois sabe-se os resultados esperados, os processos impactados e a missão do projeto, mas as comunicações sobre o produto acompanham o desenvolvimento do mesmo, que é interativo e incremental.
- **Pacotes de trabalho da frente de treinamentos e sistema:** Serão desenvolvidos de maneira interativa e incremental, pois não existe alto grau de previsibilidade sobre as funcionalidades esperadas.

Examinaremos a seguir os dois casos, observados na experiência dos autores.

19.3 Projeto Preditivo com Utilização das Ferramentas do Ágil

Consideremos um projeto complexo de tecnologia: a construção de um grande sistema. Este projeto começa preditivo. Há um escopo inicial dos processos que precisam ser melhorados e características do produto, com os requisitos detalhados, ainda em nível macro, na fase de planejamento. A fase de execução está estimada em oito meses de desenvolvimento do produto. Somente depois desse período, a entrega final será feita, para o usuário final realizar os testes finais e utilizar o sistema no dia a dia.

Nesse caso, as ferramentas do ágil que podem ser incorporadas no projeto para diminuir os riscos:

- O risco de a necessidade do cliente mudar nestes oitos meses de desenvolvimento.
- O risco de os requisitos serem desenvolvidos com base no entendimento do desenvolvedor, que pode ser divergente do que o cliente pensou quando descreveu o requisito. Essa situação, identificada oito meses após o desenvolvimento de todo o produto, pode levar ao fracasso do projeto ou exigir mudança muito custosa.

Para mitigar esses riscos, o produto pode ser planejado e executado com rodadas e interação do usuário com o produto, para a validação dos requisitos desenvolvidos, garantindo, assim, que a entrega prossiga no caminho correto.

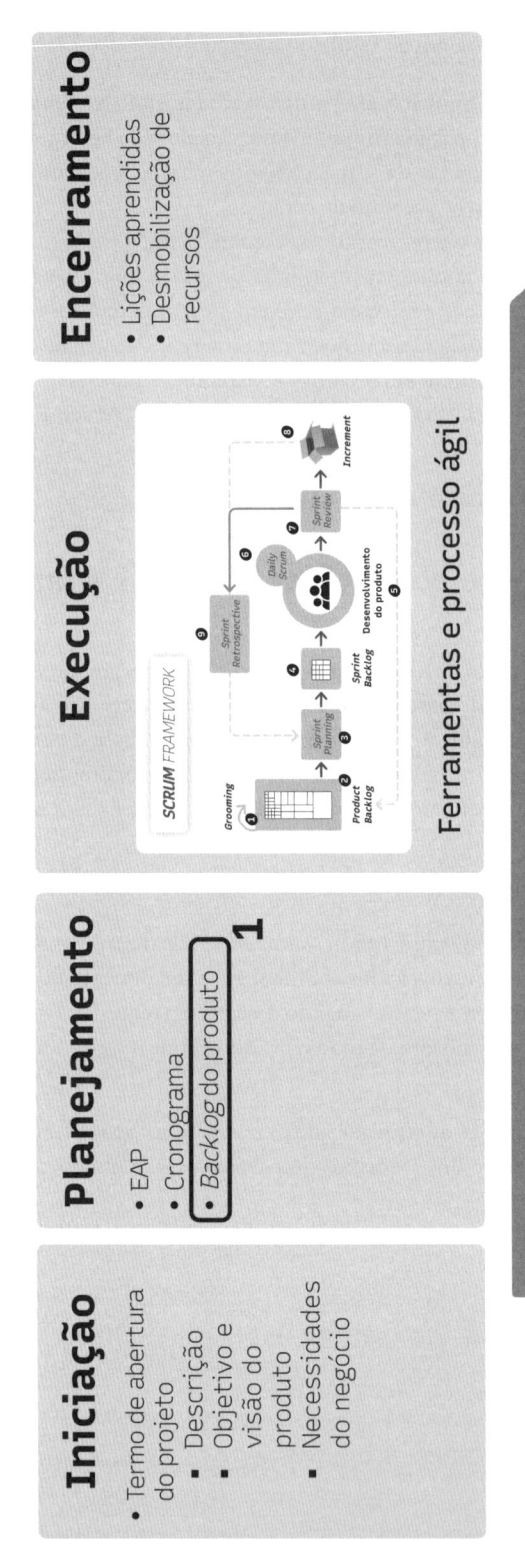

Figura 19.3 Projeto preditivo com ciclo de iteração e ferramentas do *Scrum*.

Na Figura 19.3, é possível observar que os processos de iniciação e planejamento de algumas áreas podem seguir o Guia do PMBOK. No entanto, para iniciar o processo de desenvolvimento ágil do produto, o escopo do produto deverá ser convertido em *backlog* do produto, que será o artefato-chave no processo de desenvolvimento. Aqui está a lista das ferramentas utilizadas no caso:

(1) Todos os itens do cronograma que se referirem ao produto podem ser destinados a um **backlog do produto**, que será a entrada do evento de planejamento da *sprint*.
(2) O processo do *Scrum* pode ser executado na sua integridade: os eventos, artefatos e papéis.

Para que estes eventos funcionem, é preciso readequar os papéis dos envolvidos no projeto, em um novo modelo de configuração, como aquele explicado no Capítulo 16. A Figura 19.4 mostra um exemplo de estrutura para as fases de Iniciação, Planejamento, Execução, Monitoramento e Controle, e Encerramento desse projeto.

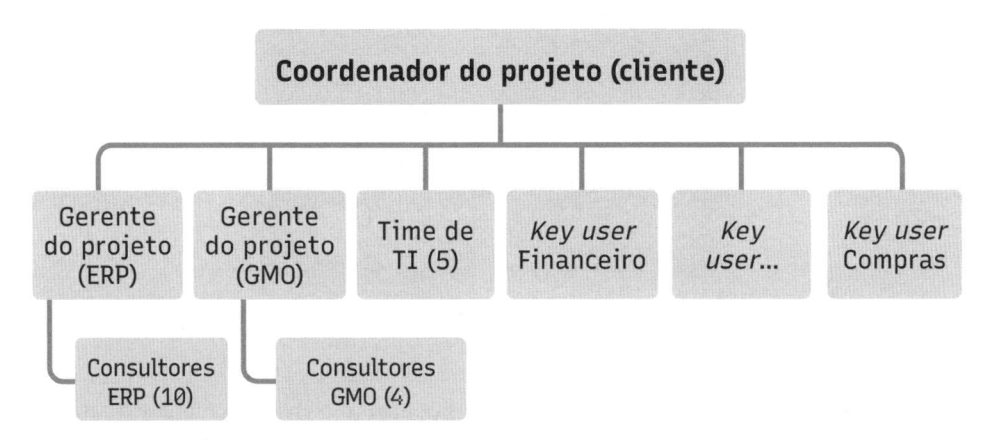

Figura 19.4 Estrutura para os processos de iniciação, planejamento, monitoramento e controle, e encerramento.

Com o novo modelo de configuração, os papéis passarão a ser desempenhados em formatos de *squads*, como representado na Figura 19.5.

Squad de compras

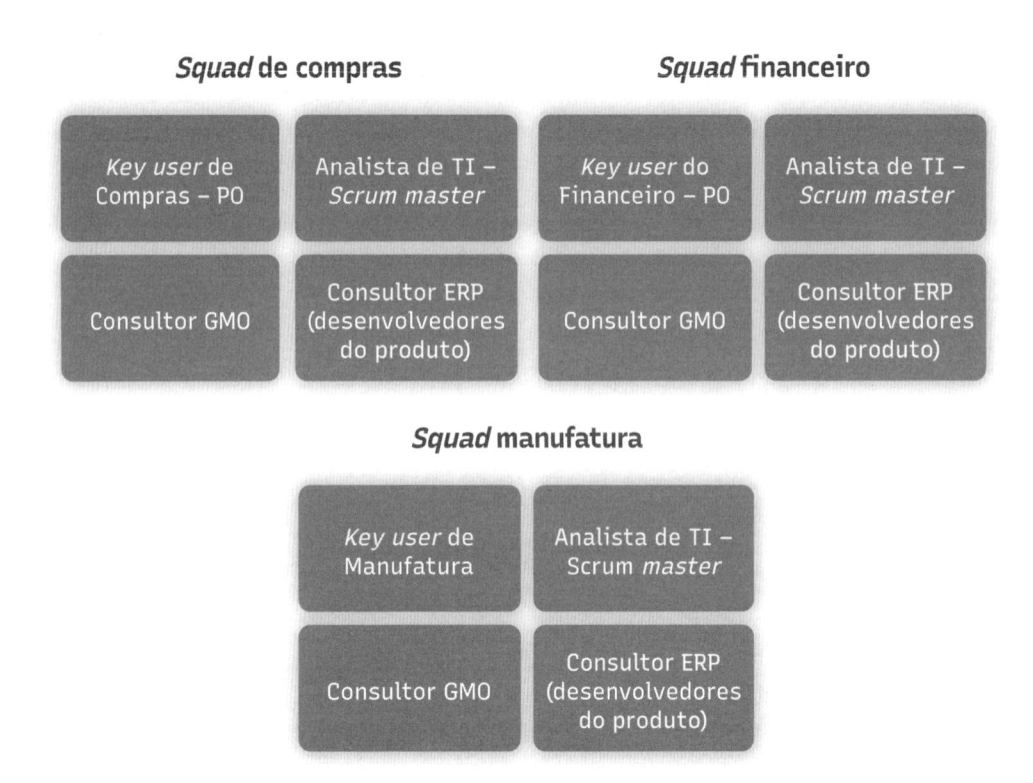

- Key user de Compras – PO
- Analista de TI – Scrum master
- Consultor GMO
- Consultor ERP (desenvolvedores do produto)

Squad financeiro

- Key user do Financeiro – PO
- Analista de TI – Scrum master
- Consultor GMO
- Consultor ERP (desenvolvedores do produto)

Squad manufatura

- Key user de Manufatura
- Analista de TI – Scrum master
- Consultor GMO
- Consultor ERP (desenvolvedores do produto)

Figura 19.5 *Squads* para o processo de execução (desenvolvimento do produto).

Os fatores críticos para que as estruturas de *squads* funcionem com eficiência durante o desenvolvimento do produto são:

- atuação ativa e visível dos *sponsors*, para que possam patrocinar este novo modelo de configuração de equipe ágil;
- autonomia para que os *squads* possam construir o produto de ponta a ponta;
- capacitação da equipe para que a autogestão aconteça.

A estrutura de *squad* demanda reorganização de papéis e responsabilidade no projeto, como mostra a Figura 19.6.

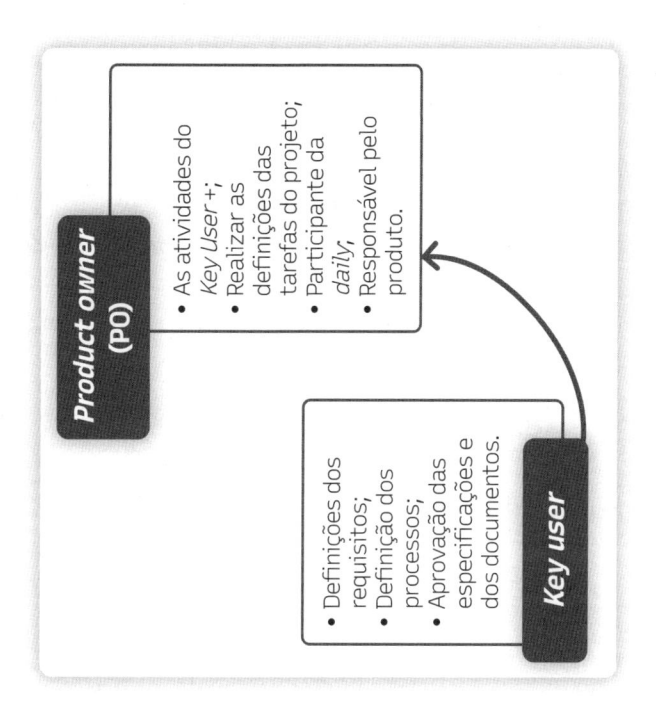

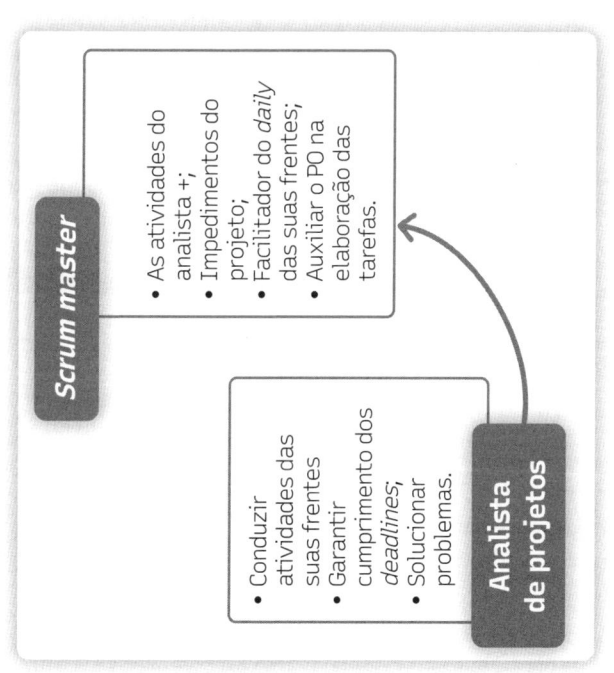

Product owner (PO)
- As atividades do Key User +;
- Realizar as definições das tarefas do projeto;
- Participante da daily;
- Responsável pelo produto.

Key user
- Definições dos requisitos;
- Definição dos processos;
- Aprovação das especificações e dos documentos.

Scrum master
- As atividades do analista +;
- Impedimentos do projeto;
- Facilitador do daily das suas frentes;
- Auxiliar o PO na elaboração das tarefas.

Analista de projetos
- Conduzir atividades das suas frentes;
- Garantir cumprimento dos deadlines;
- Solucionar problemas.

Figura 19.6 Reorganização de papéis e responsabilidades.

As *sprints* podem ter o *timebox* de quatro semanas, com a projeção de oito *sprints* ao longo do projeto para o desenvolvimento de todo o produto.

Um dos benefícios que pode ser obtido na incorporação das ferramentas e processos do ágil em um projeto preditivo com essas características é o cliente perceber antes das oito *sprints* que já tem condições de colocar o produto em operação antes do final de todas as *sprints* ou até mesmo declinar funcionalidades que seriam desenvolvidas.

Cabe também mencionar o engajamento que as entregas frequentes podem proporcionar aos envolvidos no projeto, promovendo a sensação de recompensa. A nova gestão de projetos é focada em resolver problemas de projeto, seja utilizando ferramentas do preditivo ou do ágil.

As ferramentas podem ser utilizadas para resolver problemas específicos, minimizar riscos ou aumentar o engajamento e colaboração da equipe. O Box 19.2 retrata os problemas do preditivo que o ágil pode colaborar na melhora dos resultados.

PROJETO PREDITIVO	
PROBLEMAS NO PROJETO	FERRAMENTA DO ÁGIL
A comunicação não está funcionando bem	- Evento do *Scrum*: daily - Ferramenta/metodologia: kanban Justificativa: prover transparência sobre o andamento diário do desenvolvimento do produto - Criação de um novo modelo de configuração de equipe para promover a comunicação Resultado esperado: alinhamento da equipe, direcionando todos para a meta/diminuição dos ruídos da comunicação no projeto
Margem de erro na interpretação dos requisitos/ produto está diferente do que foi solicitado	- Iteração/*sprint* - Eventos do *Scrum*: sprint planning e review - Papéis do *Scrum*: product owner - Artefatos: product backlog e sprint backlog Resultados esperados: *feedback* do cliente para cada incremento desenvolvido/melhorar a assertividade e satisfação do cliente

(continua)

(continuação)

PROJETO PREDITIVO	
PROBLEMAS NO PROJETO	**FERRAMENTA DO ÁGIL**
Falta de colaboração entre os membros	- Incorporação do papel líder servo/ *Scrum master* - Evento do *Scrum*: *daily* e promoção da colaboração entre pares para a execução das tarefas - Ferramenta/metodologia: kanban - Participação do *sponsor* do projeto e líderes na promoção da importância da colaboração (por vezes, o problema pode ser cultural) Resultados esperados: aumento da colaboração e engajamento da equipe
Falta de transparência das atividades que estão sendo executadas	- Incorporação do papel líder servo/ *Scrum master* - Evento do *Scrum*: *daily* - Utilização do kanban para tornar o processo transparente sobre o andamento diário do desenvolvimento do produto - Entregas incrementais e por iteração/*sprint* Resultados esperados: transparência e promoção da colaboração

Box 19.2 Exemplos de problemas encontrados em projetos preditivos × ferramentas do ágil

Desafio importante da aplicação das ferramentas dos métodos e *frameworks* do ágil em um projeto preditivo é a questão comportamental – a cultura de organização. Caso não ocorra a mudança na maneira de se trabalhar, o sistema de gerenciamento de comando e controle (estrutura organizacional tradicional dos projetos preditivos) continuará em vigor, derivando em situações como:

- O *Scrum master* atribui tarefas aos membros da equipe para cumprir o prazo.
- O *product owner* determina prazo, escopo e estimativa de tempo para a realização das tarefas.
- Planos e estimativas entram em um longo fluxo de aprovação de comitês.

- As equipes são gerenciadas no detalhe, e os participantes são convocados para prestar contas sobre os desvios no plano e atrasos nas entregas.
- O fracasso ou o erro é visto com "maus olhos", e a busca pelos culpados começa, em vez da busca de aprendizado e de lições aprendidas.

É fundamental que alguns princípios passem a nortear a equipe e a organização, com atuação enfática dos líderes, bem como a apresentação da importância da utilização das ferramentas do ágil. Alguns princípios podem ser reforçados com os questionamentos abaixo:

- Confiança e autonomia das equipes acima de controle:
    - Os colaboradores têm o benefício da dúvida?
    - Eles precisam reportar constantemente o que estão fazendo ou podem se auto-organizar e decidir como resolver problemas e entregar o produto?
    - O *Scrum master* atribui as tarefas para a equipe ou os membros têm autonomia para se comprometer com as tarefas?
- Progresso em vez de perfeição:
    - A organização tenta acertar de primeira ou pode entregar a cada iteração?
- Amigável a falhas em vez de reprimir as tentativas:
    - A organização e a liderança aceitam e promovem o conceito de errar mais cedo?
    - Incentiva que o erro deve ser discutido e promovido na organização para que outros colaboradores aprendam?
- Aberto e transparente sobre as informações em vez de fechado:
    - Os colaboradores têm acesso às informações do projeto?

Para que a aplicação das ferramentas do ágil funcione em um ambiente de projetos preditivos, a organização deve ser condicionada aos princípios do ágil. A liderança do projeto deve passar a agir de maneira diferente, como representado na Figura 19.7.

NOVA GERAÇÃO   177

- Um exemplo de *backlog* do produto

EMPURRA A DEMANDA — GERENTE DO PROJETO (*Team leader*) → TIME DO PROJETO — **PROCESSO EMPURRADO**

DEMANDA / *Tempo para conclusão*

ITEM DO BACKLOG	ESTIMATIVA
Permitir que um cliente selecione um filme	3
Como cliente, eu quero visualizar o histórico de filmes assistidos	5
Como cliente, eu quero interromper e retomar a exibição de um filme.	3
Como funcionário da locadora, eu quero ler um histórico de filmes mais assisitdos	8
Melhorar o tratamento de exceções	8
...	30
...	50

- Um exemplo de *backlog* do produto

PUXA A DEMANDA — TIME DO PROJETO ↔ SCRUM MASTER (*Team leader*) — **PROCESSO PUXADO**

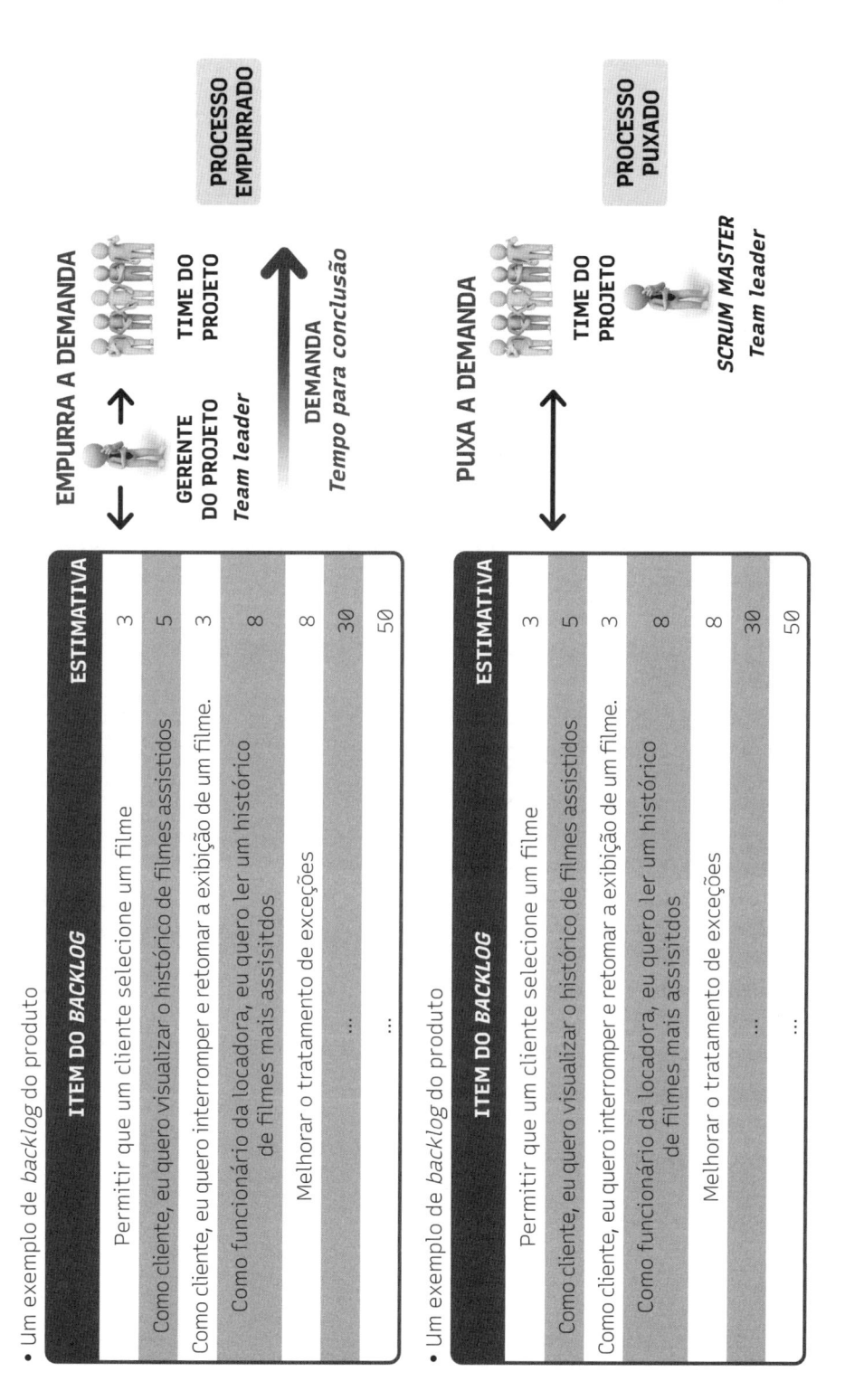

ITEM DO BACKLOG	ESTIMATIVA
Permitir que um cliente selecione um filme	3
Como cliente, eu quero visualizar o histórico de filmes assistidos	5
Como cliente, eu quero interromper e retomar a exibição de um filme.	3
Como funcionário da locadora, eu quero ler um histórico de filmes mais assisitdos	8
Melhorar o tratamento de exceções	8
...	30
...	50

Figura 19.7 Representação do papel colaborativo no lugar do comando e controle do gerente de projetos.

A liderança nesse tipo de estrutura é diferente da estrutura tradicional. Na estrutura ágil, a liderança tem participação de maneira mais colaborativa e menos impositiva. Podemos fazer a seguinte associação:

Estrutura tradicional – o gerente de projetos frequentemente "empurra" a demanda para a equipe, pressionando e direcionando o "o que" e "como fazer".

Estrutura ágil – a equipe tem autonomia e "puxa" a demanda, se compromete em realizar, é empoderada pelo líder. Em conjunto entende "o que" precisa ser feito, mas possui autonomia para decidir o "como fazer".

19.4 Projeto Ágil com Utilização das Ferramentas do Preditivo

Em projetos em que a abordagem é ágil, as ferramentas do preditivo podem ser utilizadas para garantir que os aspectos da comunicação, aquisições, prestação de contas, gestão de riscos e *stakeholders* possam ser atendidos em um nível mais amplo.

Aqui vai um exemplo de caso: vamos utilizar como exemplo *sprints* (projetos curtos) para o desenvolvimento de um aplicativo, em que estão previstas quatro *sprints* de quatro semanas para o lançamento desse aplicativo. Para o desenvolvimento do aplicativo, pode-se utilizar a equipe ágil (*Scrum team* ou *squad*).

O aplicativo será utilizado na gestão da produção e de alguns processos administrativos de uma empresa produtora de alumínio.

Nesse caso, podemos utilizar processos de comunicação, riscos e aquisições para gerenciar as atividades que não estão associadas ao produto, por exemplo (Figura 19.8):

- **Gerenciamento das comunicações:** O planejamento de *workshops*, treinamentos e eventos que promovam a mudança dos processos pode ser gerenciado mediante um cronograma e o plano de comunicação, que é uma ferramenta do mundo preditivo.
- **Gerenciamento de riscos:** A utilização de novos equipamentos para a gestão da produção e das atividades administrativas pode ser um risco para a operação, e esse risco pode ser gerenciado com as ferramentas do preditivo, com um plano de riscos.
- **Gerenciamento das aquisições:** Para que o produto funcione, é necessária a aquisição de dispositivos remotos, por exemplo, *tablets* e *smartphones*. A gestão das aquisições pode ser realizada e acompanhadas por meio de um cronograma de atividades.

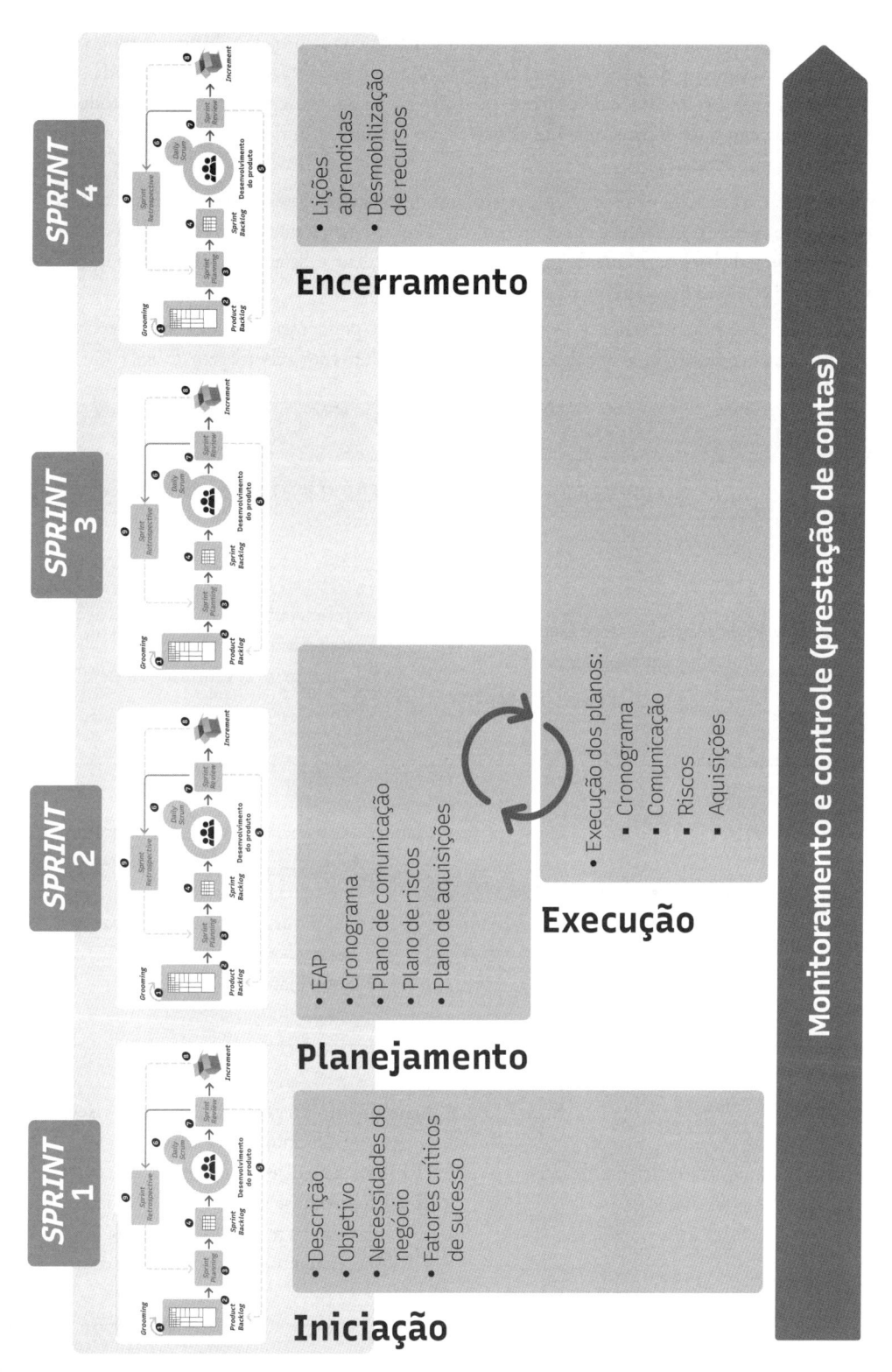

Figura 19.8 Ágil com ferramentas do preditivo.

Nesse exemplo, as *sprints* têm o *timebox* de quatro semanas com a projeção de quatro *sprints* ao longo do desenvolvimento do produto mínimo para entrar em produção. Veja como é fundamental a incorporação das ferramentas e do processo preditivo para a gestão do projeto como um todo, características que não estão intrinsicamente associadas ao produto, e sim aos processos organizacionais e às pessoas impactadas.

Para elaborar e executar os planos do projeto, um dos colaboradores poderia assumir o papel de gerente de projetos, trabalhando em conjunto com a equipe ágil. Pensando na nova gestão de projetos, o que impediria esse gerente de projetos trabalhando dentro da equipe ágil? É uma questão de organização e clareza nos papéis e responsabilidades.

Assim como no exemplo anterior, as ferramentas do preditivo podem ser utilizadas para gerenciar questões que não são tratadas durante o desenvolvimento do produto com a abordagem do ágil (Box 19.3).

PROJETO ÁGIL	
PROBLEMAS NO PROJETO	FERRAMENTA PREDITIVO
Prestação de contas e gestão das comunicações	• Planejar o gerenciamento das comunicações • Gerenciar as comunicações • Monitorar as comunicações
Controle das atividades do projeto não associadas apenas ao produto	• Planejar o gerenciamento do cronograma • Definir as atividades • Sequenciar as atividades • Estimar a duração das atividades • Desenvolver o cronograma • Controlar o cronograma
Falta de uma gestão eficiente de riscos do projeto	• Planejamento do gerenciamento dos riscos • Identificar os riscos • Realizar a análise qualitativa dos riscos • Realizar a análise quantitativa dos riscos • Planejar as respostas aos riscos • Monitoramento e controle dos riscos

(continua)

(continuação)

PROJETO ÁGIL	
PROBLEMAS NO PROJETO	**FERRAMENTA PREDITIVO**
Relacionamento mal gerenciado com as partes interessadas	• Identificar as partes interessadas • Planejar o gerenciamento das partes interessadas • Gerenciar o engajamento das partes interessadas • Controlar o engajamento das partes interessadas
Falta de controle na gestão das aquisições	• Planejar o gerenciamento das aquisições • Conduzir as aquisições • Controlar as aquisições
Gestão de custos do projeto [aquisições, contratações e o processo de desenvolvimento do produto (*sprints*)]	• Estimar os custos • Determinar o orçamento • Controlar os custos
Gestão de mudanças e impactos organizacionais	• Gestão dos impactos organizacionais derivados das mudanças nos processos • Desenvolvimento dos planos de gestão de mudanças organizacionais • Agir e implementar os planos

Box 19.3 Exemplos de problemas encontrados em projetos ágeis × ferramentas do preditivo

19.5 Cenas dos Próximos Capítulos

Agora que vimos como a nova gestão de projetos funciona na prática, abordaremos a parte estratégica da gestão, e você aprenderá como montar um portfólio de projetos, critérios de avaliação e seleção de projetos.

RESUMO

- Critérios para escolher a abordagem de gestão de projetos: características do produto e nível de previsibilidade.

- As ferramentas e métodos da abordagem preditiva e adaptativa podem ser combinadas para gerar melhores resultados para um projeto.

- Uma das ferramentas que podem ser utilizadas para avaliar quais pacotes de trabalho ou produtos do projeto podem ser desenvolvidos com a abordagem preditiva ou adaptativa é a estrutura analítica do projeto (EAP).

- Um projeto começa preditivo e pode se beneficiar de ferramentas e processos do ágil. O inverso também pode ocorrer, o projeto começar ágil e incorporar ferramentas da abordagem preditiva.

- Dentre os principais desafios, está a adaptação dos papéis e responsabilidades que são necessários para utilizar ferramentas do ágil ou do preditivo.

- A cultura organizacional deve ser avaliada antes de utilizar as abordagens combinadas.

Acesse o **ambiente virtual de aprendizagem** para aprofundar seu conhecimento por meio de exercícios, casos, mapas mentais e outras atividades.

20
GESTÃO ESTRATÉGICA DE PROJETOS

APRESENTAÇÃO

Neste capítulo, vamos estudar como **avaliar e selecionar ideias** para montar o **portfólio de projetos**, com base na estratégia da organização e outros critérios.

Ao completar a leitura deste capítulo, você deverá ser capaz de entender, explicar e utilizar as seguintes ideias e/ou ferramentas:

- Estratégia e gestão estratégica de projetos.
- Portfólio de projetos.
- Critérios e métodos de avaliação e seleção de projetos.

20.1 Gestão Estratégica

Estratégia é o conjunto dos **objetivos e meios de execução** que uma organização escolhe para assegurar o desempenho e a sobrevivência de seu **modelo de negócios**. Os objetivos estratégicos definem, entre outros temas:

- Vantagens competitivas e formas de enfrentar os concorrentes.
- Participação no mercado.
- Controle de fontes de matérias-primas.
- Novos produtos e mercados.
- Tamanho da empresa.
- Investimentos em capacitação tecnológica.
- Formação de recursos humanos.

As estratégias também são chamadas **políticas de negócios**. Algumas empresas concentram-se em um único negócio. Outras são diversificadas e atuam em diferentes ramos de negócios. Empresas que são concorrentes em alguns negócios adotam a diretriz da colaboração em outros. Esses são exemplos de estratégias ou **políticas de negócios**.

A estratégia pode ser implícita, fruto da evolução não planejada da organização, ou explícita, quando há processos formais de análise dos contextos interno e externo e de definição de objetivos.[1]

20.2 Planejamento, Execução e Avaliação da Estratégia

A gestão estratégica de uma organização compreende três processos principais: **planejamento, execução** e **avaliação**. Esses processos estão representados na Figura 20.1.

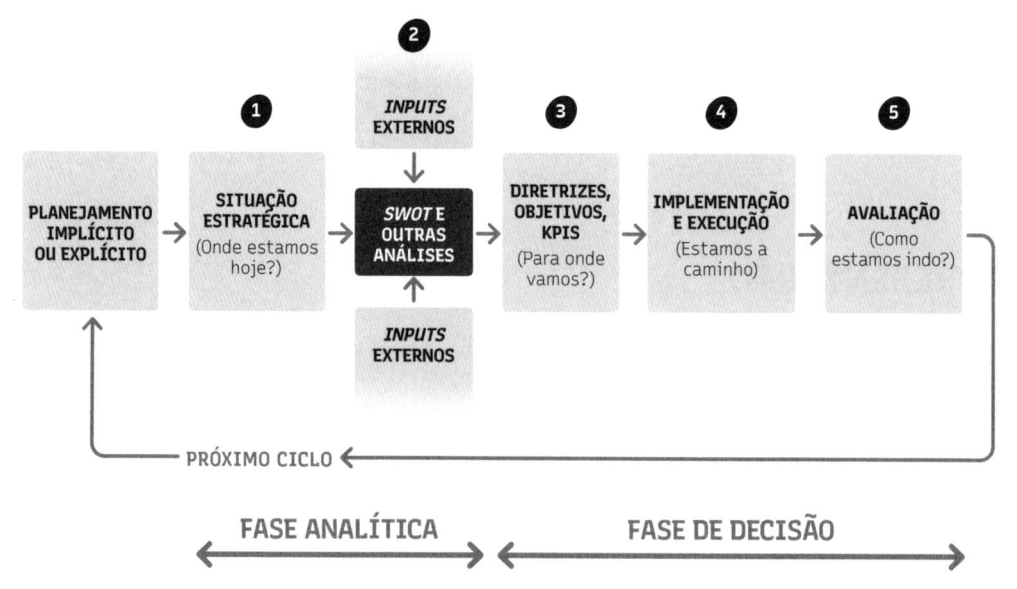

Figura 20.1 Processo de gestão estratégica.

① Toda organização tem uma **situação estratégica**, que vem do passado. Essa situação pode ter sido fruto de decisões deliberadas ou da evolução não planejada.

② Ameaças e oportunidades do ambiente, assim como pontos fortes e fracos dos sistemas internos, impelem as organizações a realizar o **planejamento estratégico**.

③ O planejamento estratégico define as diretrizes, os objetivos e os indicadores-chave de desempenho (KPI) para o futuro da organização.

④ Para realizar as diretrizes e os objetivos estratégicos, quantificados pelos KPI, a organização seleciona, prepara e coloca em ação os meios. Aqui começa a **execução da estratégia**. Há vários meios para isso. Entre eles, os **projetos**.

⑤ A execução da estratégia, avaliada por meio dos KPI, indica as decisões a serem tomadas para o próximo ciclo.

A maneira de operar esses processos varia muito de uma organização para outra. Algumas operam processos formais. Outras praticam no dia a dia, na interação constante dos integrantes do corpo diretivo.

---

1 KATZ, Robert L. *Cases and concepts in corporate strategy*. Englewood Cliffs: Prentice Hall, 1970.

20.3 Implementação e Execução por Meio de Projetos

Há vários mecanismos para implementar e executar os objetivos estratégicos. Neste capítulo, examinaremos a **implementação e execução por meio de projetos** – enfatizando as **decisões para escolher projetos**, o que implica gerar ou recepcionar, avaliar e selecionar ideias para compor o **portfólio de projeto**s.

- As ideias de projetos estratégicos, em geral, vêm da alta administração, mas também podem se originar de sugestões ou encomendas de outras fontes: funcionários, clientes, fornecedores e até das práticas dos concorrentes.
- O mesmo ocorre com **projetos operacionais**, que resolvem emergências, ou seja, são encomendas dentro da linha existente de produtos ou atendem a exigências legais etc. Por exemplo, parada para manutenção da fábrica, modificações estéticas em produtos, introdução de pequenas modificações nos processos produtivos etc. Alguns desses projetos podem, no entanto, assumir estatura estratégica e também se originar na alta administração.

A Figura 20.2 representa esses dois caminhos para a geração de ideias de projetos estratégicos e de outros tipos.

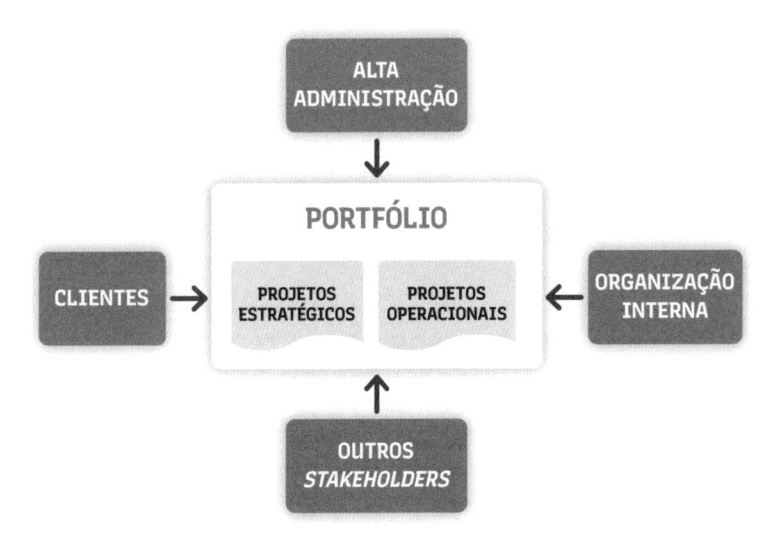

Figura 20.2 Fontes de ideias de projetos.

20.4 Portfólio de Projetos

Portfólio é o conjunto de projetos de toda a organização ou de suas partes. Dependendo do tipo de organização, o portfólio é composto de projetos com três orientações principais (Box 20.1).

- **Projetos feitos para a própria organização**, desenvolvimento e implantação de sistemas internos, novos produtos e negócios etc.
- **Projetos feitos para clientes**, no caso de empresas que têm como negócio a venda de projetos – construtoras e empresas de consultoria, por exemplo.
- **Projetos patrocinados para execução por terceiros**, como é o caso dos bancos que financiam empresas ou das organizações governamentais (Fapesp, Finep etc.) que apoiam projetos de pesquisa.

Box 20.1 Três orientações dos projetos do portfólio

Muitas organizações têm portfólios de projetos. Assim como acontece com a estratégia, provavelmente é menor o número de organizações que praticam **gestão do portfólio**. Seja qual for o tipo de organização e a importância dos projetos (estratégicos ou operacionais), a decisão de incluir projetos no portfólio **sempre é estratégica**.

20.5 Gestão do Portfólio

O objetivo básico da gestão do portfólio é assegurar que os melhores projetos sejam escolhidos para inclusão no portfólio. "Melhores" significa projetos que foram mais bem avaliados segundo critérios que procuram determinar seu potencial.

Avaliação e seleção de projetos são **processos centrais** dentro do macroprocesso de gestão do portfólio (Figura 20.3). Para avaliar e selecionar projetos, são necessários critérios e métodos.

PROCESSOS DA GESTÃO DE PORTFÓLIOS

- AVALIAÇÃO, SELEÇÃO, APROVAÇÃO E AUTORIZAÇÃO DE IDEIAS
- GERAÇÃO DE IDEIAS
- ORGANIZAÇÃO DOS PROJETOS EM CATEGORIAS
- BALANCEAMENTO DOS PROJETOS DENTRO DAS CATEGORIAS
- CONTROLE DO PROGRESSO DOS PROJETOS
- INFORMAÇÃO SOBRE O DESEMPENHO DOS PROJETOS EM SEU CONJUNTO

Figura 20.3 Processos da gestão de portfólios.

20.6 Organização do Portfólio

Entre as funções ou processos da gestão do portfólio, está a definição de categorias ou classes de projetos. A classificação permite distinguir os projetos estratégicos das outras categorias, balancear os investimentos entre as diferentes categorias e concentrar as decisões nos projetos relevantes para a organização.

Não há forma única ou receita para organizar o portfólio. Na Figura 20.4, encontra-se um exemplo, no qual os projetos estratégicos são identificados como distintos das outras classes.

- Manutenção preventiva, implantação de sistemas, projetos de aumento da eficiência
- Implantação de medidas corretivas ambientais

ESTRATÉGICOS | OPERACIONAIS | EMERGENCIAIS | COMPULSÓRIOS | "PARA FORA"

- Desenvolvimento de produtos, abertura de mercados, criação de negócios
- *Recall* de toda uma série de produtos
- Venda de produtos e serviços por encomenda

Figura 20.4 Exemplo com cinco classes de projetos.

20.7 Critérios de Avaliação e Seleção

Alinhamento estratégico (ou **alinhamento com o modelo de negócios**) é o **grau de coerência** entre as ideias de projetos e os objetivos estratégicos da organização. É o principal critério para a avaliação e seleção de ideias de projetos para compor o **portfólio de projetos estratégicos**. Esse critério é necessário, mas não suficiente. Outros critérios devem ser considerados, como:

- **Viabilidade financeira** – retorno sobre o investimento.
- **Viabilidade produtiva** – capacidade de as instalações produtivas fornecerem o produto.
- **Viabilidade de mercado** – existência de mercado para o produto ou serviço.
- **Viabilidade legal** – alinhamento do projeto com o marco legal.
- **Rapidez de implementação**.

Esses critérios se aplicam a todos os projetos, estratégicos ou não. Por meio dos critérios, um projeto pode ser avaliado individualmente ou em comparação com outros projetos (Figura 20.5).

- Por seus méritos intrínsecos
- Em comparação com outras ideias ou propostas

UMA IDEIA SE PODE AVALIAR

Figura 20.5 Avaliação individual e comparativa de ideias de projetos.

20.8 Métodos de Avaliação e Seleção

Métodos são procedimentos para avaliar ideias de projetos com base nos critérios. Há inúmeros métodos de avaliação. Vamos conhecer dois entre os mais importantes em seguida.

20.8.1 *Stage-gate* (fase + portal)

O método ***stage-gate*** consiste em avaliações sucessivas, realizadas antes e durante a execução do projeto. Não há um único método *stage-gate*. Na Figura 20.6, é adotada a versão com três portais, que fazem o papel de funis ou peneiras, que só deixam passar as melhores ideias. Antes do primeiro portal e entre os portais seguintes, estão as fases – por exemplo, preparação do plano de negócios antes do primeiro portal; estudo da viabilidade financeira entre o primeiro portal e o segundo.

As ideias que conseguem passar por todos os portais são transformadas em projetos do portfólio da organização.

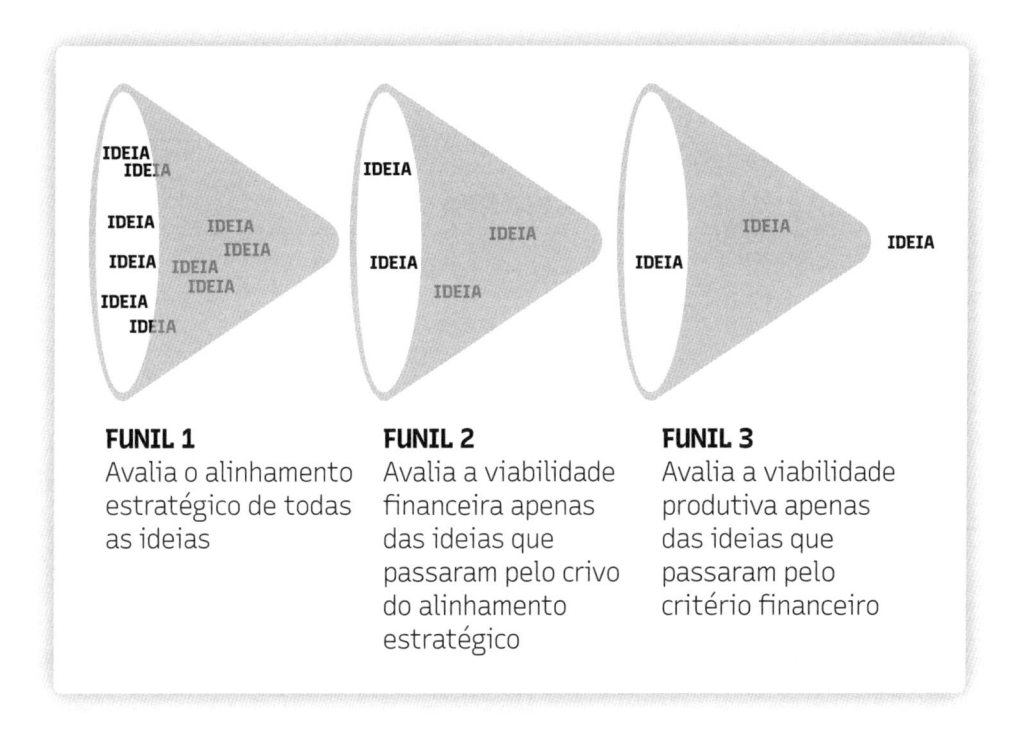

FUNIL 1
Avalia o alinhamento estratégico de todas as ideias

FUNIL 2
Avalia a viabilidade financeira apenas das ideias que passaram pelo crivo do alinhamento estratégico

FUNIL 3
Avalia a viabilidade produtiva apenas das ideias que passaram pelo critério financeiro

Figura 20.6 Avaliação de ideias em sucessivos portais.

20.8.2 Processo analítico de hierarquização (*analytic hierarchy process* – AHP)

O processo analítico de hierarquização, também conhecido como **método multicritérios**, consiste em (1) ponderar os critérios, para definir sua importância relativa e (2) hierarquizar os projetos com base nos critérios ponderados.

O processo analítico funciona por meio de quatro passos:

(1) Seleção de critérios. O primeiro passo consiste em construir uma lista de critérios. Por exemplo, uma empresa seleciona quatro critérios para avaliar alternativas de projetos: (1) Geração de receitas, (2) Custos, (3) Facilidade de execução e (4) Riscos.

Veja a Figura 20.7.

(1) **SELECIONAR OS CRITÉRIOS**

	CRITÉRIOS	PESO
A	Geração de receitas	
B	Custos	
C	Facilidade de execução	
D	Riscos	
E		
		100%

Figura 20.7 Etapa 1 do AHP: definir conjunto de critérios que compõem o total da avaliação.

(2) **Ponderação dos critérios.** O segundo passo consiste em atribuir pesos aos critérios selecionados. Por exemplo:

- **Geração de receitas** = 50% da ponderação total = projetos que geram mais receitas são os mais bem avaliados.
- **Custos** = 25% da ponderação total = o custo menor vem em segundo lugar como critério de escolha.
- **Facilidade de execução** = 15% da avaliação total.
- **Riscos** = 10% da avaliação total.

Veja a Figura 20.8.

(2) **PONDERAR OS CRITÉRIOS**

	CRITÉRIOS	PESO
A	Geração de receitas	50%
B	Custos	25%
C	Facilidade de execução	15%
D	Riscos	10%
E		
		100%

Figura 20.8 Etapa 2 do AHP: distribuir a avaliação total de acordo com a importância dos critérios selecionados.

(3) **Definição da escala para avaliar as alternativas.** O terceiro passo consiste em definir uma escala para dar notas aos projetos. Em geral, se faz uma escala com cinco pontos: (1) Muito baixa/o, (2) Baixa/o, (3) Média/o, (4) Alta/o, (5) Muito alta/o. Os projetos com **maior capacidade** de geração de receita e facilidade de execução recebem notas altas ou muito altas. Os projetos com **custos** e **riscos menores** também.

Veja a Figura 20.9.

(3) DEFINIR ESCALA PARA OS CRITÉRIOS

CRITÉRIO		GERAÇÃO DE RECEITAS
Significado		Capacidade de produzir receitas
Escala	1	Muito baixa – o projeto não gera receitas significativas
	2	Baixa
	3	Média
	4	Alta
	5	Muito alta – o projeto gera receitas significativas

Figura 20.9 Definição de escala para os critérios.

(4) **Avaliação das propostas de projetos.** No último passo, são dadas notas de (1) até (5) em cada critério aos projetos, de acordo com a escala, e essas notas são multiplicadas pelos pesos dos critérios. Finalmente, as notas ponderadas são somadas, produzindo a hierarquização dos projetos.

A Figura 20.10 mostra quatro projetos avaliados por meio dos quatro critérios selecionados. O Projeto 1 tem a nota 10,0 no critério geração de receitas. Essa nota, multiplicada pelo peso 0,5 do critério, produz a nota ponderada 5. Repetindo-se a conta para todos os critérios, o Projeto 1 é avaliado com nota total 7,0, ficando em quarto lugar na hierarquia da última coluna.

(4) AVALIAR OS PROJETOS

PROJETOS	CRITÉRIOS + PESOS				NOTA PONDERADA
	A = Receita	B = Custo	C = Facilidade	D = Riscos	
	0,50	0,25	0,15	0,10	
1	10	5	3	3	7 = 4º
	5	1,25	0,45	0,3	
2	8	8	8	8	8 = 1º
	4	2	1,2	0,8	

(continua)

(continuação)

PROJETOS	CRITÉRIOS + PESOS				NOTA PONDERADA
	A = Receita	B = Custo	C = Facilidade	D = Riscos	
	0,50	0,25	0,15	0,10	
3	6	10	10	3	7,3 = 2º
	3	2,5	1,5	0,3	
4	8	5	8	8	7,25 = 3º
	4	1,25	1,2	0,8	

Figura 20.10 Passos do processo analítico de hierarquização.

20.9 Definição dos Fluxos de Trabalho

Na montagem da gestão do portfólio, deve-se definir fluxos de trabalho que indiquem os caminhos que os processos devem seguir dentro da estrutura organizacional. Uma organização pode ter diferentes fluxos para diferentes tipos de projetos. Finalizando este capítulo, a Figura 20.11 apresenta um fluxo para projetos em uma empresa vendedora de projetos.

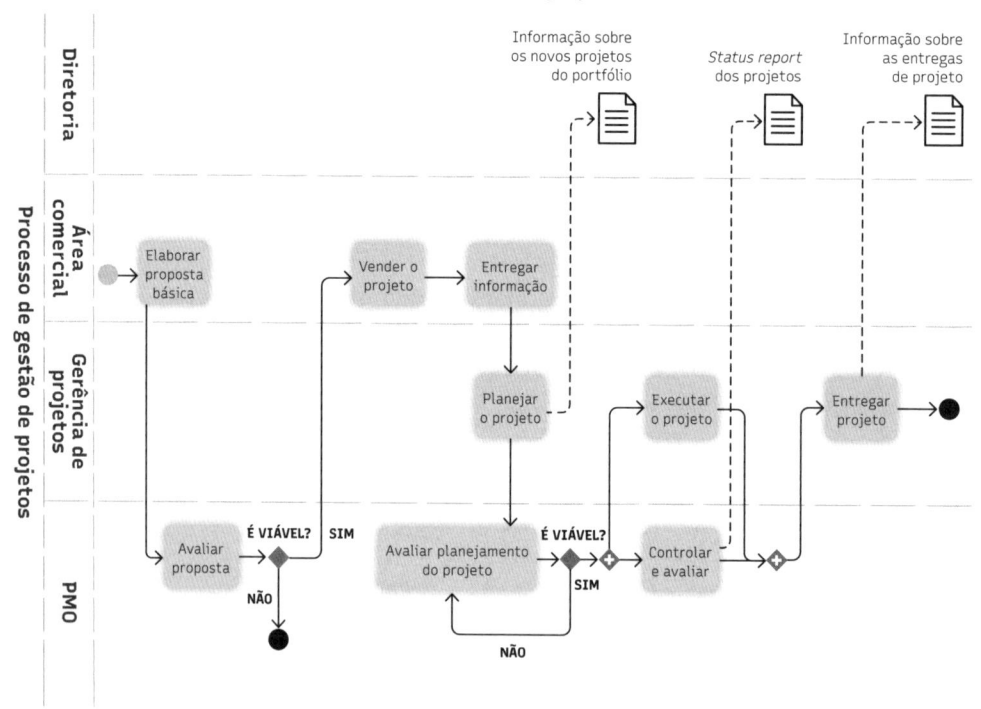

Figura 20.11 Fluxograma integrando processos e níveis hierárquicos envolvidos na gestão do portfólio.

20.10 Cenas do Último Capítulo

O próximo capítulo é o último deste livro. Nesse capítulo, trataremos dos fatores críticos para o êxito dos projetos. Integraremos os conceitos do Capítulo 1, no qual tratamos de indicadores de sucesso, com os mecanismos para elevar a probabilidade de que o projeto seja bem-sucedido.

RESUMO

- Toda organização tem um processo de gestão estratégica, implícito ou explícito, que define o futuro e as relações com o ambiente de seu modelo de negócios.

- Planejamento estratégico é um dos componentes da gestão estratégica. Consiste na definição de objetivos que respondem a oportunidades e ameaças para a organização, no presente e no futuro.

- Há várias maneiras de implementar a execução de objetivos estratégicos, e a gestão de projetos é uma delas.

- Os processos da gestão de portfólios são os mecanismos para a avaliação, seleção e implementação de projetos estratégicos e de outras categorias.

- A avaliação de ideias para se transformarem em projetos estratégicos é feita por meio de critérios e métodos de avaliação.

- O processo analítico de hierarquização (AHP) é um dos métodos para a seleção de projetos estratégicos.

Acesse o **ambiente virtual de aprendizagem** para aprofundar seu conhecimento por meio de exercícios, casos, mapas mentais e outras atividades.

21

FATORES CRÍTICOS DE SUCESSO

APRESENTAÇÃO

Neste capítulo, estudaremos os **fatores que afetam a probabilidade de êxito dos projetos na nova abordagem da gestão** proposta neste livro.

Ao completar o estudo deste capítulo, você deverá ser capaz de entender, explicar e utilizar as seguintes ideias e/ou ferramentas:

- Fatores críticos de sucesso (FCS).
- Organização dos fatores críticos de sucesso.
- Maturidade na gestão de projetos ágeis.
- Como desenvolver os FCS.

21.1 Fatores Críticos de Sucesso

No Capítulo 1, temos um constructo com cinco dimensões para avaliar o **sucesso de um projeto**. Para aumentar a probabilidade de sucesso nessas dimensões, precisamos acionar os **fatores críticos de sucesso** (FCS). Quais são eles?

- Um estudo famoso, conduzido por Pinto e Slevin em 1988, com 418 respondentes, a maioria (61) da área de *software*, identificou 14 fatores.[1]
- Chow e Cao estudaram 109 projetos ágeis e confirmaram seis FCS, de uma lista de 12 encontrados na literatura.[2]
- Aldamash e colegas encontraram oito FCS em uma revisão da literatura sobre projetos ágeis.[3]

---

1 PINTO, Jeffrey K.; SLEVIN, Dennis P. Critical success factors across the project life cycle. *Project Management Journal.*; v. 19, n. 3, 1998, p. 67-75. Disponível em: https://www.researchgate.net/publication/236175751_Critical_Success_Factors_Across_the_Project_Life_Cycle/link/54d2620d0cf25017917deb1d/download. Acesso em: ago. 2021.

2 CHOW, Tsun; CAO, Dac-Buu. A survey of critical success factors in agile software projects. *The Journal of Systems and Software.* v. 81, 2008, p. 961-971.

3 ALDAMASH, Abdullah; GRAVELL, Andy M.; HOWARD, Yvonne. In: STOLFA J. et al. *Systems, software and services process improvement.* Springer, 2017. p. 1-9.

Em seguida, apresentamos uma seleção dos FCS identificados nesses trabalhos, divididos em cinco grupos (Box 21.1). Os números enquadrados indicam uma sequência, assim como a coincidência dos FCS nas três propostas. Por exemplo, o número **1** indica apoio da alta administração nas propostas de Pinto, Slevin e Aldamash *et al.* O número **7** indica gestão de pessoas nas três propostas, e assim por diante. Não há qualquer relação entre os números e a ordem em que os FCS aparecem no trabalho original dos autores.

PINTO E SLEVIN	CHOW E CAO	ALDAMASH *ET AL.*
1. FATORES ORGANIZACIONAIS		
1 Apoio da alta administração 2 Poder e política – percepção do projeto como alavanca de interesses políticos	3 Ambiente favorável para a equipe	1 Apoio da alta administração 4 Cultura organizacional
2. FATORES TÉCNICOS		
5 *Expertise* para execução das tarefas técnicas; tecnologia adequada para execução do projeto	6 Aplicação de técnicas ágeis de desenvolvimento de *software*	6 Aplicação de técnicas ágeis de desenvolvimento
3. PESSOAS		
7 Pessoal (equipe); liderança	7 Capacitação da equipe	7 Qualificações e treinamento da equipe
4. PROCESSOS		
8 Cronograma; planos 9 Participação do cliente 9 Aceitação do cliente 8 Monitoramento e *feedback* 11 Resolução de problemas 10 Comunicação	8 Processo de gestão do projeto 9 Envolvimento do cliente 8 Estratégia de entrega dos resultados	9 Envolvimento do cliente 8 Processo de gestão do projeto 8 Estratégia de entrega dos resultados 10 Comunicação
5. O PROJETO		
12 Missão do projeto: clareza do objetivo		

Box 21.1 Panorama dos fatores críticos de sucesso

Em seguida, analisaremos a importância do **fator cultural**.

21.2 Importância da Mudança de Cultura

Fazer a transição para a agilidade é mais do que uma questão de trocar ferramentas. É também, e talvez principalmente, uma questão de mudanças culturais. Dois componentes da cultura, entre outros, são determinantes para a transformação ágil: estilo de liderança e valores.

21.2.1 Estilo de liderança

O estilo de liderança apropriado para o ágil está alinhado com a **Teoria Y** – participativa, orientada para a autonomia, otimista em relação às potencialidades humanas. A **Teoria X**, por contraste, é a crença de que as pessoas precisam de chefia autoritária para serem produtivas.[4] **Não está implícito que os métodos tradicionais de gerenciamento sejam Teoria X; apenas que o ágil funciona com a Teoria Y.**

No Box 21.2, pode-se ver a proposta de mudança necessária no estilo de liderança.

COMPONENTE	ATITUDE	
	CULTURA ESTILO ORDEM (TEORIA X)	**CULTURA ESTILO APRENDIZADO E PRAZER (TEORIA Y)**
	De:	Para:
Interações interpessoais	"As pessoas precisam ser direcionadas e gerenciadas, caso contrário, não saberão o que fazer." (Mais hierarquia.)	"As equipes são capazes de resolver os problemas e se autogerenciar com criatividade e cooperação." (Mais autonomia.)
	"O individualismo é importante, mas as equipes devem seguir as ordens dos líderes seniores para minimizar os riscos durante o caminho." (Mais hierarquia.)	"Nós, líderes, promovemos a descontração, senso de humor e a criatividade para criar produtos e resolver problemas. Aceitamos o risco e queremos aprender com eles." (Mais autonomia.)
Resposta à mudança	"Devemos seguir os planos conforme a previsibilidade, mantendo a maneira como trabalhamos." (Mais estabilidade.)	"Devemos nos adaptar às mudanças, ter flexibilidade e agir conforme a mudança, sem nos apegarmos ao *status quo*." (Mais flexibilidade.)

Box 21.2 Mudança de atitudes em relação às pessoas e equipes

---

4 McGREGOR, Douglas. *The human side of enterprise*. New York: McGraw-Hill, 1960.

21.2.2 Valores

No que diz respeito aos valores, os métodos ágeis baseiam-se em princípios que, efetivamente, representam ruptura em relação aos métodos clássicos. Esses princípios foram declarados no Manifesto Ágil (Box 21.3).

A transição do tradicional para o ágil, nessa dimensão dos valores, requer uma mudança de práticas de gestão, amparadas em uma **mudança de mentalidade** (*mindset shift*).

TRADICIONAL		ÁGIL
INDIVÍDUOS E INTERAÇÕES	Mais que	Processos e ferramentas
SOFTWARE EM FUNCIONAMENTO	Mais que	Documentação abrangente
COLABORAÇÃO COM O CLIENTE	Mais que	Negociação de contratos
RESPONDER A MUDANÇAS	Mais que	Seguir um plano

Box 21.3 Contraste de valores entre tradicional e ágil

(1) **Mindset shift** – indivíduos e interações mais que processos e ferramentas.
- De: "Só vou finalizar esta atividade duas horas depois que o cliente enviar um *e-mail* formalizando a situação." (Processos.)
- Para: "Vou até o cliente questionar quais as necessidades para eu finalizar esta atividade. Aproveito e solicito a formalização por *e-mail*." (Interações.)

(2) **Mindset shift** – *software*/produto em funcionamento mais que documentação abrangente.
- De: "Concluiremos toda a lista de requisitos e relatórios em três meses, com todos os detalhes, antes de iniciar o processo de desenvolvimento." (Documentação abrangente.)
- Para: "Vamos 'dividir' a documentação em pacotes menores e iniciar a produção do produto, e assim teremos parte do sistema em funcionamento antes de concluir a documentação." (*Software*/produto em funcionamento.)

(3) **Mindset shift** – Colaboração com o cliente mais negociação de contratos.
- De: "Todos os itens do projeto devem estar contemplados no contrato, de maneira clara, para que, havendo necessidade, nós (fornecedores) negociemos com o cliente."
- Para: "O contrato tem que ser flexível, para que possamos, nós e o cliente, colaborar entre si e obter os melhores resultados."

Este princípio é dos mais difíceis de aplicar, exigindo colaboração mútua, entre cliente e fornecedor. A ideia é mudar o contexto de polarização de: "nós" e "eles", na visão cliente-fornecedor, para "nós", em um contexto em que todos trabalham pelo sucesso do projeto.

(4) **Mindset shift** – Responder às mudanças, mais que seguir um plano.

- De: "Passamos três meses planejando e prevemos que o produto seria construído desta maneira; não iremos mudar o que planejamos."
- Para: "No planejamento, havíamos previsto que o produto seria construído desta maneira; mas, não atende as atuais necessidades do cliente, vamos realizar as mudanças."

A transição do estilo de cultura não é simples. Não é ágil... requer tempo, consolidação de novos hábitos e evolução constante.

21.3 Maturidade Organizacional

A ideia de que as organizações evoluem e amadurecem por meio da prática com as ferramentas e com a aquisição de competências é válida para qualquer contexto de gestão. A evolução e o amadurecimento podem ser planejados, por meio de processos sociais, especialmente comunicação, capacitação e autocrítica.

A maturidade está associada ao **aumento da competência na gestão de projetos** e à disseminação dos conceitos e práticas para toda a organização e não apenas no âmbito dos projetos – a chamada **escalabilidade**.

O aumento da competência resulta no aumento da probabilidade de êxito dos projetos. A competência é função dos fatores críticos de sucesso. Quanto mais os FCS são praticados e cultivados, mais aumentam a competência e a maturidade, que evolui em três estágios ou níveis pelo menos: [5]

(1) **Noviciado** – estágio em que as equipes de projetos e a organização dominam poucos conceitos e ferramentas, mas sentem a necessidade de usá-las e já superaram a fase de total alienação em relação aos métodos ágeis.

(2) **Aprendizagem** – as equipes de projetos e a organização conhecem os conceitos e ferramentas, sabem quais são os fatores críticos de sucesso e trabalham para implementá-los. Há um ânimo de experimentação, de estudar e aprender, de contratar especialistas para explicar e ensinar a usar. A alta administração preocupa-se com a *performance* dos projetos e apoia a busca de soluções. A fase de alienação e desconhecimento já foi superada.

(3) **Maturidade** – não há um estágio final para a competência. A organização madura e competente está em processo de aprimoramento contínuo, sempre buscando novas ideias, aprendendo e administrando com proficiência seus projetos. Há um contingente significativo de pessoas treinadas e experientes que podem desempenhar todos os papéis exigidos pelos projetos e que conseguem doutrinar e capacitar a organização. Os procedimentos são claramente definidos, constantemente desenvolvidos. Maturidade é condição transitória, nunca termina. Estude e trabalhe para chegar aqui.

---

5 MAXIMIANO, Antonio C. A.; RABECHINI, Roque. Maturidade em gestão de projetos – análise de um caso e proposição de um modelo. *Simpósio de Gestão da Inovação Tecnológica*. Salvador, 2002.

RESUMO

- Projetos são empreendimentos para ter sucesso, ou seja, "dar certo".

- Desde o Capítulo 1, sabemos o que significa "dar certo" – por meio dos indicadores de sucesso.

- Neste Capítulo 21, abordamos os fatores críticos de sucesso (FCS), que, se usados, aumentam a probabilidade de êxito do projeto.

- Além dos FCS, a dimensão cultural está envolvida na *performance* da gestão de projetos, quando se faz a transição para a abordagem ágil.

- As pessoas e organizações devem trabalhar para lidar com os FCS e aumentar a maturidade da organização e a probabilidade de os projetos "darem certo".

Acesse o **ambiente virtual de aprendizagem** para aprofundar seu conhecimento por meio de exercícios, casos, mapas mentais e outras atividades.

ÍNDICE ALFABÉTICO

A

Aceitação, 59
Aceitar, 61
Administrador
  de interfaces, 88
  de pessoas, 88
  de tecnologia, 88
Agente de mudanças, 161
Alinhamento estratégico, 187
Ampliar, 61
Análise
  do valor realizado, 103, 105
  dos riscos, 58
  pre-mortem, 56, 57
Aprendizagem, 198
Áreas funcionais, 4
Artefato(s), 114, 116, 131, 159
Ata de constituição, 91
Atividade(s), 34
  continuadas, 4
  funcionais, 4
  no nó, 37
Autópsia, 56
Avaliação das propostas de projetos, 100, 191

B

Backlog do produto, 116, 131, 161, 171
Bugs, 131

C

Caminho
  crítico, 38
  de ida, 38, 39
  de volta, 38, 40
Capacidade
  de resolver problemas, 77
  de trabalhar em equipe, 77
Capítulos, 144
Características do produto, 166
Carta de missão do projeto, 91
Carteira, 7
Charter, 91, 92
Chief
  Product Owner, 145
  Scrum Master, 145, 146
Clientes, 143
Comitê gestor, 85, 86
Compartilhamento, 60, 61
Competências
  desejadas nos membros da equipe, 77
  técnicas, 77
Completando o projeto, 92
Comunicação, 154
Confiança, 75
Conteúdo do projeto, 27
Controle
  da qualidade, 66
  do projeto, 11, 103
Critérios de avaliação e seleção, 187
Cronograma, 41
  do projeto, 34
Curva
  de custos do projeto, 50
    acumulados, 51
  S, 51
Custo(s), 45
  estimado do projeto, 53
  real, 105

D

Daily, 115
  Scrum, 134
Data de controle, 104
Declaração do escopo, 27, 28
Definição dos fluxos de trabalho, 192
Deliverable, 5
Descrição do projeto, 14
Desenho do cronograma, 41
Desenvolvedores do produto, 142, 161
Desenvolvimento do produto, 115
Detalhamento do escopo, 28
  e WBS, 28
Diagrama
  de precedências, 37
  de rede do projeto, 37
Difícil implementação, 129
Disciplina, 75
Discussões inacabadas, 129
Distribuidores, 86
Domínios do desempenho, 65

E

Earned Value Management, 103
Eficácia global dos projetos, 11
Encerramento do projeto, 11, 14, 115
Ensaios, 67
Entrega, 5
Épico, 120
Equipe(s), 69
  ágil, 140, 141
  de projeto, 70, 69
    tradicional, 140
  nuclear, 142
  on-line, 75
  trabalhando em home office, 74
Escolher, 11
Escopo
  do produto, 26
  do projeto, 18, 25
Estilo de liderança, 196
Estimate to complete (ETC)
  com índice composto de prazo e custos, 108
  com índice de desempenho
    constante, 106
    de custos, 107
    de prazo, 107
Estimativa(s), 14
  da duração, 43
  de custos, 48
Estratégia(s), 165, 183
  de apropriação do futuro, 2
  de desenvolvimento do produto, 112
  para escolha do método do ciclo de vida, 168
Estrutura(s)
  ágil, 142, 143, 178
  analítica, 30
    do projeto, 25, 28, 35
    por fase do projeto, 31
    por produtos, 30
  tradicional, 178
Eventos, 131, 159
  do Scrum, 131
Execução, 115
  da estratégia, 184
  do projeto, 11, 14
  e controle do projeto, 103
Executivos, 86
  como gerentes de projetos, 87
Explorar, 61

F

Fatores críticos de sucesso, 165, 194
Ferramentas do ágil, 169
Foco na entrega de valor, 128
Folgas, 38
Formação de pessoal, 67
Formulador de métodos, 88
Fornecedores, 86
Framework, 16, 20
  Scrum, 114, 116

G

Garantia da qualidade, 66
Geração de valor, 11
Gerenciamento
  ágil de projetos, 114
  das aquisições, 178
  das comunicações, 178
  de riscos, 178
Gerente(s)
  de programas, portfólios e escritórios de gerenciamento de projetos, 85
  de projetos, 84
    de grande porte ou megaprojetos, 84
    de médio e pequeno porte, 84
    temporários, 86
  de tempo integral, 86
Gestão, 2
  da entrega, 25
  da equipe, 69
  da qualidade, 64
  do projeto, 65
  de projetos, 10-12

experimentais, 19
do escopo do projeto na abordagem preditiva, 27
do portfólio, 186
do tempo, 125
do valor realizado, 103
dos riscos, 56
estratégica, 183
    de projetos, 11, 165
operacional, 165
preditiva de projetos, 24
simplificada de projetos, 17, 53
Grandes comunicadoras, 76
Grooming, 114, 149, 158
Grupos de *squads*, 144
Guia(s)
  de gestão de projetos, 20
  do PMBOK©, 20, 167
  dos conhecimentos sobre a gestão de projetos, 20
  PMD Pro©, 21
Guildas, 144

H

Habilidades de comunicação, 76
História de usuário, 119
Home office, 75
Horários consistentes, 76

I

Ideia de projeto, 91
Identificação
  de atividades, 35
  dos riscos, 56
Implementação, 127
  e execução por meio de projetos, 185
Implementador, 88
Incremento ou parte do produto, 115
Indicadores
  de desempenho do projeto, 7, 158
  de EVM, 104
Índice de desempenho do cronograma, 107
Iniciação do projeto, 91

J

Justificativas do projeto (*business case*), 13

L

Lei
  de Murphy, 54
  de Parkinson, 55

Líder(es)
  de projeto(s), 85, 86
  servidor, 142, 158
Liderança
  por meio de acordos, 76
  servidora, 162
Linha de custos do projeto, 49
Lista de materiais, 47

M

Manual(is)
  de gestão da qualidade, 67
  do usuário, 20
Material
  de consumo, 47
  permanente, 47
Matriz linear de responsabilidades, 78
Maturidade, 198
  organizacional, 198
Meios de verificação, 66
Melhoria contínua
  do processo de desenvolvimento, 137
  do produto, 135
Membros de equipes de projetos, 85
Meta, 133
Método(s)
  ágeis, 2, 19, 166
  de avaliação e seleção, 188
  de gestão de projetos, 2, 16
  do caminho crítico, 38
  do ciclo de vida, 168
  do marco lógico, 92
  multicritérios, 189
  preditivos, 2, 18, 166
  stage-gate, 188
Metodologia, 16
Mindset shift, 197
Mitigação, 59
Modalidades de planejamento de atividades, 43
Modelo
  cascata, 167
  de negócios, 183
Monitoramento, 115
Mudança
  de cultura, 196
  de mentalidade (*mindset shift*), 197

N

Não gerentes como gerentes de projetos, 87
Negociação, 153
Nível(is)
  de gerenciamento de projetos, 84

de previsibilidade, 167
de sucesso do projeto, 8
do negócio, 8
do processo, 8
do produto, 8
do projeto, 8
do sucesso estratégico, 8
Nova Geração, 165, 166
Noviciado, 198

O

Objetivo
    final, 28
    primário, 28
Orçamento, 45
    do projeto, 45, 49
    global, 51
    na data de conclusão, 51
    propriamente dito, 51
Organização(ões), 162
    da equipe, 77
    do portfólio, 187
    multinacionais, 74
    orientadas para projetos, 73
Organizador, 88
Organograma linear, 78

P

Pacotes de trabalho, 29
    da área de
        aquisições, 169
        comunicação, 169
    da frente de treinamentos e sistema, 169
Padrões
    de desempenho, 66
    de gestão, 65
Pandemia do novo coronavírus, 75
Papéis, 132, 159
    acessórios, 143
    gerenciais, 87
Participantes, 133
    diretos, 71
Pensamento
    analítico, 152
    e comportamento críticos, 162
Perímetro da equipe, 71
Pessoas autogeridas, 76
Planejador, 88
Planejamento, 114
    da qualidade, 65
    da *sprint*, 133
    das respostas, 59

de recursos, 46
do projeto, 11, 13
em ciclos ou ondas, 18
estratégico, 184
execução e avaliação da estratégia, 184
Plano
    de gestão
        da qualidade, 67
        dos riscos, 60
    do projeto, 90
        detalhado, 94
        em uma página, 92
PO Proxy, 149
Políticas de negócios, 183
Portfólio, 7
    ágil, 146
    de projetos, 185
        estratégicos, 187
Pré-requisito, 133
Preço do projeto, 53
Preparação do plano do projeto, 90
Prevenção, 59
Previsão
    com base na EVA, 106
    dos custos, 45
Prioridade, 128
Processo(s), 4
    analítico de hierarquização, 189
    de controle, 66
    de gestão, 8
    gerenciais, 11
Product
    backlog, 114-116
    owner, 142, 148
Produtividade por *sprint*, 159
Produtos semiacabados, 129
Programas, 6
Project charter, 91
Projeto(s), 2, 3, 69
    ágil(eis)
        com utilização das ferramentas do preditivo, 178
        de grande porte, 145
    com restrição de tempo, 43
    com *time constraint*, 43
    de curta duração, 118
    defensivo, 55
    preditivo, 169
Proposta básica ou preliminar, 91

Q

Qualidade, 64
    do produto, 64, 65
    do projeto, 64, 65

planejada, 66
real, 66

R
Rapidez de implementação, 187
Recursos, 14, 45
   humanos, 47
Referencial, 16
   de gestão de projetos, 20
Refinamento, 149
   do *backlog*, 117
Responsabilidades, 159
Responsabilização da equipe pela qualidade, 67
Resultado singular, 5
Retrospectiva, 161
   da *sprint*, 115
Reunião
   de retrospectiva, 136
   em pé, 134
Revisão da *sprint*, 135
Risco, 55
   positivo, 61
Ritmo, 128
Roadmap do produto, 112
Rolling wave planning, 18
Roteiro para a gestão do projeto, 13
Rotinas, 4

S
Scrum master, 142, 156, 157
Seções, 144
Senso de urgência, 128
Sequenciamento das atividades, 36
Serviços de terceiros, 47
Simulações, 67
Sistema da qualidade, 66
Situação estratégica, 184
Sobreposição de processos gerenciais, 18
Sponsors, 85, 87, 143
Sprint, 118, 132
   backlog, 115, 118, 131
   planning, 115, 118, 133
   retrospective, 136
   review, 115, 135
Stage-gate (fase + portal), 188
Stakeholders, 143
Standup meeting, 134

T
Tabela de precedências, 36

Tamanho da equipe, 72
Tarefa, 120
   básica da gestão de projetos, 13
   específica, 4
Tecnologia da informação, 74
Telecommuting, 75
Teletrabalho, 75
Teleworking, 75
Tema, 120
Tempo, 34
Teoria
   da motivação temporal, 126
   X, 196
   Y, 196
Termo(s)
   de abertura, 91
   de referência, 91
Testes, 67
The Scrum Guide™, 21
Timeboxing, 125
Trabalho
   on-line, 75
   presencial, 74
   remoto, 75
Transferência, 59
Tribos, 144

U
User Story, 119, 120
Usuários, 86, 143

V
Valor(es), 197
   efetivamente entregue, 105
   orçado ou planejado, 105
   realizado, 104, 105
   total do orçamento, 51
Variáveis do projeto, 12
Viabilidade
   de mercado, 187
   financeira, 187
   legal, 187
   produtiva, 187
Voz do cliente, 142

W
Work Breakdown Structure (WBS), 25, 28, 57, 77

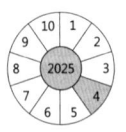